名师名校名校长

凝聚名师共识
回应名师关怀
打造名师品牌
培育名师群体

顾明远

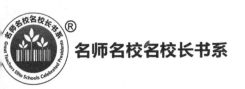

名师名校名校长书系

如何利用资源
办好学校

——瑞安市新纪元实验学校教育教学实践研究

叶绍胜 / 著

民主与建设出版社

·北京·

© 民主与建设出版社，2019

图书在版编目（CIP）数据

如何利用资源办好学校：瑞安市新纪元实验学校教
育教学实践研究 / 叶绍胜著. — 北京：民主与建设出
版社，2019.8
ISBN 978-7-5139-2567-9

Ⅰ.①如… Ⅱ.①叶… Ⅲ.①中小学—办学经验—研
究—瑞安 Ⅳ.①G637

中国版本图书馆CIP数据核字（2019）第151531号

如何利用资源办好学校：瑞安市新纪元实验学校教育教学实践研究
RUHE LIYONG ZIYUAN BANHAO XUEXIAO RUIANSHI XINJIYUAN SHIYAN XUEXIAO JIAOYU JIAOXUE SHIJIAN YANJIU

出 版 人	李声笑
著　　者	叶绍胜
责任编辑	刘　芳
封面设计	姜　龙
出版发行	民主与建设出版社有限责任公司
电　　话	（010）59417747　59419778
社　　址	北京市海淀区西三环中路10号望海楼E座7层
邮　　编	100142
印　　刷	北京虎彩文化传播有限公司
版　　次	2022年6月第1版
印　　次	2022年6月第1次印刷
开　　本	710毫米×1000毫米　1/16
印　　张	16
字　　数	288千字
书　　号	ISBN 978-7-5139-2567-9
定　　价	45.00元

注：如有印、装质量问题，请与出版社联系。

中国民办教育经过近四十年的发展，已经取得了巨大成就。截至2018年底，全国各级各类民办学校18.35万所，占全国学校总数的35.35%；在校学生5378.21万人，占全国学生总数的19.51%，民办教育已经成为中国教育事业的重要组成部分。自2002年国家制定《民办教育促进法》以来的17年里，民办学校增加了12万所，民办学校在校学生增加了4200万人，同期全国学校总数减少了18万所，在校学生增加了2000万人，民办教育取得了远超公办教育的发展速度。民办教育能够取得今天这样的发展地位，并非完全因为数量扩张，特别在义务教育阶段，大量的民办学校已经成为当地最好的学校，成为当地优质教育的代表。正是这样一批优质民办学校的崛起，改变了人们对民办教育的狭隘理解，展示了民办学校内涵发展的多样性和民办教育的制度优势。民办教育能够取得今天这样令人瞩目的成就，除了政策因素以外，一大批像叶绍胜这样的学校管理者在民办教育实践中的辛勤耕耘和创新探索发挥了重要作用。

叶绍胜校长所在的浙江瑞安市新纪元实验学校是温州民办学校的优秀代表，本书是叶校长在浙江瑞安市新纪元实验学校管理实践的基础上，深入思考和系统地总结了他在民办学校二十几年的管理工作经验，涉及学校管理的各方面，不但对民办学校管理活动进行了深入的理性思考，而且提供了丰富的管理实务方面的制度设计和业务流程，具有很强的实践指导与启发意义。叶校长把学校管理理解为对办学资源的管理，不同于传统学校管理理论对学校管理的理解，是本书在理论上的一个具有创新意义的探索。基于资源管理的理论视角，叶校长从办学理念、校长、团队、生源、家长、课程、制度、后勤、品牌等九个方面阐述了他的学校资源管理理论，其中关于生源、品牌的阐述具有鲜明的民办学校色彩，其他七个方面，虽然在传统的学校管理学中也有相关的论述，但在本书中把它们统一作为办学资源来理解、分析和实践操作，仍然给人耳目一新的感觉。

现代公共教育包括公办和民办两种制度形态，但以往对学校管理活动的研究，基本上都是以公办学校为研究对象，系统研究民办学校的管理活动在基础教育阶段还相当缺乏，就是在高等教育领域，私立高校虽然是重要的研究对象，但也并没有形成关于私立高等学校管理的一般理论，这与私立教育（民办教育）在现代公共教育中的地位和作用是不相称的。本书虽然没有明确说是"民办学校管理学"，但叶校长的民办学校的管理背景和观察分析视角无疑具有这种潜在价值，对于唤起学术界对民办学校管理活动的关注能够发挥重要的积极作用。

既然是一种新的探索，就难免会有一些粗糙和不够严谨的地方，但这些瑕疵不但不会影响这本书的理论和实践价值，还会成为激励叶校长继续研究的动力，我们期待叶校长有更好的民办学校管理研究的成果问世，正是一大批像叶校长这样有深厚民办教育情怀的学校管理者推动着民办教育持续发展，并发挥了不可替代的独特价值。

浙江大学教育学院教授、博士生导师，中国民办教育协会常务理事　吴　华

办学应该确立资源第一的观念

办学校，即两个问题。第一个问题，有什么样的资源；第二个问题，如何利用这些资源。资源是办学校最重要的事情，这就是我确立的"资源优先"的观念。我当教师、当校长三十余年，办学校、管理学校历程中最基本、最重要、最明确的总结，就是这句话。

所谓办学资源，是指在办学过程中占用、使用和消耗的物质、人力、制度及其他各种要素的总和。这些物质、人力、制度和其他各种要素，之所以称为资源，就是因为它为办学校提供不可或缺的支持，主要体现在两个方面：一方面是它不可或缺，另一方面是有了它就一定会有结果。资源的关键在于它为办学提供了可能性和必然性。从这个意义上来说，有什么样的资源，就有什么样的学校。

学校能办成什么样，从根本上说，是由学校具有的资源决定的。反过来说，如果没有相应数量和质量的资源，就不可能有相应品质的学校。资源对办学校来讲，具有前提性，具有不以人的意志为转移的客观性。资源意识，即目前各级各类学校迫切需要加强的意识。

一、办学校的主要矛盾，即办学质量无限可能性与资源有限性的矛盾

我们在办学校的过程中，需要处理各种各样的矛盾。那么，这些矛盾中，最主要的、最重要的矛盾是什么呢？我认为，就是办学质量、办学层次的无限可能性与办学资源的有限性之间的矛盾。办学质量、办学层次，说到底是由学校具有的办学资源决定。如果有足够的办学资源的投入和有效运用，理论上

讲，所有的学校都可以达到更好的办学质量和更高的办学层次。只有把办学资源的重要性确定到这样的高度，我们才能真正认识到办学资源对办学质量、办学层次的重要价值。

实际上，办学资源对办学质量的重要作用，也是有一个发展过程的。在教育发展的初级阶段，也就是非专业阶段，教育只是家庭教育的自然延伸，那时还没有办学资源这个概念。实际上，一般民众没有机会接受教育，只有所谓大户人家的子女，才有机会接受教育，也才有必要接受教育。而这些所谓大户人家，他们拥有较好的生活条件，如相对宽敞的住房、相当余裕的人力。事实上，不管是在中国，还是在西方国家，最初的教育一般都是在家庭里完成的，并且是由家庭成员来施教的。这种家庭的生活条件较好，能为这种初级的教育提供条件保障。所以，这个时候的所谓教育资源，其实就是家庭生活资源。如果一定要用资源这个概念的话，那也是与家庭生活资源尚未分化的教育资源。

在教育发展的第二个阶段，教育从家庭脱离出来，由家庭以外的人员，对儿童开展不同于家庭生活延伸性的教育活动，这时，教育活动的最大不同，是教育儿童的场所发生了变化。不同生活环境的儿童，可能到了相同条件的场所来接受教育，教育已经开始有了初步的教育资源的考量，这种教育资源就具体化为办学资源。但是，这时的教育场所与过去的生活场所并没很大的差异，办学资源的考量，其具体内容与过去的生活场所的考量并没有什么不一样。而且，由于这个时候的教育，仍然排斥绝大部分平民，实际上离开家庭来到专门的教育场所接受教育的儿童，大部分还是来自同一个阶层，所以这个时候的办学资源相对是同一的，这种办学资源的差异，并不显得突出，因而也就不为人们所重视。

教育发展的第三个阶段，是全民教育时代。如果说，过去的人们之间的区别是受不受教育的区别，而全民教育时代的人们之间的区别则是受什么样教育的区别，办学资源的问题一下子凸显出来。因为所谓"什么样的教育"，具体就是什么资源的教育。不同的办学资源决定了什么样的教育，什么样的教育决定了人的发展前程和生活状态。人类固有的一系列的追求，突然一下子聚焦到办学资源这一问题上。这就是近代一百多年来，教育投入为什么成为世界各国、社会各阶层的人共同关心的话题的原因。在这个时代，教育的物质性内容被广泛关注。如果说在教育发展的第一个阶段、第二个阶段，教育的精神性内涵更多地成为教育的首要问题，那么在第三个发展阶段，教育的物质性内容成为首要关注的内容。甚至教育的精神性内涵最后也与物质性内容一起成为办学的资源。

关于未来的教育，办学资源问题会发生什么变化，我觉得现在做出具体判断，为时过早。有人说，未来的学校，将会基于信息技术展开，而信息技术最大的特点是普惠性。同一信息平台上，不同的人接受的是同样的教育，而且越大的平台，受众越多，每一个受众的成本越低，但教育质量越高。因此办学资源与办学质量之间不成正比。这个预测，忽视了一个根本性的问题，就是未来的教育其边际成本可能会越来越低，也就是说，每个孩子接受教育的成本比现在会更低。但是，正因为接受教育的成本相对更低，更激发了人们对个性化教育的追求。个性化的教育需要个性化的办学资源，办学资源仍是一个突出问题。只不过，这个时候办学资源中精神性的因素、制度性的因素、人员性的因素等的比重更大，而物质性的因素相对会降低。

以上从办学资源的角度对教育发展的宏观分析，就是试图从教育发展历史的角度来证明，办学资源从教育产生的那一天开始，就是教育的重要问题，而且随着教育的发展越来越重要。我们也可以从教育资源的角度来分析教育、研究教育。实际上，我们学校的投资人、管理者，在实践中遇到的真正困难，就是在办学资源相对有限的情况下把学校办好。由于办学资源对办学层次、办学质量的决定性作用，所以问题的关键集中在如何挖掘办学资源的内涵与外延，如何更充分地利用有限的资源，运用到学校最重要、最迫切的位置上。我认为，这个问题应该是教育管理学的核心问题，甚至它可以从教育管理学理论体系中独立出来，组成一门新的学科，我们姑且称为"教育资源学"。

二、资源是办学的前提条件，有资源才能办学

所谓资源优先论，就是指资源是办学的前提条件，有资源才能办学。

办学校需要消耗资源，如地、房子、钱、物、人、关系，这些资源都是缺一不可的。这一点，好像所有办学校的人都知道，不用多说。但实际上，那些要地、要房子、要钱、要物、要人、要关系的人，他们确实是在要这些东西，

但他们并没有把这些东西当作办学的资源，他们只是把这些东西当作地、房子、钱、物、人、关系来要的。什么叫作资源？资源是有标准的，不是任何一块地都可以用来建造学校的，不是任何一间房，都可以用来办学的，用来办学的地、用来上课的教室，都是有规格的，达不到这个规格，一块地摆在那儿、一栋房子杵在那儿，一点意义也没有。钱也是一样，用来办学的钱必须达到一定的数额，办学校是需要巨额投入的，而且需要源源不断的投入。有些人有了一点钱就想来办学，是行不通的；他们想通过钱滚钱、逐步追加投入的方式来办学，也是行不通。很多学校的投资人，就是因为一开始抱着这个想法来办学，最后归入失败行列的。

办学校要用到很多物质。办学校的物质，一方面具有普通物质的实用功能，另一方面，还必须要有教育功能。哪怕是一块砖、一个外墙涂料、一棵树、一把椅子，只要在学校，都可能化为教育的材料、工具，或者其本身就是教育的内容。很多外行办学校，就是不明白这个道理。人也一样，办学校所需要的人，要有专业标准，这个标准是有特殊性的，否则国家不会出台《教师法》。尤其是学校的管理人员，跟一般的行政机关、企业的管理人员不同。办学校要有"关系"，因为学校要与社会各个方面、各个部门、各个层次发生各种各样的关系，但是，作为办学的资源，学校的关系不是私人关系，所有私人关系在办学校的时候其实是没有用的，学校的关系都是公共关系，即站在公共利益的角度来构建这种关系并发挥作用。学校的关系是为公的，即使是私人关系，也要转化成为公共关系才能发挥作用。

总之，办学校需要相当规格的资源。办学校的第一要务是筹措办学资源，这个资源有规格要求，既有量的要求，又有质的要求。它有两个重要的特征：一是要完整，不能残缺。占地面积要达到一定标准，否则不能办学，这个标准没办法凑合；房子要达到一定的面积，否则不能办学，这不以人的意志为转移；不能简单认为我只有十亩地，但我可以造两幢高层，面积就足够了，这样肯定不行；同时，这个方面的超量不能弥补那个方面的缺量。二是要一次性到位。办学校所需资源，大部分要一次性到位。没有到位但规划好投入的资源不是办学资源。例如，学校只有200人，人不多，可以暂时不要篮球场、排球场，只要两张乒乓球桌就可以了，这当然是不行的，这不是办学校的思维，这是没有资源观念的体现。资源不可替代，资源不可暂缺，暂缺的资源不是资源，没有资源就不能办学。所有投资办学校的人，不管是政府机构还是民间人士，都必须明白这一点。想办学校，没有足够的资源都是不可能实现的。

三、有什么样的资源，就能办成什么样品质的学校

资源是有能量转化的。有什么样的办学资源，就有什么样的能量转化，办学资源达到什么程度，就有什么程度的能量转化。例如土地，在办学校的过程中，只有30亩地，那就只有30亩土地的能量转化。学生在这块土地上，就只能做30亩土地的事，就只能接受30亩土地所能承载的教育。以1 000名学生为例，这30亩土地，无法给学生提供标准田径场，学生无法在标准田径场运动。如果有300亩土地呢？就不仅会有标准田径场提供给学生，还可能给学生提供一个小型的农场，可以为学生开设农事方面的教育，或者为学生提供越野方面的训练。在一个占地300亩的校园里就读的学生所受到的教育与在一个占地30亩土地的校园里就读的学生是不一样的。

又如，以房子为例，还是以1 000名学生为例，如果只有10 000平方米的建筑，那其实除了为学生提供上课的教室外，其他的空间已经没有多少了，学生只能天天上几节课，其他的教育活动几乎都没有办法开展了。这个时候，校长也好，教师也好，不管有什么样先进的理念，多高的教育教学技巧，都无法施展。而且这是不以人的意志为转移的。

总之，办学校，就是使用资源，然后促使这些资源的能量转化，转化成新的能量。这些能量，我们称为教育目标、教育内容、教育方法。

办学校，本质上就是资源的能量转化。这个事实告诉我们两个道理：一是办学校不能有空手套白狼的想法，这从根本上违背了办学校的客观规律。能量既不能凭空产生，也不能凭空消失。教育教学的能量，一定来自另一个能量，这个能量就是资源的能量。二是办学校需要投入相当规模和档次的资源，才会有相当品质的办学结果，这是由资源的能量转化规律客观决定的。所谓管理，就是最大限度地发挥资源的能量。所谓学校文化，就是把资源的能量综合发挥的黏合剂。实际上，在广义的办学资源外延中，管理、学校文化这些精神的东西，本身也是学校的办学资源之一。从根本上讲，教育教学的质量，来自办学

资源的规模和质量。

当然，并不是说办学资源的规模和质量越高越好。主要有两个准则：第一个准则是限高性原则。办学资源是教育资源，教育资源的评价标准是教育性，即资源对学生身体、心理、思想、知识、意识等的影响力和塑造力。当资源尚不充足的时候，资源与教育的品质成正比，也就是说，资源的规模和质量越高，对学生身体、心理、思想、知识、意识等的影响力和塑造力就越强。但是当资源规模和质量达到基本要求后，资源对学生的身体、心理、思想、知识和意识等的影响力和塑造力就逐渐下降。当资源继续拔高甚至超过一定的量后，这种影响力和塑造力就可能归零。如果再进一步拔高，则可能产生负面的教育教学效力。例如，关于学校的建筑，并不是越大越好，当学校的建筑能满足教育教学的基本需要，继续扩大建筑面积，则可能会由于建筑规模过大，而增加学生在校区内交通的压力，反而会影响学生的学习和生活。又如，学校装修的标准是健康、明朗、有个性，不需要豪华奢侈、富丽堂皇，因为豪华奢侈、富丽堂皇的学校装修给学生带来一种负面的心理暗示，甚至会影响到学生的人生观和价值观的健康成长。办学资源，以满足教育教学的基本需要为基准。超过这个限度的标准，则资源的能量转化率下降。超过过多，则资源能量转化率会为负数。第二个原则是配套性原则。所谓配套，是指资源能量转化与教育教学的目标、内容和方法的对应性。资源的能量是多种类的，有些资源的能量，与教育教学的目标、内容和方法并不匹配，能量再大，其品质再高，也与教育教学的效果没有关系。例如，现在许多学校喜欢建设高大的校门，气势恢宏。就校门本身的气势恢宏而言，这是高能量的，但学校需要的并不只是气势恢宏。校门的教育教学效果一是安全，二是"欢迎来学校学习"。在发挥一定的保安作用的前提下，它应该给学生一种温馨感、个性感。气势恢宏的能量与温馨、个性的教育效果不配套，这样的资源能量其实是无效能量。

当然，资源的能量与具体的教育目标、教育内容、教育方法也不是一对一的关系，但是能量的量和质，与这些教育目标、教育内容和教育方法是整体对应的。一定量的能量与一定规模的教育目标、教育内容和教育方法整体对应，一定质的能量与一定品质的教育目标、教育内容和教育方法整体对应。

作为一个学校的投资人、学校管理者，每天都在与学校的资源打交道，为学校资源的有限性纠结，绞尽脑汁、想方设法去筹措资源，但是很少有人专门研究这个资源问题，没有从资源的角度去全面研究办学的规律。我认为，这是关于学校、关于教育的研究的一个重大缺陷。人们更多地关注教育管理、教育理念、课程、队伍等问题，主要有两方面：一方面，没有意识到这些因素在办学过程中本身就是资源，是在办学过程中要使用到、消耗掉的资源，另一方面，没有意识到教育管理的运行、教育理念的落实、课程建设、教师队伍建设等，其本身是要消耗能量的，要消耗掉一定的资源。资源决定一切——人们不敢说出这句话。似乎说出这句话，就会降低教育的内涵，就会简单化理解了教育，就会把教育的主动权让给了社会存在中位置比较低的物质性因素、客观性因素。我认为，这是对教育本质的一种误解，是教育研究不够深入的体现。唯物主义告诉我们，经济基础决定上层建筑。对于教育而言，办学资源就是最基本的经济基础。可以说，离开了对办学资源的研究，任何教育研究都会拘于形式。如果用冰山理论来说，离开了对办学资源的研究，任何研究都只是研究了冰山露出海平面的那一部分，而在海平面以下的部分被忽视了。

瑞安市新纪元实验学校，创办于1999年，由上海新纪元教育集团投资创建。经过20余年的发展，瑞安市新纪元实验学校已成为浙江省名校。其发展历程是一部艰难发展的创业史，也是一个办学资源筹措和发展的历史。本书的研究，主要基于笔者个人参与的这所学校从创建到发展的历程，主要是从资源的角度来阐述其发展的内涵，试图为教育资源学贡献一份力量。

第八章　学校后勤资源的优化

第九章　学校品牌资源与公共资源

第 一 章

办学理念是最深层的办学资源

办学理念的重要性已经被人们说得太多了，但似乎还很少看到有人从办学资源的角度来讨论。实际上，办学理念为学校的办学提供了最重要的精神支持；它完全符合"没有办学理念就无法办学，有什么样的理念才能办成什么样的学校"的资源特征。在办学实践中，办学理念似乎隐藏在学校的高楼大厦的背后，它不如学校的实验室、学校的操场那样让人夺目，但它却在最深层次上决定了一个学校的整体风貌。第一，没有它，学校办不成、办不好。第二，有什么样的办学理念，才能办成什么样的学校。这两点从根本上决定了办学理念的资源性质。

办学资源，其实是从学校经营的角度提出来的。现代教育，每一所学校都在追求个性化办学，而实际上，学校的个性化首先就体现在学校的办学理念上。可以这样说，办学理念的个性化是学校个性化的最基本的、最重要的体现，也是学校经营最重要的可用资源。

一、办学理念的内涵与外延

所谓办学理念，其实是一个很宽泛的概念。总而言之，任何一所学校，不论是否意识到，是否明确表述过，也不论正确与否，合适与否，都有一个总的办学追求、办学方向。这个办学追求、办学方向体现在学校各方面的工作中，体现在日常的教育教学活动中，体现在学校每一项规章制度中，体现在校长和其他管理人员的每一个教育教学指令中，体现在每一个在校人员的言行中。这个决定着、影响着一所学校所有办学行为的总追求、总方向的东西，实际上往往体现在办学者的思想观念、价值观念中，所以被称为办学理念。

在实践中，办学理念可能被提炼成直接的阐释。这种被直接阐释的办学理念，往往称为办学宗旨。它往往表达了办学者对教育、学校、学生的基本认识，以及所有工作的根本出发点。即使没有被提炼成直接的阐释，也体现在校训、校风、学风、教风以及办学目标和培养目标里面。

二、瑞安市新纪元实验学校的办学理念

瑞安市新纪元实验学校的办学理念有一个逐步形成的过程。2007年，经过全校教职员工的讨论，学校正式提出以"幸福教育"为宗旨的办学理念。

（一）办学宗旨：幸福教育

以促进人的全面自由发展为宗旨，尊重规律，尊重差异，在公平民主的和谐氛围中，在教学相长的互动过程中，让学生充分体验知识获得、经验习得、兴趣激发、能力提升、视野拓展、成长发展的愉悦感受，这种让学生充满愉悦感受的教育就是幸福教育。

尊重差异是幸福教育的道德基础；公平民主是幸福教育的和谐氛围；能力提升是幸福教育的育人目标；教学相长是幸福教育的实施原则；愉悦感受是幸福教育的过程体验。幸福教育的实施要点包括和、合、活、亲、全、精、新、实、近这九个字：

学校管理：围绕一个"和"字。

党政工关系：讲究一个"合"字。

道德教育：贯穿一个"活"字。

师生关系：渗透一个"亲"字。

课程设置：体现一个"全"字。

课堂教学：聚焦一个"精"字。

教师发展：追求一个"新"字。

后勤保障：强调一个"实"字。

家校关系：突出一个"近"字。

（二）办学目标：打造适合教师发展的幸福学校，创新适合学生发展的幸福教育

教育的根本宗旨是谋求人的幸福与发展，教育的真正目的首先是关注人的生命。对生命智慧的启迪、激活是中小学教育的最重要的价值取向。从某种意

义上说，教育不是牺牲，而是享受；教育不是谋生手段，而是生活本身。师生共创教育幸福，旨在引领教师在工作中追求职业幸福——工作并幸福着；引领学生在学习中享受成功的欢愉——学习并快乐着；从而提高幸福指数和生命质量，使学校成为师生学习的花园、生活的乐园、精神的家园。

（三）校训：修身、伟志、博学、创新

1. 修身

修身即传承中国传统文化，内圣外王，不断丰富与改良。内圣是指人内在的涵养和操守，对人伦关系和准则的领悟与把握；外王是指主体修养所得推广到社会，将学问引向事业之途，达到社会的一致认同。我校师生员工修身的基本要求是：格物——认识事物；致知——探求规律；诚意——纯洁思想；正心——端正品德。

2. 伟志

伟志即齐家、治国、平天下。也就是说，培养学生从小树立伟大的志向，先天下之忧而忧，后天下之乐而乐，胸怀祖国，放眼世界，成为具有温州人的气质兼有国际视野的新纪元公民。伟志，既是董事长的名字，又体现温州人的精神，具有双层含义，意在把董事长的伟大志向与温州人的精神通过一代代教育育人来实现。

3. 博学

博学即鼓励师生拥抱理想、热爱学习、博览群书、博采众长，追求广博学识和渊博学问，做有书卷之气的饱学之士。

4. 创新

创新即扬弃旧的、创造新的，也指思路新颖、风格独特、意识超前。它是现代人生存的首要条件，是素质教育的核心，只有创新，才能发展，才能迎接新世纪科技革命的挑战。学校要激励师生，树立创新精神、提高创新能力，大胆开拓、锐意进取，促进教师、学生、学校同步发展。

（四）校风：团结、唯实、开拓、进取

1. 团结

团结是指为了实现学校的发展目标和美好愿景，鼓励师生积极维护学校大局，弘扬团队精神、互相尊重、互相合作、互相学习、互相帮助，努力创造人文、和谐的人际关系，使大家心往一处想、劲往一处使，不断地提升学校凝聚力。

2. 唯实

唯实是指鼓励师生为人诚实，做真人、讲诚信。在平时的学习、工作、生活中坚持实事求是，脚踏实地，一切从实际出发，少讲空话，多做实事，正确对待和处理问题，不唯心、不唯上、不唯书。

3. 开拓

开拓是指导开辟、扩展。鼓励师生应有强烈的进取精神，有敢为人先之勇气，百折不挠之毅力，在激烈的竞争中，用自己的勇气和智慧，奋发进取，不断创造新的业绩。

4. 进取

进取是指激励师生为实现学校与个人的奋斗目标，发奋图强，挑战自我、超越自我，奋发向上，不断前行。

（五）教风：爱岗、敬业、博学、方正

1. 爱岗

爱岗是指鼓励教师树立良好师德、师风，忠诚于学校的教育事业，热爱学校、关爱学生、珍爱岗位，将职业情感融入教育教学工作中去，不掺杂念、不图回报，以生为本，全身心投入教育，使学生全面、健康地发展。

2. 敬业

敬业是指在教师中倡导一种奉献精神。鼓励教师矢志从教，视职业为生命，把教师的职业当作自己的事业来经营，并为实现新纪元教育事业又好又快发展而竭尽全力、尽职尽责，奉献个人的智慧和力量。

3. 博学

博学是指在学习化社会中，学习应成为新纪元教师的一种生活方式、一种内在需求，在学习中工作，在工作中学习，博览群书，博采众长，做知识渊博的饱学之士。这样，教师在课堂上、教学中口吐珠玉，游刃有余，讲起课来，旁征博引，妙趣横生，从而给学生带来如同沐浴春风、辽阔纯净的知识王国。

4. 方正

方正是指为人正直，这是新纪元教师的道德之本，也是道德的最高境界。学高为师，身正为范，新纪元教师应树立崇高的师德标准和师德形象。

（六）学风：善思、笃行、活泼、求真

1. 善思

善思是指培养学生良好的思维品质，学会思考、乐于思考、正确思考，养成良好的思考习惯，不断提高学生的思考能力，进而在学习中，使学生善于发现问题、思考问题、解决问题。思考，使人聪明；思考，使人进步；思考，使人发展。"只有促进学生思考的教育，才是精彩的教育。"让学生的生命因思考而精彩！

2. 笃行

笃行是指忠贞不渝、脚踏实地、一心一意、坚持不懈。旨在倡导学生知行统一、注重实践、身体力行、学以致用。

3. 活泼

活泼是指以人为本，努力践行"师生共创幸福教育"的核心价值观，创造宽松、和谐、人文的学习环境和生活环境，用尊重呵护自尊、用生命激励生命、用智慧启迪智慧、用个性张扬个性、用激励焕发激情，让学生在快乐中学习、在快乐中收获、在快乐中体验成功。

4. 求真

求真是指意为去伪存真、追求真理、为人真诚。它既鼓励学生弘扬实事求是的科学精神，又鞭策学生树立真诚待人的道德标杆。

三、办学理念是如何影响学校的办学的

好的办学理念，都是在办学实践过程中，真实地、深入地影响到学校的发展格局、发展历程。瑞安市新纪元实验学校的办学理念，是根据学校的实际情况提出来的，在办学实践中，对学校的发展方向、发展速度和发展结果，起到了决定性的作用。

（一）学校发展状况

2007年，经过近8年的艰苦创业，瑞安市新纪元实验学校迅速走向正轨，其办学业绩在瑞安乃至温州市都获得了良好声誉。此外，学校各项工作也迫切地需要有突破性的发展。

1. 学校取得的成绩

（1）初步构建了学校的文化体系，学校的办学理念体系以及管理制度体

系，学校的办学理念逐步为广大教职员工、学生、家长所认同、所接受，并内化为他们的教育教学行为，有力地促进了教师的专业发展和学生的个性化发展，实现了学校在办学规模与办学水平上的跨越式发展。

（2）学校通过第二个三年规划的实施，初步打造了三支勤业、智慧的优秀团队，即一支有思想、有经验、懂管理、执行力强的干部团队，一支爱学生、勤管理、精教学、善沟通的班主任团队，一支敬业爱岗、乐于奉献、以学习求发展的教师团队。

（3）初步打造了以"十字法"历练干部的管理品牌，以中考成绩蝉联瑞安市七连冠为标志的教学质量品牌，以为学生差异化、个性化发展提供多元选择的校本课程品牌，以语文、英语、体育与艺术等学科为代表的学科品牌，以家校共导为主要载体的全员德育教育品牌，以"课·研·训"为一体的校本教研品牌。

（4）通过以上学校文化建设、干部与教师队伍建设以及学校特色品牌打造，学校的经济效益和社会效益随之都有长足的发展，从而有力地提升了学校核心竞争力与公众的信誉度、美誉度。

2. 学校面临的挑战

（1）21世纪以来，国家加大了对公办学校的投入，使得民办学校与公办学校在办学条件上趋于同质化；国家大幅上调公办学校教师的工资与福利待遇，使得民办学校的教师薪酬与公办学校相比不再具有优势，削弱了民办学校对优秀教师的吸引力；特别是在我市，九年一贯制民办寄宿学校只有我们一家，可谓是一枝独秀，在激烈的教育市场竞争中，我校无疑成为众多公办学校的众矢之的。因此，如何争取政府与社会各界的更大支持，弱化由于竞争而造成的与公办学校之间的矛盾，吸引并凝聚优质教师队伍，将是今后五年发展中的重点工程之一。

（2）学校领导重视学校文化管理，正在努力让其成为激发全体学生及教职工积极性、主动性和创造性的新型管理模式，但尚未形成一个完备有效的新纪元文化体系。因此，如何围绕学校愿景文化这个中心，以学校办学思想、办学理念为链，对各类文化管理进行有效的整合，并跟精细化管理实行无隙化对接，打造众星拱月般的平衡协调的学校生态文化圈，以此来实现学校的基本目标，将是学校今后五年发展中的一大战略工程。

（3）学校领导关注理论界的发展动向，注重理论学习，但尚未形成自成体系的教育理念；学校有较完备的规章制度，但转变为全体学生及教职工的自觉行为，尚有较大的距离；学校领导积极提倡民主管理，但在执行过程中离现代学校发展要求还有一定距离。因此，今后五年学校改革发展之路，就是要从经验型、制度型、行政型的学校发展模式逐步走向研究型学校发展模式。

（4）学校领导具有先进的教育思想、教育理念，但与学校广大教师的嫁接、落地，使其内化为教师的教育教学行为，还没有达到预期目标。集团与学校的专家对教师队伍的引领、学科的引领与预期的目标还有一定的距离。因此，在加强行政通道建设的同时加强学术通道的建设，在加强教师全员培训的同时加强名师队伍的培养，将校本研修、校本培训、校本教研、校本课程开发等进行有效的整合，借此打造一支高素质的优秀教师团队，仍然是校未来五年发展中一项基础工程、系统工程。

（5）近几年，教师的观念发生了很大变化，面对新课改，教师们有思考、有行动，但思考的力度、深度还不够。课堂教学的低效已成了我校向更高品位发展的瓶颈。因此，引领教师开展深度的高效能课堂研究，打造引领我校课堂教学改革的主流教学模式，实现"自主·高效·优质"的课堂教学，将是我校今后教学、科研中一项长期探索、研究的课题。

（6）提升特色品牌优势，如何用课程文化对家校共导等诸多特色品牌进行有效的整合，以打造精品，逐步建立起具有新纪元特色的校本课程体系，尚须用大力气、大智慧、大手笔。

（7）教育硬件还需进一步改善。例如，以信息化带动教育现代化，实现我校教育持续快速发展所必需的硬件建设相对薄弱，学校实验室仪器设备不符合课程改革需求，图书馆藏书数量与质量与现代学校建设尚有较大的差距。

（二）"学生幸福工程"的提出及实施

教育的根本目的是让学生幸福，不仅是让学生未来的幸福，学生在学校的每一天都应该是幸福的。现在的教育存在的最大问题就是学生在学校没有幸福的感觉。我们提出"学生幸福工程"的出发点，就是要改变现在这种局面。

1. 我们的想法

（1）实施新纪元"学生幸福工程"就是要培养学生的自信心、竞争合作意识、社会适应能力和创新能力，使学生学会做人、学会做事、学会学习、学会生存、学会交往、学会劳动、学会健体、学会审美，为学生的终身发展、终身幸福奠定坚实的基础。

（2）实施"学生幸福工程"，关键是发挥学生的潜能。潜能是人类最大而又开发得最少的宝藏，许多科学家已经研究发现，人类贮存在脑内的能力大得惊人，而平常人只发挥了极少部分的大脑功能，至少还有百分之九十的潜在能力未被有效地开发和利用。对于中小学生而言，他们的潜能被开发的可能性就更大。中小学生正处于人生成长的关键时期、奠基时期，这一时期他们的潜能能被开发多少，将直接关系到他们一生的成败，能否走向成功，至关重要。美国哈佛大学教育研究所发展心理学教授霍华德·加德纳（Howard Gardner）提出的"多元智能理论"强调人的智能不是单一的，而是多元的，人除了言语语音智能和逻辑数理智能的两种基本智能外，还有其他六种智能，即视觉空间智能、音乐节奏智能、身体运动智能、人际交往智能、自我反省智能和自然观察智能，而这些智能只有在适当的情境中才能发挥出来。因此，学校要尽可能地创设适合学生发展的情境，开发学生的潜能，为学生的成功人生奠基。一句话，学生的潜能被更好地开发，他们就可以获得更多幸福，就能感受到更多幸福。

（3）实施"学生幸福工程"，要从与学生最贴近的事情做起。幸福观既是一种人生哲学，又是一种情感体验。实施"学生幸福工程"，目的不仅在于对幸福的认识，建立幸福观，还在于有幸福的心理过程。在这样的心理过程中，学生获得良好的体验。实施"学生幸福工程"，要从学生的生活入手，要让学生在学校有一种与在家庭同样的幸福的感受；要让学生在活动中感受幸福，体验到校园的幸福氛围。

2."学生幸福工程"的实施

为了学生综合素质的提升，为了学生的个性而又全面的发展，学校倡导学生每天要做十件事：学学微笑，练练身体，赞赞他人，练练书法，写写日记，看看名著，唱唱歌曲，讲讲新闻，做做演讲，整整内务。

（1）学学微笑——微笑面对每一天，时刻都有好心情。微笑是一种心态，是一种气质，是一种修养，是一种健康。我们对学生微笑，生活就对学生微笑，学生也会微笑着面对生活。

目标：培养学生的自信心和沟通能力，促进学生形成豁达、开朗、乐观、宽容的心理品质，以积极进取的精神、乐观的心态应对各种挑战。

具体措施：

① 教育学生每天晨起对着镜子笑一笑，你对镜子笑，镜子也会对你笑，一天都会有好心情；每天对着同学笑一笑，就会增进同学之间的默契与友谊，有益于和谐班集体的建设。

② 教师要创建微笑课堂。微笑是最美丽的语言，用教师的微笑来点燃学生学习的激情，拉近师生之间的距离，增进师生之间的情感，也会感染学生用微笑来回报教师。微笑会使学生产生乐观、自信、积极向上的心态，从而形成愉快和谐的课堂氛围。

③ 教育学生见到长辈、老师、客人要露出笑容，主动问好，这既能彰显做人的礼貌，又能拉近人际沟通的距离。

④ 开展小小当家人活动，要培养当家的学生微笑迎宾、微笑服务；重大活动，团委和少先队要组织礼仪迎宾，以微笑展示新纪元人的风采。

（2）练练身体——每天锻炼一小时，快乐生活一辈子。如果你想强壮，锻炼吧！如果你想健美，锻炼吧！如果你想聪明，锻炼吧！如果你想幸福，就应该积极参加锻炼。

目标：提高学生的运动能力，拥有健康的体魄，达到强身、健心，从而提高学习效率；通过方阵跑、团体操、集体舞等形式，培养学生集体协作能力和集体荣誉感。

具体措施：

① 晨跑活动常态化，成为学生每天学习生活的一部分。各班级晨跑队伍要整齐划一，运动口号要嘹亮雄壮。通过晨跑增强班级凝聚力，锤炼良好班风校风的方式。

② 大力宣传阳光体育运动，使"每天锻炼一小时，健康工作五十年，幸福生活一辈子"的理念深入人心。锻炼带给学生健康，健康成就学生未来。

③ 大课间活动要实现把时间还给学生，把空间留给学生，把方法教给学生，把健康带给学生，让学生在阳光下、操场上、大自然中活泼健康地成长。让大课间活动成为全校师生强身健体的多彩舞台，身心放松的快乐驿站，增强师生的体质，愉悦师生的身心，融洽师生的关系积极开展一班一特色的大课间活动评比。

④ 保证每天一个小时的锻炼时间，每天的课外活动不少于30分钟，要培养

学生一两个突出的体育技能。

⑤规范体育课堂教学，制定科学的锻炼计划，让学生能科学地运用体育技能。注重体育锻炼的安全教育，保证学生在安全、愉悦的状态下从事体育锻炼。

⑥开好每年一次的体育节活动，每学期组织一次体育竞赛活动。

⑦每学年开展一次"校园体育吉尼斯"活动。

（3）赞赞他人——你把掌声送给了别人，你便收获了别人的掌声。当一个人总是能看到别人的优点并表示欣赏的时候，他的心里就会充满阳光，这就是快乐源泉、学习的基础。赞美别人不仅是他人的需要，而且是自己所需要的。

目标：让学生学会赞美别人，培养学生的沟通能力，可以比较容易拉近人与人的距离；培养学生树立正确的人生观、价值观，训练学生积极的正向思维，和周围的人都快乐着，从而建设和谐的集体。

具体措施：

①要求学生每天至少要说一句赞美别人的话。

②得到别人的帮助时要表示感谢。

③学校每学期要开展一次赞美日活动。教室外面的墙壁上要张贴精美的赞美卡，写上学生对自己的父母、老师和同学的赞美之词。学校可以利用课间操的时间，让学生在全体师生面前，大声地赞美身边的每一个人。除了教师、父母和同学以外，学校保安、食堂阿姨，都可成为学生赞美的对象。赞美日教师不能批评学生，如果批评学生就要给学生唱一首歌等。

④每学期举行一次找亮点活动。

（4）练练书法—— 一手漂亮的好字是事业的敲门砖。书法有益健康，书法可以陶冶情操，书法可以锻炼人的意志，书法能让人养成良好的思维习惯。

目标：人人写得一手漂亮的好字。练习书法可以集中学生注意力，提高学习效率。书法要靠日复一日、连续持久的练习，这对人的意志、毅力是极大的考验。书法练习可以锻炼学生意志力。有利于学生养成勤于观察、思考、总结的好习惯，这种勤于思考、善于思考的好习惯必将转移到学科学习中去，最终有助于提高学习成绩。

具体措施：

①小学每周开一节书法课，中学每天练字的时间不能少于20分钟。

② 每学年举行一次现场书法评比和展示活动。分硬笔和软笔书法两大组，中小学分开评比，评比结束后布置展厅向全校师生展示。

③ 利用社团活动培养书法拔尖人才。

④ 鼓励学生参加各级各类评比活动。

⑤ 开展书法等级评定和过关活动。

（5）写写日记——留住每天最真实的记忆。日记是心灵的一面镜子，它能留住一天中值得珍藏的记忆，让人思考生活、思考人生，写日记有益于学生学会用理性的思想，感性的认识，树立正确的人生观和世界观。

目标：通过写日记，锻炼和提高学生的写作能力，培养学生养成持之以恒的好习惯，让学生明白时光如流水，要珍惜现在的美好时光。此外写日记还能让人抒发心里的感受，有利于学生的心理健康。

具体措施：

① 语文老师要加强日记写作的指导。从格式到内容规范学生的写作。

② 学生要坚持每周至少写两篇日记，鼓励学生每天一记。

③ 教育学生要善于抓住日记中的素材，把它改写成佳作，日记中的内容，有些是来自学生的灵感，是最真实、最有价值的素材，所以教师要引导学生善于把它转化为优秀作品。

④ 班级可以每学期组织一次日记摘录评比。日记是学生的隐私，我们要充分尊重学生的隐私权，评比时只要求学生把愿意公开的部分摘录即可。

（6）看看名著——书籍是最好的老师。经典名著凝聚了人类思想艺术的精华，可以陶冶思想情操，给人以深沉的思维空间。从小读经典名著，加以思考，对学生的人格塑造有很大的好处。孩子通过这些不朽的文学作品而认识、感悟到的世界，对真善美、假恶丑的认识和理解更深刻。

目标：阅读名著可以增进学生的文学素养，陶冶情操，提高写作水平，开阔学生的视野；可以促进学生了解文学常识与各方面的知识，增长学生的见识，提高学生的眼光；还可以提升学生的个人修养，腹有诗书气自华，为人生道路打下良好的、扎实的基础！

具体措施：

① 对《新课程标准》规定的课外名著阅读篇目，语文老师要不折不扣地落实，同时要根据我校学生的特点自主安排名著阅读的篇目。

② 学校增加图书室名著的数量，加强学生借阅的指导，图书馆要按时向学生开放。

③ 班级建立图书角，开展漂流图书活动。让图书在学生中流转起来，增强阅读的实效性。

④ 开展读书节活动，每学期组织一次名著知识竞赛或名著阅读读后感征文活动，构建书香校园。

⑤ 做好名著导读的具体指导。

⑥ 开展亲子阅读的展示交流活动。

（7）唱唱歌曲——唱歌是一种精神上的锻炼。唱歌对健康有益，它可以促进深呼吸，从而使肺部得到发展，并清洁了血液；歌唱促成了好的身体姿势和形体动作的优美；歌唱有助于面部的表情和思维的活跃；歌唱可以增强性格的沉着和自信心，并发展对于克服困难的精神；歌唱可以改善一个人的讲话能力，丰富言谈的音调并改善其读音；歌唱可以增强记忆力与锻炼思想的集中；歌唱促进了对高深音乐的兴趣，特别是声乐作品。

目标：《义务教育音乐课程标准（2017年版）》明确指出在音乐教学中应注意培养学生自然、自信、有表情地歌唱是演唱教学的主要内容和目标。开展唱歌活动能增强学生的艺术鉴赏能力，提高学生的审美能力，提升学生的听力水平，增强学生的记忆力和思想集中的能力，养成高尚的情趣。

具体措施：

① 学校倡导在理科课堂进行每课一歌活动，每课唱一首对学生有励志作用的歌曲。

② 音乐课要做好对学生歌唱技能的指导，并教唱励志歌曲。

③ 利用好社团活动，培养音乐特长人才。

④ 每学期开展一次校园"十佳歌手"（班级十佳、年段十佳、学校十佳）的评比活动。

⑤ 百分百参加上级各部门组织的歌唱活动。

（8）讲讲新闻——把握时代的脉搏。《新闻联播》为学生提供了大量的时事信息。这些时事信息为学生提供了说、写的素材。《新闻联播》在第一时间报道世界上发生的重大事件，每次播音至少为学生提供20条信息，一年可达700多条。学生根据这700多条信息，按自己的兴趣，再去挖掘新闻背后的故事，头脑中的素材越积越多，形成了一定的储备，厚积薄发，自然也就水到渠成，能够解决学生说话、写作中空洞无物的问题。

目标：《新闻联播》为学生提供了学习普通话的良好范本。学生只要每日坚持模仿练习，潜移默化中普通话水平就会逐渐提高，《新闻联播》为学生提供了规范性语言。提供了学习体态语言的机会，《新闻联播》还为学生提供了学会倾听别人说话的机会，提高了学生的听力。学生在收看《新闻联播》时，要想记住当日发生的新闻事件，必须注意力高度集中，眼睛看，耳朵听，大脑记，日积月累，听力慢慢得到提高，还能促使学生平时关注生活、关注社会，形成敏锐的观察分析能力。

具体措施：

①"说"新闻。布置学生每日观看《新闻联播》，第二天在晨会课上交流，主题为："我给大家说新闻"，每天安排一人，每人至多3分钟，选学生最感兴趣的新闻去说，最好还要有学生自己的评论，初步养成观看《新闻联播》的习惯。

②"猜"新闻。新闻事件的发生有原因、经过、结果，有大量连续报道，那么某一新闻事件进展如何呢？第二天的新闻联播又会如何播报？培养学生对新闻事件的敏感度，培养学生的观察能力、分析能力。

③"写"新闻。教师要求学生每日看过新闻后，把重要的事件写在《观察日记》中，要写出自己的真实感受，每日练笔，勤耕不辍，作文水平一定会大有长进。

④"播"新闻。引导学生学习、揣摩《新闻联播》中播音员的发音、修辞、体态语等，经过一段时间后，把自己班级及周围发生的事情以新闻的形式播报出来，这是一个检验、提高的过程，对学生提出了较高的要求，促使学生认真去练习，同时也为学校电视台锻炼了大批的小播音员。

（9）做做演讲——透出自信与智慧的光芒。演讲不仅仅是一门科学，而且是一门艺术，是一门卓越的艺术。演讲是高水平的说话训练，是学科教学的有效载体，通过演讲能练就良好的口才。口才是学生社会交往的需要，是智慧人生的需要，是走向成功的需要。

目标：通过演讲，提高学生的语言交际能力，促进学生的书面表达能力；通过演讲，增强学生的自信力，养成良好的心理素质，促进学生正确的人生观、世界观的形成；通过演讲，提升学生的学科素养，养成收集资料的习惯和概括能力、观察发现能力以及思考能力，形成正确的思想方法和思维逻辑。

具体措施：

① 学校把演讲作为学校校本课程研发的一项重要内容，并列入学校总课程中，本着边实践边研发的原则，落实演讲活动。

② 每学期学校邀请专家进行演讲讲座。

③ 多搭台子，给学生更多的展示机会，鼓励学生踊跃参加上级各部门的演讲比赛。

④ 班级演讲要做到定人员、定时间、定主题；要采用抽签的方式落实演讲的顺序，给学生一个公平的演讲机会；要全员参与，培养自信与智慧的新纪元人。

⑤ 所有文科学科都要参与到演讲活动中，语文用普通话演讲，英语用标准的英语演讲，社会学科也要开展演讲活动，提升学生理性思维和公共参与意识，增强学生政治认同感。

（10）整整内务——学会生活才是最完美的人。整理自己的衣物，合理、有序、整齐地摆放好宿舍里面的生活用品，不仅关系到学生生活习惯的养成，也会影响到学生做事的态度，即使是生活中每天要面对的烦琐事情，也要严格进行要求。

目标：增强全体住宿生的生活自理能力，保障全体学生的身心健康发展，营造一个和谐、文明的生活学习环境，满足学生、家长和社会对优质寄宿制教育的需求，让学生养成爱劳动、讲卫生的优良品质，进一步培养学生良好的生活习惯，提高学生"自我教育、自我管理、自我服务"的能力，共同创设舒适、温馨的寝室环境。

具体措施：

① 生活部要制定内务整理评比细则，定期组织生活教师进行检查评比；要加强优秀集体和个人的宣传和表彰。

② 班主任要多关心学生的生活，加强学生内务整理的指导。

③ 小学生活教师每周要上一节生活指导课。

④ 利用军训的有利契机，借军人的风姿和要求，规范学生内务整理行为。

四、"教师幸福工程"的提出及实施

教师的工作是辛苦的，而以自己的全部精力为学生成长服务的新纪元教师的工作则更辛苦。

教师可以为了教育"衣带渐宽终不悔"，可作为学校领导者却不忍让自己的教师"为伊消得人憔悴"。因为，教师在给学生带来终身幸福的同时，教师有权利享有幸福的人生。

让新纪元教师"身体健康，心情愉快，专业发展，事业成功，前途美好"的幸福工程行动方案从2011年第二学期开始全面启动。

（一）让教师身体健康

1. 办好教师生活

学校的餐厅努力增加教师伙食的花色品种，提高档次和质量，保证营养，每周必须推出一道新菜品，每天循环菜品；每月要进行教职工生活满意度调查和意见征求，并公示整改意见，让教师吃得满意，营养充足。

2. 加强教师锻炼

学校要完善教师健体设施，建设教工健身房，动员教师活动；拟组织教职工乒乓球、网球、羽毛球、篮球、排球、游泳六大体育活动协会；分学部组织考勤性的健体活动，每周不少于1次，每次不少于30分钟；组织教师与学生一起做操和跑步，对做得好的师生每期评选表彰运动之星；组织教师体育比赛，学部内的比赛每月不少于一次（项）；学部间、学校间的比赛每期不少于一次，坚持每期举办一次教工运动会，每次运动会均开展拔河比赛。

3. 开展教师文娱活动

学校开展教师每月一歌活动，每次会议前10分钟开展教歌、练歌、新歌赏析活动；每期分年级举行一次集体文娱活动，包括卡拉OK比赛、交谊舞；各学部每期举行一次集中的文娱活动。

4. 开展教师健康保健

给教师派发教师健康手册，每期开展一次健康讲座，学会对教师常见病的预防，学会科学保健身体，开展教师心理健康讲座，让教师学会心理健康调适和预防；每年一次教职工体检，并建立教师健康档案。

（二）让教师心情愉快

1. 建立和谐的人际关系

努力建立和谐的干群关系；坚持民主决策，集体议事制度；坚持分管行政负责制度；坚持一个声音说话，一个政策办事，全校一盘棋，严厉打击拉帮结派搞小团体和个人英雄主义、确保政通人和。

努力建立和谐的干群关系；坚持公平对待每一位教师，不分亲疏；坚持按规章制度办事，不搞特殊化；坚持按实绩说话，用数字说话，保持简单的人际关系；严禁请客送礼，严禁打压排挤等现象。

努力建立和谐的同事关系：严禁打小报告、乱告状，严禁文人相轻，相互拆台，嫉妒，并实行师德一票否决。

2. 建立公平正义的政务制度

坚持公平用人、科学用人，严禁亲疏有别；坚持公平分班，按入口评价出口，实行目标定位管理；坚持公平分目标，按比基础高20%的目标管理原则，科学实施目标管理；坚持公平评价教师，按方案公开、各项评价分数公开，电脑系统自动生成，准确评价每一个教职工；坚持公平奖励，按照方案公开、计算办法公开、奖励结果公开的原则，严格按数字说话，坚持公平的评优、评职、严格按条件标准用数字说话。

3. 建立民主参与的管理机制

坚持每学期一次的学部咨询会制度，集全体教师的智慧办好学校；坚持民主决策制度，重大决策均要广泛征求和听取广大教师和行政的意见；坚持每学期一次合理化建议和奖励制度；坚持合理反映意见制度，对于教师的意见及时解决和回复；坚持学部主任接待日制度，每月一次集中接待处理教职工的意见要求。

4. 建立全面的人文关怀体系

关心教师的婚姻：通过举办联谊活动及多种形式为单身教师和青年教师牵线搭桥，成家立业。如果有教师结婚，学部协助筹办并赠送礼品。

关心教师的生病：教师生病住院，领导必须登门慰问并协调医院做好医治工作。

关心教师的生日：教师生日时学部赠送贺卡和礼物并集体庆贺。

关心教师的困难：教师直系家属去世，学部派人吊唁；对家庭有困难的教师会设法帮助其解决；教师工作如遇到挫折和有困难要主动帮助其排忧解难。

关心教师的矛盾和情绪：对夫妻发生矛盾要帮助其调解；教师之间发生矛盾要及时帮助调节；教师有情绪及时帮助其化解。

5. 建立全面的权益保障机制

保证教师的工资、奖金、福利按时发放；保证教师的政治经济权益受到保护；保证教师对学校工作的知情权，建立学部学校工作网上通报制度；实行学部（学校）内部申诉制度，如果教职工对人事使用、课务分工、职称评定、评优评奖、年度考核等涉及切身利益的方面有不满或反对意见可以申诉，并在三天内得到回复。

（三）让教师专业化发展

1. 学校要为每一位教师发展服务

学部成立教师发展诊断规划设计小组，对每位教师进行分析诊断，在此基础上为每位教师设计发展规划。对每位教师发展实行目标管理定时验收，在验收中评比、评选先进。

2. 建立教师发展阶梯

建立面向教师的职级阶梯和专业阶梯，支持教师不断发展。每年一次教师职级晋级、并配套有关待遇。

3. 深入开展三大工程

深入开展教师专业化工程、青蓝工程、名师工程。通过考试、评价、竞赛、帮带、培训、专家引领、示范多途径培养培训教师，把教师发展作为教师管理、学部管理硬任务，实行量化考核。

4. 打造学习型团队

实施教师读书工程：做好每周阅读，开展交流活动；每期赠送和阅读教育著作；充实教师阅览室，并每天开放；充实教学教研资料。实施教师校外学习日制度，每位教师每年享受一次集中或自主到先进学校听课学习的机会。建立学校视频阅览室，并提高使用效率。

5. 推进科研兴教

开展以组为单位的课题研究，建立科研奖励机制。开展教师行动草根研究。办好《瑞安新纪元教育》，开好每年一次的教科研研讨会。

（四）让教师事业成功

1. 为教师成功提供服务

学部对每一个在带班和教学中遇到困难和挫折的教师及时提供支持和帮助，而不是指责，追责任；全力支持教师工作，打击不良风气，及时帮助教师走出困境。

2. 进一步优化生源

加大招生的策划和工作力度，吸收更多的优质生源；加强对招生工作的管理力度，严格把控生源质量，要建立责任制、层层把关制、统管制。

3. 进一步优化学风

培养学生学习能力、学习精神，打造自主学习、自主管理品牌，树立好学静思、拼搏奋进的学习精神；加强德育和习惯养成，打击歪风邪气，及时处理违纪事件，营建和谐的学习氛围。

4. 进一步强化三大主题

深入开展质量、特色、服务建设，打造双高质量，打造学部特色和服务品牌；面向艺体、特长生培养学科竞赛。

5. 进一步优化模式和管理

深入开展德育、教学、行政管理模式建设，打造有效教育、精致教育品牌；深化教学过程质量管理和目标定位管理，深入推进个性化教育，创造让每一名学生成功的教育。

6. 加大宣传力度

加强对学校的宣传力度，对中考的宣传力度，增加投入，扩大范围，办好网校，扩大辐射力。加强对教师的宣传力度，实施名优教师教学思想研讨会制度。

（五）让教师前途美好

1. 稳步提升学校品牌

全面推进教师建设，促进教师事业价值和生命质量的逐年提升；全面实施可持续发展战略，坚持做强、做优、做大的统一，确保办学水平和教学质量，使新纪元成为全国一流的一所学校，使新纪元教师成为最受尊重、最有社会地位的教师。

2. 稳步推进教师减负工作

推进学习力建设工程，打造自主学习、自主发展的学习品牌；逐步实行标准工作量制，切实减轻教师工作负担；全面推进生活区改革，逐步将班主任从管就寝中解放出来，从繁杂的事务中解放出来。

3. 稳步提升工资水平

确保教师工资水平稳居全市最高；随着学校发展，要让教职工充分享受学校发展的成果。

4. 稳步提升福利水平

坚持完善九大节日慰问制度；坚持医疗保险，住房公积金制度，子女优惠入学制度，全力解决教师家属就业制度。

5. 保障退休待遇

使新纪元教师实现"五子"（房子、车子、孩子、妻子、票子）登科，享受幸福的生活；保证新纪元教师享受同等公办教师退休待遇。

6. 保障工作安全

努力确保让每一位新纪元教师都能胜任工作，对确有困难的教师可通过转岗等途径确保其工作有保障。

五、"幸福教育"理念解决了学校的五大问题

提出并实施"幸福教育"理念已经有12年之久，回顾这12年的办学历程，现在学校取得的一系列成就，都是在"幸福教育"理念的引领下取得的。

1. 构建和谐的校园文化

实施"幸福教育"至今已经12年，全校上下致力于用幸福观构建学校办学理念，打造幸福校园和幸福课堂，拓宽了全体师生体验幸福的空间，努力使师生成为幸福者和幸福的创造者。

在"幸福教育"指引下，学校成为师生幸福的乐园，不仅以优美的自然环境承载校园，还以和谐的人文环境熏陶校园，以多彩的校园文化浸润校园。和谐的校园、优良的校风，有利于培育师生之间、生生之间团结友爱、互相帮助、共同进步，帮助学生从书本走向生活，感受科学的真、伦理的善、艺术的美、师生的爱；让师生都有体验成功的机会，极大地帮助师生理解幸福的真谛，提升体验幸福的能力，从中汲取积极进取的力量。

2. 让学生体验个性化的学习方式

个性化的学习方式，着眼于学习者学习知识的主动性、独立性、独特性、

体验性和问题性。它不仅最大限度地调动学生学习的积极性和参与度，有利于学习效能的提高，而且充分关注学生个体成长，尊重学生个体精神的自由，着眼于学习潜能的开发，促进学生的自主发展。12年的努力，在学校逐步形成了系统的、个性化的学习方式，这种学习方式激发了学生学习的主动性，使他们能够充分展示自己的才华，对成功和收获产生满足感，从而增强了自信心，在学习中感受到快乐和幸福，并以更大的热情投入到创造体验这种成功和快乐的学习活动中。

3. 实施多元智能评价

实施多元智能评价是关注学生的现实幸福，对于多元智能、各有不同专长的人才给予客观的评价和开发，不仅提升了学生获得成就的幸福感，还让学生真正地享受教育过程。

学生的满足感大多同其需要直接联系，如学习的成功、独立解决某一难题，都能让学生获得成功的满足感；知识技能的获得，智力的提高，师生、同学、家庭关系的和谐等，都能让学生体验满足感。

教育的公平性是满足学生幸福体验的基础，多元智能评价理论使每一名学生都有施展才华的舞台，充分发掘学生身上蕴藏的无限的创造才能，自我价值得到充分的肯定，从而激发起学生无限的探索、追求的热情，不断地把探索、追求、提高视为人生的幸福，把每一次成功的愉悦化作新的探索和追求的动力，不断开发自己的潜能，逐步丰富知识，提高的素质和能力，由学习的幸福者成为人生的幸福者。

4. 构建和谐的师生关系

"幸福教育"呼唤建立全面、平等、和谐的师生关系。教师以爱为基础，尊重、了解、关注每一名学生，使学生都能获得自我认同感、归属感、胜任感和使命感，让学生都能体味成功的愉悦。

建立全面、平等、和谐的师生关系，教师要理解学生、赏识学生、具有民主意识。其中，理解学生，即教师要在对学生的平等、信任和尊重的基础上，将每个学生都看作是独立意义的人，尊重学生人格、尊重个体差异。赏识学生，即教师要善于发现学生的闪光点，相信学生、热爱学生，帮助学生树立自信心，保护学生的积极性，充分挖掘学生的潜力。民主意识，即教师要有意识地让学生参与民主管理，充分调动学生参与的积极性，使学生在与教师的平等交流中学习，在接受教育和参与实践的过程中逐渐培养自信，把每次成功的体验和成就感都变成源源不断的动力。

和谐的师生关系，是师生共享幸福的体验。学生的幸福，就是教师的幸福；教师的幸福，就是教育的幸福。

5. 建立密切的家校合作

家校合作是指家庭与学校以沟通为基础，互相配合，合力育人，使学生受到来自家校两方一致、各显特色、相辅相成的教育影响，形成各种终身受益的必要素质，使其更好地社会化。家校合作形成的家庭教育和学校教育优势互补的教育效应，有利于为学生提供一个更系统、更有效、更具信息化和针对性的教育环境。

苏霍姆林斯基说："教育的效果取决于学校和家庭教育影响的一致性。如果没有这种一致性，那么学校的教学和教育的过程就会像纸做的房子一样倒塌下来。"

家校合作可以帮助家长端正教育观念，明确教育目的，使家长在为子女前途着想的同时，能考虑到社会的要求和国家的需要，要遵循教育的规律和青少年身心发展的规律。

家长借助教师的专业辅导，进一步习得教育子女的知识和技巧，成为有效能的家长。通过对学校教育的参与，家长对子女的整个求学生涯甚至对子女的终生都会有重要影响。家长的参与对学生成绩的提高有积极的影响，和学校的教育质量之间有着密切的联系。

家校合作为教师的入职训练、在职发展提供了具体的方向，引领教师明确自己的角色要求，规范角色行为，获得有效的、更有针对性的教学策略，改进自己的教育教学能力和管理水平，从而迅速地胜任教师角色。同时，家长的支持与关注，使教师的教学信心和热情得以提高，赋予教师更多的勇气去接受新的挑战，从而增强教师对教育工作的胜任感。

回顾瑞安市新纪元实验学校20年的发展，我们感觉到，当学校发展到一定程度后，学校办学理念这个看起来很虚的东西，其实在最深层次上决定着学校的发展方向和发展速度。理念先行，这是从资源利用的角度提出的新的命题。譬如打仗时"三军未至，粮草先行"一样，理念要走在前面，它是学校发展不可或缺的资源。

第 二 章

校长是学校最重要的资源

校长是学校的灵魂；有什么样的校长，就有什么样的学校；一个好校长，就是一所好学校。这些概括无疑都对。但是，从资源的角度来认识校长对学校的价值，这样的研究似乎还没有看到。其实，从办学的角度来看校长，校长是最大的办学资源。

一、校长的管理效应

校长对学校的重要价值，首先体现在他的管理效应上。一所学校是一个系统，系统要高效地运转，第一个条件，就是要保证学校人、财、物的合理配置。这种人、财、物的合理配置，最困难的是动态化。学校的教育教学和运转每时每刻都处在动态中，所以这种人、财、物的配置即要有预测性，又要有适调性，时刻保持一种动态的协调状态中。这是最考验一个校长的管理能力的地方。

（一）建立适合自己以及学校的管理模式

好的校长，要建立适合自己以及学校的实际情况的管理模式。学校的管理模式对师生而言有预测性，有相对固定性。也就是说，全校师生都知道校长在怎样管理这所学校，都知道如果发生什么情况，校长将如何来调整、修正、惩处。这种可预测性有效地防止了许多能量耗损，引导师生向校长所提倡的方向和轨道行进。

照我看来，一所学校初办之际，首先要抓的就是管理团队的建设。当今的教育，市场竞争激烈，大浪淘沙。如果单靠老经验、旧方法管理学校必将要被历史所淘汰。因此，我在瑞安市新纪元实验学校任校长期间提出，民办学校管理者应该看别人看不到的问题、想别人想不到的联系、抓别人抓不到的关键。

在管理中，创造性地提出并实施班子建设"十字法"。所谓"十字法"即

学——抓学习。

主——今天我当家作主。

议——办公会议议题化。

实——抓办公会议的落实。

讲——给机会多讲。

蹲——蹲点教研组，做教研组长助手。

换——实行AB岗互换检查制度。

思——一月一次反思制度。

迹——校史上留下足迹。

专——专业引领。

在管理上，班子建设"十字法"，不仅是一种要求，而且在实际工作中得到全面落实。例如，每次校长办公会第一个议程就是学习分享，由行政干部轮流主持，做到一人学习，大家分享。又如办公会议议题化，每个干部针对自己的工作职责，基于校本思考，提出深层次的问题，包括背景描述、实施方案的设想、预期效果，以书面的形式在周五前上交校长室，校长室根据各部门的问题形成办公会议议题，提前三天下发各行政领导。周一校长办公会议根据议题逐一讨论落实。有时，一年的时间，学校就可以收到行政干部提交、并列入办公会议的有效议题580条。而这些议题都是学校行政干部基于对本职工作的深度思考基础上提炼出来的金点子，正是这些议题的研究与落实，有力地推动了学校各项工作改革与发展。实践证明，我校实施的办公会议议题，是一项行之有效的制度创新：一是有利于促进学校中层干部深入教育教学第一线，了解情况、主动发现问题、及时反思；二是有利于提高办公会议效率；三是有利于落实责任；四是有利于决策的民主性和科学性；五是有利于领导班子集体智慧的发挥。

再如，我大力推行"基于问题"的办事模式。好的校长，最重要的是始终保持清醒的头脑，在别人看到欣欣向荣的时候发现潜在的问题和危机。作为一位好校长，应该有这样的意识：成功之时往往正是危机来临之日；成绩背后往往隐蔽着许多问题。我鼓励教师与干部要有危机意识、忧患意识、问题意识，要能主动发现问题、善于思考问题、及时解决问题。我总是说"发现问题就是

发现了发展的空间"。正是基于这种认识，我明确地推出了基于问题的办事模式。每学期，我都发动全体教职工，发现并提炼问题，以书面形式广泛征集问题，并设立最佳问题奖。这一举措深得民心，广大教职工积极响应，每一年，我们都能征集了800多个问题，如《加大对青年名师培养与扶植力度》《调研先进班集体、形成可推选的经验》《加强对德育作业的理解培训》《教育教学和谐共振不协调及大课间活动特色不明显》《初中科学、数学竞赛要形成专人专业负责的长效机制》《培养一大批智慧型的班主任》……真是一石激起千层浪。针对问题，我们马上组织有关人员在逐一研读问题的基础上，成立最佳问题评选小组，评出最佳问题奖，并对所有问题予以答复与落实，对最佳问题开展追踪研究。这样，不仅培养了学校干部和教师的问题意识，而且使学校发展过程中出现的一个个问题及时被发现、被解决，从而推动学校各项工作不断地向前发展。

针对学校管理层与教学实际脱离的问题，我提倡走动管理。所谓走动管理，即一种动态的草根化管理。它指学校领导要勤于管理、扎根基层、关注细节、全程指导。具体地说，就是要求每位领导干部在工作中要做到"三勤二清"：脚要勤，走进教师、走进学生、走进教室、走进生活区、走近社会、走近家庭；手要勤，要多反思，记下自己的经验教训，记下师生的亮点和问题；嘴要勤，讲话要有艺术和感染力；脑子清，教育的理念很清晰，要善于把学校的办学理念和愿景转化为教师的行为；思路要清，校长出思想、中层干部出思路，在实践中，不断调整、理清自己的工作思路，引领教师发展。

（二）要有明确的人才战略

民办学校，有一个最大的通病就是教师流动性比较大。如果一个学校留不住教师，留不住人才，学校的发展将成为一句空话。面对严峻现实，我及时提出了"引进、培养、提高、整合"的人才战略，推出了"待遇留人、事业留人、情感留人、环境留人"的留人策略。我的具体做法主要有以下几方面。

1. 在活动中发现人才

在开展活动中发现特殊人才，在教育教学实践中发现专业人才，在管理过程中发现领导型人才。

2. 在锻炼中培养人才

在学校内部为教师提供经常性交流、互相学习的机会，适当给教师加担子、施压力，让他们在压力中产生动力，在激励中增强能力。同时，通过各种渠道，寻找各种机会，有计划、分阶段地将一部分教师送出校门，参加各种学习培训活动。在这方面，我们舍得下血本，一年中学校支出的教师培训费不少于几十万元，300多人次参加各种学习、培训。

3. 在开放中引进人才

民办学校管理者要有"杂交"思维，树立大人才战略观，做好引进人才工作。既要广罗人才，又要完善人才引进机制，严格人才招引条件，落实人才管理使用制度，尽量避免或减少因人才引进不当而造成的被动与损失。

4. 在工作中重用人才

我的用人理念是："以师为本、视师为才。"为教师舒心工作、可持续发展当好后勤兵。我的用人原则是："德看主流、才重一技；用人不疑、疑人也用；扬人所长、补人所短。"我们将教师摆在适合其最大限度地发挥特长的岗位上——"好钢用在刀刃上"。例如，对德育工作热心的人做德育工作，懂艺术的人主抓学校艺术工作，不让从事科研的人搞太多的管理工作等。这样，人才的合理使用，不仅使每个人才都能大显身手，而且极大地激发了广大教师的工作热情。

5. 在繁忙中关爱人才

好的校长要严如法官，亲如父母。在工作上，对每一位教师都要严格要求，一丝不苟。但在生活中，我们要懂得如何去关爱教师。我们每一位教师生活上的波折、工作上的压力、身体上的疾病、家庭中的困难，甚至青年教师的婚恋……都进入校长的视线。

6. 在发展中留住人才

"待遇留人、事业留人、情感留人、环境留人"在我校成为现实。一方面，我们大胆地给教职工增加福利待遇；给每位教师添置笔记本电脑，增加工资，给生活教师评定职称，解决教职工四金社会保障问题。另一方面，我校定期开展"品牌教师、资深教师""明星教师"等评选活动，逐步让我们的教师享受事业成功的愉悦。第三个方面，我们构建了一个人文化的工作生活环境。我们的干部尽力对教师多一点尊重，少一点官僚；多一点沟通，少一点误会；多一点热情，少一点冷酷；多一点鼓励，少一点批评；多一点包容，少一点斥责。给教师创造一个和谐、宽松、人文的环境，让教师优雅地生存。

（三）把教育教学质量当作自己管理工作的中心

教育教学质量是学校的生命，更是每个教师的职业生命。如何有效地提高教育教学质量，是校长和教师永恒的追求。我提倡面向全体的质量观，大力实施低进中出、中进高出、高进优出的教学策略，让每个学生进得来、留得住、学得好，不让一个学生掉队。在课堂教学中，所有教师要特别关注班级后十名学生的进步，把后十名学生的进步，作为提高学科成绩的增长点。做到备课时，要想着后十名学生、上课时要提问后十名学生、作业时要面批后十名学生、辅导中要考虑后十名学生、情感中要倾注后十名学生，积极开展高效能课堂教学研究，使学生在轻负担中提高学业成绩，使学校的教学质量获得了大面积的丰收。20年来，瑞安市新纪元实验学校成为地区最优质的学校，成为当地老百姓最想进的学校，就是教育教学质量第一的管理战略的成果。

（四）要有经营学科品牌的意识

在激烈的教育市场竞争中，学校要生存、要发展，使自己的基业长青，不仅要有胜人一筹的教育质量，还得要有自己的学科品牌，向世人昭示"我和别人是不同的"，做到"人无我有，人有我优，人优我特，人特我新。"但是，在现代市场经济条件下，教育品牌的形成并非自然的过程，需要以教育质量为基础，需要苦心经营、用心打造。经过反复论证，我们选择了中小学语文学科、中小学英语学科、体艺学科作为学科品牌打造，制订了学科品牌建设方案，并付诸实施。现在，这些品牌学科已逐步显示出它的竞争力，在本地教育界，处在绝对第一的位置。第一，成绩遥遥领先；第二，有一支名师队伍；第三，课上得比别的学校好；第四，学生欢迎。

（五）要有招生的法宝

招生工作是民办学校生存与发展的关键。其重要性不言而喻。有关认识和实践，我将在后面介绍，这里从略。

（六）要懂得如何经营学校

有人说，校长是经营学校的总操盘手。在市场经济的条件下，尤其作为一个民办学校校长，必须懂得经营学校。校长经营学校，就是为了提高学校的社会和经济效益，讲求学校增值。民办学校要发展，经济是基础。只有实施有效经营，实现合理回报最大化，不断积累资本，才是学校内涵发展的保障。学校校长要有成本意识，要把握教育市场化运作的途径和方式，要多方面整合资源，调整学校发展规模和速度，拓展学校发展空间。核心的问题是：经营要有成效，学校才能发展，才能最后真正为广大学生提供最优质的服务。经营与教育教学质量，是正相关关系。

二、校长的领导效应

苏霍姆林斯基认为，"对学校的领导，首先是教育思想的领导，其次才是行政上的领导"。所谓行政上的领导，现代学校管理学称为管理，而思想的领导，现代学校管理学称为领导。我在这里所说的校长的领导效应，指的就是校长对学校思想上的引领、指导作用。

（一）校长领导效应来自哪里？

校长的领导效应来自哪里？或者说，什么样的校长才有领导效应？我根据自己的实践体会，总结了以下四个方面。

1. 校长要拥有坚定的教育信念

这是校长的领导力的第一方面。越是有自己教育信念的，越是有领导力。

学校信念来源于教育思想。有什么样的教育思想，就有什么样的学校。校长，是学校的灵魂。校长的办学思想，对学校的发展起着决定性的作用。针对我们学校发展遇到的问题，我提出了"培育学校核心竞争力，走学校发展内涵之路"的口号。学校的发展，首先是学生的发展。"为了每一名学生的成功发展"是民办学校的本质诉求。而学生之间是有差异的，学校教育应该关注学生生命成长，关注学生成长需要，体现个性服务，使每一名学生都能全面、健康、和谐发展。更重要的是，素质个性化发展。因此，我提出了"幸福教育"的办学理念、"用优质教育开启学生成功人生"的育人理念。教育不是牺牲，而是享受；教育不是谋生的手段，而是生活的本身，应给师生赋予优雅的生存环境，并在工作中不断感受职业的快乐与成功。因此，我提出了"师生共创教育幸福"的核心价值观，并在工作实践中，逐步转化为师生的价值追求和共同愿景。

我始终认为，教育的根本宗旨是为了人的幸福与发展，教育的真正目的首先是关注人的生命发展。对生命智慧的启迪、激活，才是中小学教育的最重要的价值取向，也是人类文明进步发展最需要的。基于这种认识，我的办学方针就是一句话：千方百计提高学生的幸福指数和生命质量，使学校真正成为学生学习的花园、生活的乐园、精神的家园。

（1）我的时空观。创新必须紧跟时代前进的步伐，所以人们常说要与时俱进。这样的时空观还不够，所以我们再加上与地相融。从公办到民办，从一种熟悉的文化氛围进入另一种完全不同的文化背景，如果固守着一种文化心态和优越感，那么，无论我们有着多么深厚的文化背景，也难以融入渴望名牌却不迷信名牌的新纪元，也难以被当地政府和人民接纳，也就难以创造一种良好的办学环境。

（2）我的契约观。作为一个以契约为核心特征的职业校长，他的契约观直接影响到他行为处事的方式。我的契约观有两个层次。契约即协议，契约即制度，这是第一个层次，是写在纸上的、看得见的、有形的契约。校长向理事会签约，教师向校长签约，这是契约时代的典型模式，也是维系各方关系、保障各方利益的必要条件；依法管理，凡事有章可循，这是职业校长都要做的事，职业校长捧着一颗心来，可以不带半根草去，但一定要留下一套规章制度。第二个层次：契约即愿景，契约即承诺，这是没有写在纸上的无形的契约。协议和制度固然重要，但以校长为灵魂，在办学者和师生、家长之间共同约定一个美好的愿景更重要，要能够调动各方的积极性。职业校长从职业生涯的第一天起，在背起行囊的同时也背上了承诺，上要对得起办学者的信任，下要对得起全体教职工、学生和家长的支持，中要对得起自己的职业操守，因而不敢有片刻的松懈和逍遥，要以出色的办学质量回报各方，兑现自己的承诺。

（3）我的角色观。职业校长有多重角色身份，但最重要的角色定位应该是：学校文化的引领者，学校核心竞争力的领军人物。

（4）我的质量观。我的质量观是不断发展变化、不断丰富层次的。从"硬拼中考一条路"到"中考、特长教育、全面素质发展多管齐下"，这个过程，既有迎合潮流、跟着家长感觉走的无奈，又有自我否定、自我超越的阵痛，更有理性回归教育本质的惊喜。与质量观改变相适应的是教师观的变化；会教书、业务拔尖不再是选择教师的唯一标准；面对学习基础和行为习惯都很薄弱的学生群体，对他们付出超乎一般的爱心和耐心，成了我们选拔教师最重要的标准。

（5）我的平常心。从职务校长到职业校长，可能经常要面对过去不曾遇到的一些情况，例如，成为被告，对簿公堂；接受各种年检审计；以法律手段维护学校的权益；面临教师无序流动甚至恶意流动；等等。法人代表的身份，要求职业校长要树立平常心，有胆有识，坦然面对，从容应对。

以上五个方面，构成我的教育信念中最核心的部分，在任何时候都不会动摇。这种信念坚定了我的人生目标和工作目标，给自己以力量，也给全校教职员工以信心。他们觉得我是学校的主心骨。而我自己，则是以这五个方面作为自己的主心骨。

校长的办学信念直接关系着学校教师的教育教学行为和学生的学习行为。例如，校长的教育理念是传统而保守的，那么教师的教学行为也会变得传统甚至谨小慎微。学生的学习行为受教师教学行为的影响这是毫无疑问的，所以，教师的教学行为与校长的办学思想理念密切相关，而教师的教学行为原本就对学生产生着潜移默化的影响，所以，学生的学习行为也会因而受到深刻地影响。而校长的办学理念是超前的，别具一格的，是符合教育教学思想但未必一定普及化、大众化，这样的理念必然会影响一大批有远见和同样有思想的教师，大胆创新，锐意改革，课堂教学就会富有变幻和朝气，学生也就会变得异彩纷呈，各具特色。

又如，校长是一个只重视文化教育而不注重艺术教育的人，那么学校就会变得死气沉沉，教师就可能变成一个个老气横秋的学究，学生就会唯学知识试问，两耳不闻窗外之事，考分固然会高出一些，可知识学死了还有什么用处？所以，校长的价值观、是非观、世界观、人才观，直接影响着教师的教育教学行为和学生的学习行为，直接影响着人才培养的模式和人才的风格。也许校长重视的是全面发展的人才，那某一专业领域有突出喜好的学生完全有可能被扼杀，甚至为了追求考分、排名等世俗利益，而扼杀学生原本具有的天性与天份，把学生培养成一个模式下的应试工具或机器，失去激情和生活情趣，失去个性和理想追求，完全按照教师的心理暗示去发展自我，哪怕是违背自己意愿的发展，这样的人才观显然不是在培养真正的人才，而可能是把天才变成庸才。所以校长的办学理念和学校的发展，教师的成长，学生的成才有着至关重要的关系。校长的办学理念如果紧跟时代的步伐，那么这个学校的发展前景就会很好；反之，校长的办学理念跟不上社会的步伐，那么该学校的发展前途将是非常渺茫的。因此，校长的办学理念的不断更新应该是一个学校的生存和发展的生命线。日本企业家本田宗一郎曾说过："有领先时代的管理思想是企业繁荣的先决条件"。学校管理也不例外，校长有领先时代的管理思想和理念才是学校发展的先决条件。因此，校长不仅要有自己清晰的办学理念，而且应该是个性化和人文性办学理念的综合运用。

　　古今中外的杰出校长，所以能办出好学校，并不是因为他的经费充足，也不是因为教育行政部门的大力支持。教育家陶行知当年脱下皮鞋穿草鞋，不教大学办中小学，为办学到处化缘，经济上从不宽裕，他的校舍条件也不算好，当时的教育当局也不支持他，但人民欢迎他，历史记住了他。原因很简单，他给当时的中国带来了一种全新而进步的教学理念。我们的社会需要进步，我们的学校需要个性化和人文性的办学理念。

　　当今社会是一个多元化的社会，社会对人才的需求是多样化的，而从科学角度分析人的发展，由于人的个体差异和环境影响等先天或后天的一些因素，必然表现在人的个体的差异上，而个体差异中的是我非人的某些个性潜质等，极有可能就是我们未来某一领域的多样化人才中的一种，如果教育者能够科学地看待人的差异，真正做到因势利导使他们的差异发展变化成能力，一种既能让自己安身立命的能力又能为社会做出杰出贡献的能力，那么这样的教育即使没有高分，也是成功的。而这样的教育，就是未来社会必将全面被人们认同和接受的教育。这就是有着无限的教育魅力的差异化教育理念，这种理念是建立在承认学生差异，承认差异是一种资源，承认差异可以变成能力的理念。那么差异化教育与人才培养以及未来社会对人才多维度的需求证明，这种教育理念是适应未来社会发展和教育发展需求的。而差异化教育毕竟还不是普及化的教育理念，尚属于超前的理念，那么能否推进这种教育理念，能否培养出适应未来社会发展需要的多样化人才，校长的人才观就显得至关重要了。

2. 校长要具有非凡的承受力

　　校长不是一个好当的职业。校长接纳整个社会所有的压力到自己身上，能不能把压力分配到学校的每个人身上？恐怕不容易，这就是校长负责制的关键。很多人一听到校长负责制觉得挺好的，我说了算。是的，也许是你说了算，也许是你说了不算，但是所有的压力则肯定是你的。现在很多校长不是因为他不聪明，不是因为他没有坚定的教育信念，而是他的内心不够坚强、坚毅。在学校，校长必须先管理好自己，管理好自己的情绪和思绪，然后才能领导学校的教职员工。校长必须先处理好自己的情绪，才能处理好他人的情绪，才能领导他人一起朝前走。情绪控制力、调节能力，是校长领导力的重要内容和形式。许多校长，就是因为在这方面表现得不能令人满意而失去领导魅力。

在长期的办学实践中，我遇到过无数困难和压力，有些困难和压力还是一般人所无法承受的。但是，我始终告诫自己，我不能后退，我不能放弃，因为在我和身后，还有全校教职工，还有那么多的学生和家长，我如果因为压力而放弃努力，学校的发展、学校的质量就会受到影响，最终全校教职工的生活和工作、学生的学习和成长都会受到影响。全校所在，我应该成为最能承受压力的人。我应该给我的团队，给教职工以信心，让他们觉得我永远没有放弃，永远朝前冲。我感觉到，教师最相信什么样的人？最相信有信心的人。在学校遇到困难的时候，最宝贵的，就是信心。而这个信心，一定首先来自校长。

很多跟我一起工作、一起拼搏的同事，在许多年后都会回忆起，面对哪一件具体的事，在哪一种具体的情形下，当大家都有些灰心的时候，我的一句话、一个决定给了他们信心，让他们觉得有了克服困难的勇气。其实，我并不是有更多的办法，只是我在任何情况下，都告诫我自己，要有勇气承受这些压力。

3. 校长是一个目标明确的人

办学校，校长脑子里一定要始终装着这几个问题：学校现在在哪里？学校要走到哪里去？学校的办学目标是否实现？其标志是什么？全校其他人可能说不出来，但校长的脑子里必须把这几个问题想清楚。只有校长想得很清楚了，别人跟着干才觉得有思路、很清晰，不走弯路，成功的概率大。

（1）2009—2014年发展目标。2008年，我根据学校的办学实际，提出以下发展目标：

① 学校办学目标：以学校文化战略纲要为统领，构建研究型学校发展模式，实现管理方式、教学方式和学习方式的三大转变，把学校办成适应教师发展的和谐学校，把教育办成适应学生发展的和谐教育，使学校初步成为具有现代化、个性化、国际化办学特色，在全国有一定影响的实验型、创新型、示范型的九年一贯制精品学校。

② 学生培养目标：培养学生学会做人、学会学习、学会生活、学会共处、学会健体，使学生成为有良好道德情操和社会责任感的人，成为有思想、有个性、有创造能力的人，成为能将学校与社会、学习与生活紧密结合，具有现代意识、兼有温州气质和国际视野的人，成为能善于与别人合作竞争，与环境和

谐相处的心态积极、平和的人，成为具有强健身体素质与健康心理素质的人，成为德、智、体、美、劳全面发展的一代新人。

③ 事业发展目标：实行优质教育，优良服务，创办让人民满意的学校。创办新纪元分部，到2014年学校办学规模发展到87个教学班，学生人数稳定在4000人左右，其中小学63班，学生2835人；初中24班，学生1152人。

（2）2014—2017年发展目标。2014年，我根据新的发展形势，及时提出更加系统、具体的发展目标：

新一轮发展规划，我最重大的决定，就是创办瑞安市上海新纪元高级中学。

瑞安市新纪元实验学校办学二十年来，在瑞安市新纪元学校管理团队引领下，新纪元人焚膏继晷、废寝忘食，用智慧和汗水浇铸了日益壮大的新纪元教育大厦，实现了学校内涵、跨越发展，创造了瑞安义务教育一个又一个的奇迹，赢得了良好的社会口碑。但是，我们的声誉，只是停留在小学和初中，作为本地一所声誉卓著的知名学校，发展空间受到局限。经过周密的分析，我们决心创办瑞安市最好的十二年一贯制民办学校；我们不仅要有小学和初中，还应该有我们的高中。2015年，一所由瑞安市人民政府引进、上海新纪元教育集团投资创办的民办高中正式挂牌运营。它隶属于瑞安市新纪元实验学校总校，是一所高起点、高标准、高目标的民办寄宿制普通高中。

同时，对于瑞安市新纪元实验学校整体的发展，我提出以下战略目标：

通过三年努力，力争在品德培养、队伍建设、教学质量、教育科研、品牌打造、办学规模、综合效益等方面取得新的突破，全校师生整体幸福感明显提升，办学效益显著提高，社会口碑声名远播，整体办学水平迈上新台阶。

① 德育深化：初中、小学分校进一步深化"班课一体化"课题研究，扩大成果效应；高中分校实施"德育导师制"，开展《培养学生培养海洋"文斗"能力》课题研究，努力探索学校德育的新途径、新方法，不断提高德育工作的针对性和实效性。

学生对学校的整体认知度有新的提高，举止文明、心地阳光、乐学精进。

继续开展平安幸福校园创建活动，达标率100%，学校安全事故率为0，安全知晓率100%，推选市级以上德育先进工作者2~3名，有30~50篇德育论文在市级以上交流、获奖或发表。

② 教学质量：以创建温州市课堂变革示范学校为契机，进一步推进有新纪

元特色的课堂教学改革，打造高效课堂，力争在校本教研、质量监测、教学评价、模式构建等方面有新的突破。

未来三年，学校整体教学质量要稳中有升，初中分校确保中考瑞中上线率、普高率均居瑞安市首位，各学科继续保持优势；高中分校确保温州联考进前十、瑞安期末统考成绩保二争一，首届毕业生高考成绩重本率达45%（135人）。

50%以上的教师开出校级以上公开课；编撰瑞安市新纪元实验学校《学科微课集锦》《学生常见问题及诊断分析》《各学科导学案》。

③ 教育科研：以总校《基于幸福教育的名校成长之路》、小学分校《小学生学习力培养的研究》、初中分校《三学循环课堂教学模式研究》、高中分校《走向深蓝：中学生海洋"文斗"能力培养的研究与实践》四大课题为抓手，完善课题体系，健全科研制度，培养科研骨干，发挥教科研"为学校领导决策服务、为学生健康成长服务、为教师专业发展服务"的作用，实现教育科研"塑品德、促教学、育文化、谋发展、树品牌"的功能。

我们的科研管理干部和科研骨干应成为：智慧型校长的得力助手、创新型教师的合作伙伴、自主型学生的良师益友、研究型同伴的依靠力量、和谐型校园的文明使者。

将"幸福教育"作为我校发展的特色，加强与"幸福教育"有关的研究与实践，挖掘亮点，树立典型，总结经验，发挥效益。三年内，教师教科研课题、论文、案例等成果市级以上获奖率为60%以上，教师教科研成果在公开刊物发表数量明显增加。编印5～6期《幸福教育系列丛书》教科研成果集。

④ 学生发展：深入践行"尊重差异、关注全体、开发潜能、和谐发展"的办学理念，积极创建幸福校园；教育学生学会做人、学会求知、学会做事、学会共处；根据不同学段、不同年段学生的生理和心理特点，将良好习惯养成、优良品德培养和学习力提升作为学生发展的三大重点工程。

学生具体发展目标：

① 小学分校：进一步提升以《弟子规》为重点的国学启蒙教育内涵，初步形成品牌，使学生100%参与《弟子规》学习、实践活动。使学生的综合素质不断增强，使学校在家长和社会中的美誉度进一步提高。使学生在校园主题活动（艺术节、体育节、科技节等十大节）中成绩显著，个性分明；使学生积极参加市级各类活动中有突出表现，获奖率达到90%以上。

② 初中分校：初中以"班课一体化"课题研究为抓手，积极探索德育工作的新途径和新方法；以行为习惯养成教育为抓手，不断提高学生的道德水平；积极探索"三学循环"课堂教学模式中的德育元素，以德促智、以智提德，相得益彰、全面提高。

③ 高中分校：以"全员德育导师制"实施为抓手，全面提升教师的育德能力，全面提高学生的道德素养，树立"热情、自信、独立、宽容"的瑞安市上海新纪元高级中学学子的新形象；适应新高考改革和浙江省普高特色示范学校创建的需要，开展丰富多彩的校园社团活动，开设具有新纪元特色的校本选修课；分步骤、有重点地开展《走向深蓝：中学生海洋"文斗"能力培养的研究与实践》课题研究，积极发现苗子，培养尖子。

④ 国际部：培育中华文化根基，打开西方文化窗口，夯实英语基础，鼓励出国深造，为培养中西兼容的外向型人才奠基。

总之，我校德育工作的根本目的是通过开展幸福校园、幸福课堂建设，开发和实施幸福课程，不断提高学生的校园幸福指数，为培养具有华夏根基、国际视野、领袖气质和温州人精神的复合型人才打下坚实基础。

学校全面发展目标：

① 教师发展：开展"善待学生、礼遇家长活动"活动，深化师德培训，提高教师的德育素养；开展小学"学习力培养"、初中"三学循环"、高中"导学案设计"等校本研训活动，建设高效课堂，提高教师的课堂教学能力；开展"教科研论文撰写""校课题研究""微课""翻转课堂"等专题培训，提高教师的教科研水平。

引进和培养相结合，加大新教师、青年教师的培养力度，缩短教师成长周期，形成在温州市有影响力的教师团队。三年内增加3～5名瑞安市教坛新秀、中坚，1～2名温州市教坛新秀、中坚，3～5名温州市以上学科骨干教师。

② 学校发展：七个关键词——管理文化、教师队伍、教学质量、国际教育、数字校园、规模效益、社会口碑。

③ 管理文化：强化管理者"看别人看不到的问题、想别人想不到的联系、抓别人抓不住的关键"的特质，继续打造"十字法"干部管理品牌。

④ 教师队伍：加强教师培训，完善教师梯队结构，打造捆绑式团队，不断优化教师队伍建设，为学校品牌建设提供人力资源保证。

⑤ 教学质量：紧抓教学质量这根生命线，落实分校校长负责制，确保各分校教学质量目标的顺利达成。

⑥ 国际教育：既然我们做出了超强的义务教育，既然我们正着力打造一流的高中教育，为什么我们不可以抢占瑞安、温州国际教育的主阵地？我们将根据当地实际和学校特点，在科学调研的基础上，组建国际部，开设TOFEL、SAT、AP等国际课程，为有出国留学需要的学生服务。第一步：市场调研；第二步：搭建班子；第三步：优选课程；第四步：招生宣传；第五步：组织教学；第六步：留学申请；第七步：出国深造。

⑦ 数字校园：进一步推进信息化建设，打造数字校园，用信息化助力幸福教育，力争在2016学年达到温州市一级办学水平。

⑧ 规模、效益：未来3～5年，新纪元教育集团瑞安校区学生人数达8000人以上。其中，小学分校达到120个班级，有5400名学生；初中分校达到51个班级，有2300名学生；高中分校达到18个班级，有910名学生；国际部达到6～9个班级，有300名学生。

在稳定办学规模的基础上，力争经济效益（纯利润）年均增长率达20%～30%。

⑨ 社会口碑：整合学校科研、宣传资源，成立学校品牌战略工作室，在总校校长室领导下，梳理学校文化，指导课程开发，遴选特色品牌，促进研究深度，扩大宣传力度，推进品牌建设。学生、家长、社会三方满意率为98%以上，成为瑞安及周边市民心中首选的名校。在此基础上，为创建全国一流的优质民办学校蓄力。

2018年，学校全面实现以上发展目标。经过20多年的发展，学校已经发展成为小学、初中、高中三个分校。尤其是高中的创办，标志着瑞安市新纪元实验学校的办学环境、办学层次都发生了重大变化。

（3）2019—2021年小学发展核心目标。学校全面进入一个新的发展阶段，我又开始规划下一个三年的学校发展轮廓。以下是小学的发展目标。

构建学力培养十大育人特色体系。以践行《弟子规》为代表的核心价值观育人体系；"吃、睡、玩"形成学力培养的保障体系；以课堂能力培养为主的基础学力训练体系；以图学经典和图学作文为代表的语文教育体系；以数学、科学建模为核心的理性思维教育体系；以英语学科为代表的国际语言教育体系；以健美操和书法为代表的动静结合的个性化教育训练体系；以拓展课为代表的幸福童年课程体系；"三比"原则下游学与考试相结合的评价体系；形成家长和教师共同学习的家校共育体系。通过上述体系，使学校成为瑞安市民心中首选的名校，成为学生、家长、社会三满意学校，全国一流的民办学校。

（4）2019—2021年初中发展核心目标。今后三年要从经验型、制度型、行政型学校发展模式逐步走向研究型学校发展模式。

① 给教学质量的提升注入新的活力，追求健康的、可持续的绿色教学质量是今后初中部面临的首要问题。

② 以学校文化战略纲要为统领，构建研究型学校发展模式，实现管理方式由制度管理向人文管理转变，教学方式由讲授式向启发式转变，学习方式由被动接受向主动学习转变，把学校办成适合教师发展的幸福学校，把教育办成适合学生发展的幸福教育。不断提升学校内涵，培育核心竞争力，不断践行"幸福教育"办学理念，不断提升师生幸福指数。办一所有幸福感、有责任担当、会感恩的优质名校。

③ 构建完备有效的学部文化管理体系，构建自主管理、自主发展的管理模式，由人本管理向文化管理迈进，由规范化管理向精细化管理和个性化管理发展，逐步达到"管理无形、教育无痕"的理想管理境界。

④ 培养一支创新型、学习型、科研型的勤业、敬业、精业的高素质教师队伍，培养一支精教学、会管理、善沟通的班主任团队。学年教师流动率控制在5%以内。学生的满意率99%以上，家长满意率96%以上。

⑤ 初中整体教学质量稳中有升，各学科继续保持优势，争创瑞安第一，温州一流，老百姓口碑第一，成为区域内老百姓向往的学校。

⑥ 到2021年，五大学科建成县市级学科品牌，在全省拥有一定的知名度与影响力。

（5）2019—2021年高中发展核心目标。

① 总体目标。以构建幸福校园为出发点。建立健全现代学校管理制度，推进学校、家庭、社区的现代型发展；高起点建设校园环境、校园文化、智慧校园；建设三类核心工作团队，五个研究团队；营造潜心育人、用心教学的良好工作氛围；坚持以文化兴校抓管理，实现从以人治校和以法治校融合为以文化治校的新局面，实现学校跨越式发展；实现学校从无到有，从小到大、到强的

飞越。

② 发展定位。办学特色定位：师生共创幸福教育，人人成为有温度、有责任、有幸福感的新纪元人。具体地说，就是从培养适应未来社会发展的、素质全面的现代人的目标出发，让学生通过系列教育活动，走出小我，放眼世界；走出现在，放眼未来。培养胸怀大志、学会求知、学会做事、学会共处、学会做人、学会审美，培养具有国际视野、领袖气质和温州人精神的未来祖国建设者与接班人。即每个学生都追求卓越，做最好的自己，成为热情、自信、独立、宽容的人。

③ 校园安全定位。三年内师生校园安全率达到100%，安全事故率为零。

④ 综合效益定位。通过开源节流、优化生源、提高质量、打造特色，确保办学综合效益三年内有明显的提高；三年后随着办学规模的扩大和教育质量的提升，实现盈利并逐年提高增长幅度。师生员工的校园幸福指数明显提高，学校的社会认可度明显提升。确保整体办学水平三年后达到浙江省一级特色普通高中示范学校标准，初步建成"安全、幸福、优质"的普通高级中学，最终实现"办优质高中，育幸福人才"的办学目标。

⑤ 师生发展定位。办一所教师充满学习力、内驱力、研究力和竞争力，学生能主动发展、生动发展、适合发展、健康发展，师生和谐共进的学校。适应学校品牌建设发展需要，不断优化教师队伍，确保足够数量的特级教师、名师和骨干教师。专任教师学科素养、科研素养、师德水平、学历职称等逐年有改善和提升。打造一支认真践行新纪元幸福教育理念、倾心新纪元教育事业、师德高尚、业务精湛，深受学生喜爱、家长认可的教师队伍，为学校的持续发展提供强大的人力资源保障。名牌大学数量有所增加。

⑥ 管理水平定位。办一所理念先进、制度健全、管理科学、运作高效、充满活力的示范高中。

⑦ 教科质量定位。三年后高考重点率在瑞安市稳居第二，在新纪元教育集团普通高中学校居于第一；本科率达到100%；高一、高二期末瑞安市统一检测，各科平均分、及格率，争取瑞安市第一，确保第二；学业水平考试A、B率力争瑞安市第一，确保第二；坚持用教育科研为学校品牌建设护航，为领导决策服务，为教师专业成长服务，为学生健康成长领航；健全教科研制度，完善教科研机制，培养教科研骨干；重点加强全员德育导师制、新高考改革、高效

课堂建设、校本课程开发、尖子生培养、学困生、后进生帮扶等方面的研究。

⑧ 办学规模定位。精心策划，周密部署，使生源每年都能够在确保数量的基础上，不断有所优化；学校在家长和学生中的认可度和美誉度不断提升；确保三年后办学规模达到28个班（2018级8个班、2019级10个班、2020级10个班）。

瑞安市新纪元实验学校20余年的发展，其实就是不断确定目标、持续实现目标的一个过程。在这个过程中，校长积极稳妥地分析办学环境，分析学校的优势、劣势、危机和机遇，确定新的目标，是校长最重要的工作。一个有领导力的校长，应该把这项工作放到最重要的位置。

4. 校长要有明确的干部培养意识

有领导力的校长都是特别注重学校干部队伍的建设。校长要有强烈的培养干部的意识。一个校长，敢于提拔干部，善于培养干部，乐于帮助干部成长，这是一个校长的领导力的突出表现。敢培养、会培养、乐于培养干部的校长，最有号召力，最有影响力，他们特别能团结一批人、领导一批人，跟随他一起朝前走。

校长的工作职能，很大一部分就是培养干部。一个方面，学校的发展需要一大批干部，这些干部从哪里来？靠外引只是一个方面，而且不是主要的方面，因为外引的干部的适应性、忠诚度、扎根意识，可能存在许多复杂的情况。学校的干部，主要是靠内培。培养干部能极大地提升学校的办学实力。另一方面，校长善于培养干部，让校长周围的人感觉到自己有发展前途，感觉到自己成长的机遇，会极大地激发他们的工作热情。这是校长的领导力的特定内涵之一。

学校管理有一个数字定律。一个学校的后20%的人，你是很难撬动他们为学校做贡献的，他们是怎么推都推不动的，不要把时间和精力花在他们身上。真正推动学校发展的，是学校里前20%最优秀的分子。中间还有60%的人其实是随大溜的。只要抓住了学校前20%最优秀的这一部分人，这所学校就有了活力，就可以冲锋陷阵。这一部分人，校长应该为他们量身定做成长目标、成长路径，着重培养他们。

我在瑞安市新纪元实验学校20年，几乎所有干部都是我们自己培养的。我们不问出身、不问学历、不问亲疏，只问负责精神，只问工作能力，只问为教师服务的意愿，只问在教师心中的威信，把那些工作负责，工作能力强，愿意为教师服务，在教师心中有威信，忠诚学校，这样的教师，及时提拔到各级领导岗位上来。同时，我们也不是提拔了事，一方面，我们送干部到集团、教育局和有关培训机构学习，锻炼提高，另一方面，我在日常管理工作中，手把手教他们，大胆地让他们独当一面，在工作实践上迅速成长。

在办学20余年的实践中，学校管理团队一直稳定，新老更替，始终保持了学校管理层的稳定和团结。这与我的人才培养战略是密切相关的。

（二）校长领导力的五个准则

1. 德治，即以德治校

校长本身要以身作则，公道正派，为人师表，竭忠尽智，有服人之德；要严于律己，宽以待人，廉洁自律，奉公守法；要为人大度，心胸开阔，失礼道歉，得理让人；要作风民主，平等待人；要谦虚谨慎，务实肯干，不夸夸其谈，炫耀吹嘘；要勇于自我批评，敢于承担责任。校长只有做到上面的"六要"，才能有感召力，才能有威信，才能更有效地治校。德治的另一方面，要开展多种活动，采取多种形式育人。

2. 才治，即以才治校

校长要想治好一所学校，就得有丰富的管理才能和超群的业务才能。这就要求校长，首先要提高自己的管理才能，要善于学习、善于归纳、善于总结，善于用那些成功的管理方法。要向前人学、向书本学、向同行学、向下属学。其次，校长的业务能力也不可忽视，校长要业务精通，熟悉一两门课程，要坐得下来，学得下去，要带头学理论，用自己的学者形象去影响教师。

3. 情治，即以情治校

校长要与广大教职工建立起亲密的感情，要热情关心人，以情动人；要诚恳待人，以诚感人；要充分信任人，以信取人；要善于鼓励人，以激促人。校长和教师打成一片，融为一体，学校的各项工作任务才能出色地完成。

4. 法治，即以法治校

校长必须因校制宜地搞好本校的规章制度建设，使管理者和被管理者双方统一在这个高度透明的法治系统中，就会使学校工作正常、高效地运转。要向管理要质量，向严密要成绩。通过施行法治，逐步达到组织结构合理化，管理手段序列化。法治要始终坚持奖罚分明、是非分明和功过分明的原则。

5. 廉治，即以廉治校

校长必须勤政务实，清正廉明，做到拒腐守廉，不辱节操。"公生明，廉生威"，只有校长自身廉洁，才能有凝聚力、号召力。"其身正，不令而行；其身不正，虽令不从"，校长的威源于廉，校长廉洁奉公就是一种无声的命令，对下属产生很强的自然征服力。

三、校长的品牌效应

现在教育的竞争其实是十分激烈的。我认为，教育的竞争就是资源的竞争。如果说硬件资源的竞争还有一个客观的标准，相对来说是简明清晰的，那么，软件资源的竞争，则是既激烈，又艰难。

对于学校而言，最主要的竞争，其实就是品牌的竞争。可以说，现在学校竞争的实质，都是在确立学校在当地老百姓心中的知名度和美誉度。而学校的品牌，一方面来自学校多年的办学质量，另一方面，则来自校长的个人素养和知名度。

作为校长，执掌一所学校，根本的目的当然不是个人的知名度之类的东西。但是，不管是教育专家和社会，都认定一所好的学校与一个好的校长。所以要想让社会、家长对一所学校充满信心，必须首先让他们对校长充满信心。这个时候，我们校长的个人魅力，个人素养，就与这个学校的魅力和素养联系在一起了。这是我们做校长的人不可回避的一个问题。所以我有一句话，要想经营好学校，必须首先要经营好校长自己。当校长20余年，我主要是从以下几个方面来经营自己的。

（一）学习与创新

学习无论是对个人的成长还是对社会的进步，其决定性的意义与价值都是不言而喻的。学习是创新的基础，只有通过学习，才能不断地培育自己的创新意识。创新是学习的升华，是学校发展的不竭动力，再优秀的学校，停止创新就意味着落后，因此，学习与创新对于校长而言是同等重要的责任。2003年，我担任平阳新纪元学校校长，面对师生流动率高，好生进不来，在校生留不住，招生形势不容乐观的被动局面：通过创新机制——构建"学习型师生小家庭"，落实全员德育责任制，实行真爱教育；创新幼小衔接课题研究，建立35所基地幼儿园；创新办学理念，提出"尊重学生个体差异，关注每位学生发展"；学校很快扭转了局面，通过三年努力，学校成为浙江省九年一贯制示范学校，招生形势大好。2006年，调到瑞安市新纪元实验学校担任校长，通过十大管理创新（文化创新——展示美好愿景，重塑校园文化；制度创新——建立制度体系，规范师生行为；育人创新——实施家校共导，推行德育作业；素质创新——关注全面素质，营造生活乐园；质量创新——优化校本教研，完善质量体系；科研创新——实行教科一体，促进共生互长；品牌创新——倡导一班一品，初显班级特色；问题创新——广泛征集问题，改变管理模式；职改创新——实施品牌教师评选及生活教师专业职称评审制；评价创新——提出"十字"管理，引进激励机制。）使学校美誉度迅速提高，教师归属感、成就感增强，学生在校幸福指数提升，家长满意度提高，校园中师生精神面貌焕然一新，学校呈现欣欣向荣的新气象。要创新就得学习，再学习，如果满足于已有知识、过去经验而不再学习，创新就成了无源之水。因此，我从不将时间花费在打牌、钓鱼、唱歌、跳舞上，工作之余就看看书、翻翻专业杂志，坚持每天看10页书，久而久之遂成为习惯。读书看报是学习，参观检查、同事交流、视频会议、总结反思、听课评价、与师生谈话也都是学习，关键要有心，有持之以恒的精神。我坚持自己写学校工作计划、总结，每次学期总结写好了，下学期的工作计划就心中有谱了，而且每学期向教师征求问题，把教师的建议融入下学期的计划之中，针对性很强。我把每一次写总结、计划都作为学习与创新的一次机会。

我坚持学以致用的原则，把学习到的先进办学经验和新的教育思想，通过吸收内化，灵活地引为己用，在学习中体味，在模仿中创新，力争工作有新措施、新思路。例如，导师制活动、文化美食节、星级教师评选、品牌教师评选、"我为自己找亮点"活动、主题化校本教研、班子建设"十字法"、关注后十名学生、幼小衔接协作体建设、中小学衔接打造学习共同体、招生就是学校文化培育与形象宣传的过程展示、终身名誉家长的评选、经营学校的市场化运作、打造体艺教育品牌、让教师的爱生格言与名人同辉、五大服务观运用，以及上述十大管理创新等，都是从外校学习并内化而来，但对于我校的管理而言都是创新。虽然学校工作千头万绪，作为寄宿制学校，我每天工作达12小时以上，但我还是挤时间看书学习，学习是我的生活方式，虽累但学有所获、思有所得、用有所果，倒颇觉其乐无穷。学习与创新是我校建设的永恒主题，是学校面对竞争，进行二次创业和腾飞的不竭动力和源泉。

（二）思考与专业

所谓思考，就是人对客观事物的反映，这种反映不是指完全被动的无条件反射，而是指人通过大脑的思索，对于一定的客观事物做出一定的判断性的反映。人的思考有两种：一种是完全以功利目的出发，人云亦云；另一种是服从客观真理，服务于绝大多数人的利益出发，进行独立思考。凡有创新意义，能对人类社会做出贡献的思考，必定是独立性的思考。如果伽利略没有独立思考，他就不可能纠正亚里士多德曾经统治了人们思想2000多年的关于运动和力的错误认识；如果爱因斯坦没有对牛顿时空观的重新认识，就不可能产生相对论；如果没有现代共产党人对毛泽东思想的再认识，就不会有中国特色社会主义理论的产生。

教育是社会生活的重要组成部分，教育现象和整个社会紧密相连。作为校长如果没有独立思考的能力，没有自我，就无法把握学校教育的发展方向，就无法正确理解自己的历史使命，就不可能排除各种干扰，坚持正确的办学方向，就不知道自己应该做什么和应该怎么去做。著名作家詹姆期·米彻纳曾写道："人，一辈子中所进行的最漫长的旅程就是不断地找到自我，如果在这一点上失败了，那么无论你找到了别的什么，都没什么意义了。"作为校长，学校就是舞台，如何演绎自我，就需要不断地独立思考、不断地追求、不断地超越自己，才能做到"看别人看不到的问题，想别人想不到的联系，抓别人抓不住的关键"，在思考与实践中开拓自己的一片天地。

做思考型校长先要让自己做一个有心人，随时随地地思考教育管理工作、学习与生活中的得与失。每一次工作的安排与检查，每一个活动的组织与实施，每一个制度的制订与落实，每一个举措的成功与失败，有什么体会，有什么感受，是怎么解决的，养成在笔记本上及时记录的习惯。不断地将最精彩的想法，最成功的做法，教师最创新的建议写出来，成就一篇篇精彩的管理文章，从积累生活现象、积累自己的感受、积累自己的思考开始，将自己最有价值的点点滴滴记录、反思，经过一段岁月的积淀，这必将是一道靓丽的风景线。

做专业型校长一直是我的人生追求，作为校长无论是交流沟通、大小会议、听课、评课、上课，参加教研活动或学术研讨，你总得让教师有所收获。

故此，我提出常规工作要常抓常新，常抓常精，努力做精管理的耐力、眼力和功力；为了提升自己与班子团队的专业管理水平，我提出了"十字法"管理措施；为了引领教师专业发展，采取了专家会诊"开方子"，对外展示"搭台子"，外出学习"找点子"，严格考核"扬鞭子"，选好苗子"加担子"，典型引路"树牌子"的"六子"措施打造优秀的教师团队；为了推进全员德育责任制，实施真爱教育，我创造性实施"家校共导"导师制活动；为了学生终身发展奠基，我坚持面向全体质量观，关注后十名学生，全面实施素质教育，狠抓"让体育锻炼成为学生习惯，让艺术普及成为学生自觉"执行力，把教育作为提高学生终身幸福指数，提高生活质量和改变生活方式来抓。要做一位专业型校长，我想要关注教师的生存状态，把管理的精力放在关心教师、满足教师的需求上，强调培养教职工的归属感和彼此间的交往和友谊，倡导被管理者参与管理、管理者善于倾听和沟通，让学校的教育理念慢慢渗透在教师管理工作中。于是在管理策略上我主要做三方面的事：第一，把握客观。每隔一段时间，我就要将进入视野的全新信息结合本校的实际进行系统思考，不断地调整新的命题和实施策略，做到与时俱进、稳步前行。第二，细察微观。我时常参与教育教学专题研讨活动、听课、与教师交流，从而欣赏教师的工作，也思考或预计将有可能发生的问题。把握了宏观，就把握了学校发展的方向；把握了细节，就把握了学校的水准。第三，直面难管。把容易的、常规的工作分给助手们，尽可能让他们有责有权，并且让他们在教师中建立较高的威信。关于那些棘手的问题，偶发事件则由我处理。

因此，做思考型校长是专业型校长的必要条件，只有保持独立而系统思考问题的能力与习惯，才能为专业型校长打下基础。我认为专业型校长要具备沉稳、细心、胆识、积极、大度、诚信、担当等七种性格和观察力、思考力、决策力、组织力、影响力、执行力等六种能力。

（三）激情与活力

校长是一个学校的灵魂，校长是学校的一面旗帜。一个有活力的学校，必然有一位充满激情与活力的校长。常言道活力四射，活力可以感染人、激励人，校长的激情与活力必然会感染教师、激励学生，能让整个校园充满活力，朝气蓬勃。师生的激情，充满活力的校园，能让校长更加活力四射，更加激情满怀，激情让我产生干事业的动力，激情让我产生干事业的灵感，激情让我敢于打破常规，冲破障碍。用我的激情去点燃教师，我经常带着一些工作中的实际问题，与教师进行平等争议，进行不同观点的碰撞，不断产生新的思维火花和创新灵感，形成新的思维激情。调动教师的激情，挖掘教师的潜能，扬起教师的理想风帆，为教师搭设舞台，让教师来做主角，帮助教师更好地成长，让教师有一种幸福感，让教师发自肺腑地产生工作激情，这是我作为一位活力校长的追求。学校应该是社会激情的培养地，是社会活力的发动机。校长应该致力于为社会培养美好的激情，为社会输送新鲜的活力。校长的活力来自哪里？校长的活力来自诗意的理想追求，来自对教育事业的无限忠诚，来自对未来社会的美好憧憬。

教育需要激情，需要全身心的投入与无私的奉献；教育需要诗意，需要洋溢着浪漫主义的情怀；教育需要活力，需要以年轻的心昂奋地工作；教育需要恒心，需要毫不懈怠地追求与探索。于是我满怀激情地工作，带着激情与活力笑迎每一天。清晨起床，我打开窗户，和煦的阳光倏然入户，室内顿时充满了温馨明快的气息。举目眺望，操场上体育教师、班主任正带领学生晨练，此时我会迅速地冲出家门，走到学生中间，融入师生共同晨练的激情中，那嘹亮而有节奏的口号声，与铿锵有力的步伐汇成了一首激情奔放的交响曲。清晨的朝霞映照着充满纯真与青春活力的脸庞，学生一声声亲切的"校长，您好"，带给我无尽的幸福与感动。我庆幸选择了教育，与童真、花季的学生相伴。每天耳濡目染，身临其境，内心和思维都像孩子一样简单、纯朴，带给我无穷的激情与活力。

7点10分，我会准时巡视各个班，给教师们一个激励的微笑，赞美地点头；有时走进教室，给学生们一个欣赏的表扬，矫正他们的习惯，指点学习的方法；解答校长信箱中学生提出的问题，感谢学生送给我的爱戴和祝福，也满足学生的一些愿望……这是心与心的交流，情与情的融合。

7点50分，我开始听课，细心地关注每一位教师的课堂。我最喜欢是学生在课堂上那种动人的发言，无拘无束的争论，以及板书粉笔字的漂亮、自信。我观看课堂：第一，关注学生的学。从学生学习的参与度、思维度、独立思考与合作交往度、精神饱满度以及目标达成度评价学生。第二，关注教师的教。从教学思想、教学目标、教学内容、教学能力与策略评价教师。在听评课过程中，我常常由衷地感叹：教师每堂精彩的课都是师生人生的大舞台，每一名学生既是演员又是观众，每位教师既是导演又是演员，也同样是观众。当然，在听评课过程中，对存在不足我也会给予善意的建议，同时也给师生以方法。

中午，和师生一起用完餐走回寝室，巡视、关心、督促我的学生好好午休。与生活教师聊聊生活区管理以及需要解决的问题——因为我校是寄宿制学校，半个月回家一次休息，学生在寝室里的时间每天长达10小时以上，我们没有理由忽视它。

餐厅也是我每天必到的地方。采购、餐厅卫生、服务态度、营养配餐、消毒与灭"四害"等，都是我与餐厅管理人员探讨的话题。有时我会来一次突然性检查，以增加相关人员的责任感。

隔天我也会到操场看学生的大课间活动，看看学生上体育课，我把这称为自己的"疲劳调节操"。每当遇到不顺心事时，看看学生在欢声笑语中无忧无虑地嬉戏笑闹，心中的烦心、烦躁会渐渐地散去。

下午4点半以前是我找部门负责人谈话，或处理学校日常工作，或召开各类我认为有必要的会议。特别有关年级组会议，听教师发言，随时发现充满睿智，创新的闪光点。发现和表扬这些创造，鼓励大家互相学习，让大家智慧在校园之中流动起来，是我管理的理想境界。

每周一次校长办公会议是最精彩的时刻，干部们根据自己工作的实践，提出工作议题（其中有背景分析、实施策略、预期效果），分析因果关系，大家互相补充、共享、互勉。既有学习分享，又有议题研讨，更有智慧流动，形成民主参与，科学决策，大大提高办公会议的效率；使干部之间形成互相补台的雅量，互换角色的意识，互相勉励的胸怀。

学生的自由活动时间，也是我的自由活动时间。我会走进体艺馆，看学生听跳舞、唱歌、游戏、下棋、打篮球……这里成了学生展示才华的舞台；我会走进图书馆，学生聚精会神地阅读，神游知识的殿堂；我会走进学生中间，与他们一起锻炼，打乒乓球或打羽毛球……

晚饭之后，我又开始巡视学生文化之旅以及晚自习，巡视48各个班也就替代我30分钟的散步。此时我才回到办公室，静静坐下来反思一天的得失，记载我一天的收获及感动。我认为，校长的每一天应该是诗意的每一天，校长的每一天应该是激情燃烧的每一天，校长的每一天应该是充满青春活力的每一天……

（四）实干与高效

实干是校长工作的基石，校长必须是一个实干家，学校各项工作要落地，校长必须脚踏实地，一步一个脚印，守住心灵的宁静，把细节做细，把过程做精。实干既是责任，又是一种执着。实干是高效的前提，高效是实干的提升。

责任心是做好工作的根本保证。我认为，有责任心，才能产生内动力，只有内动力才是人前进的原动力，才能持久，才是事业成功的保证。有了责任的意识、有了落实责任的策略、有了承担责任的勇气，便渐渐增强了自己实干的智慧。如果所做之事不符合学校实际，不利于学校发展，违背教育规律和法规政策，越实干就是犯错，所以，要实干就必须有实干的智慧。我时时事事保持清醒的头脑，审时度势，分清该做的与不该做的以及什么时间做，该做的大胆去做，不该做的坚决不做，凡事一待时机成熟就及时做，把握每一个转瞬即逝的机遇。

要培育学校核心竞争力，走内涵式发展之路，实现学校可持续发展，校长得有实干精神。实干以勤奋为基础，以思想责任为动力，以正确信念为根本。怕吃苦，爱慕虚荣者无法实干；无抱负，没有责任心者必少持久力；不按科学发展观办事者不是真实干，那种"实干"会导致学校事业受损。因此，我每做一事，都周密考虑，反复推敲，谋定而后动，确保做正确的事，正确地做事，做成事。"人无我有，人有我优，人优我特，人特我精"是我追求的目标。

作为校长，我求真务实，尊重规律。坚持不唯书，不唯上，不随潮流，不搞形式，不摆花架，不急功近利，不意气用事，一切从学校实际出发，按规律办事，为学校的发展，学生的成长做出实实在在的贡献。正因为有了实干精神，省校本教研示范学校验收，市家长示范学校验收，兄弟学校考察学校，听了我的介绍后，评价该校各项工作是务实的，有过程的，有成效的。

作为校长，于是我以身作则，苦干实干。我不赞成不分校情，不看实际便盲目主张校长抓大事，不管小事的观点，更不认同校长做具体事就是不放心他人的看法。正确的选择应是尊重差异，因地制宜，具体问题具体分析，做到抓大事而不丢对小事的关注，问小事而不误对大事的谋划，用关注小事来展示校长工作的严谨务实和乐于奉献的精神，用谋划好大事来反映校长的智慧水平和管理能力。所以，我坚持以身作则，率先垂范，以行引行，以勤补拙，多年如一日，早上班，迟下班，双休日、寒暑假都用在工作上，工作需要就是我的执着，学生是我服务的对象，我要把整个身心奉献给可爱可亲的孩子们，奉献给新纪元，奉献给祖国的教育事业。用我的人格引领人格，用我的智慧启迪智慧，用我的意志砥砺意志。尊重个体差异，关注每一名学生发展，把每个孩子的一生变成一个成功而精彩的故事。多年来，我始终如一坚持实干的作风，虽然累但快乐着，因为学校有发展，教师有提高，学生能受益。

那么什么是高效呢？什么类型的校长才是高效能的校长呢？高效能校长应具备哪些关键素质，高效能校长与实干型校长有什么联系吗？先举一个例子：2007年12月22～23日这两天是我校发展史上具有里程碑意义的两天，更是新纪元人教育幸福体现的两天，我们称为高效能运作的两天。大家知道，作为民办学校招生是关键，往往招生时间长、家长要求高、选择性大，招生周转需要一个学期，有的学校9月1日开学还在招生；但我校仅用两天时间（2007年12月22～23日）把2008秋季小一新生6个班招收完成，并且全部缴纳委培费2.2万，两天收入500多万元，为学校资金运作，降低教育成本，提高经济效益作出了贡献。在这两天的前一个星期里，我带领招生办的同事走访30多所协作体幼儿园；召开了幼小衔接座谈会；举办了幼小衔接报告会；展示了幼小衔接20节公开课；研讨了16节家长走进课堂幼小衔接汇报课；召开了2008年小一招生"运作计划票办法"动员会；召开2008年小一综合测试小组成员会。12月22～23日两天，学校各项工作照常进行，招生工作按流程有条不紊地进行，报到组两位同志，语文测试组5人，数学组测试组3人，综合面试组2人，体育测试组2人，录取组校长亲自把关，最后缴费组，两天时间共测试达300人，大家午餐都来不及吃，从早上7：30开始到晚上5：00结束，教师没喊一声累，大家的脸上都洋溢着幸福的微笑。"学校成为瑞安家长的首选，是每个老师最大的快乐。"什么叫高效？通过上述例子，不就证明了么？

我认为高效能校长就应具备以下关键素质：独特的办学理念和价值取向、工作威望和行为风格、较高的办事效率和协调能力、整合资源能力、敢于创新能力、制度执行过程的科学与人文相结合的能力、激发智慧能力、实事求是工作作风、反思检讨能力、渊博的文化知识、笃深的职业情感、独特的思维品质、完善的个性特征、执着的优师观念以及校长的学习力。

因为有实干的精神，加上工作雷厉风行，想好了就做，做好了先反思总结后表彰。做到检讨反思从领导开始，鼓励表扬从教师开始，加上我有较强沟通能力，善于用人格力量来凝聚人心，用事业发展激励人心，用模范行为赢得人心，用和谐的人际关系稳定人心，学校团队合作精神强，工作分工不分家，凡是有利于学校发展、教师发展、学生发展的事我们坚决高效运作，所以我校发展势头良好。

我做了5年企业，又做了近30年教育，担任校长28年，以后还要继续担任。在不断自我超越中，学会了选择与放弃，昔日的苦难是我们终生进步的财富，更是我们走向成功的必由之路。今天我们得到了人们赏识，包容呵护才使我们变得既聪明又能干更听话。

和谐社会的今天没有妥协哪来的和谐？我们在赏识中成长，在诠释中成熟，在委屈中平衡，在同情中前进，在虚心中冲刺，在放弃中收获，在忏悔中完善。我们懂得妥协是高尚，坦坦荡荡地妥协是英雄。我们自信而不骄傲，果断而不武断，自足而不满足，我们更能做到是明星而气不盛，一山容百虎。我们懂得自己既是优秀的也是苦难的，既是可爱的也是可怜的，站着是一座山，倒下是一个碑。我们不仅理解了这个社会，而且理解了这个社会对于我们的不理解，这就是我们对于理解的理解。

当我们搜索着梦想又在播种希望的时候，发现过去的辉煌只代表过去，未来永远需要我们去开拓。人生就是爬大山，生活就是过大河。我们懂得英雄与狗熊、成功与失败、辉煌与暗淡往往是一步之隔，原来人世就这样。脚不能到达的地方，眼睛可以到达，眼睛不能到达的地方，心可以到达。我们更懂得对未来真正的慷慨是把所有给予现在。

20多年的校长，风雨一路走来，无论公办、民办，有苦、有累、有幸福、有快乐，我坚持牢记8个关键词，从四方面去做，以此影响并带动我的班子团队以及教职工努力工作，为把学校办成示范一方、影响一片的优质学校作出了不懈努力。憧憬未来，我将以更加坚定的步伐带领我的团队，负重奋进，把开创中国民办教育的新纪元作为不懈追求的目标，在新世纪教育改革和发展的洪流中乘势而上、大展宏图！

现在，我除了担任瑞安市新纪元实验学校校长之外，还兼任上海新纪元教育集团副总裁、中国教育学会中小学整体改革专业委员会常务理事、中国民办教育家协会副会长、浙江省民办教育协会中小学分会常务副会长、温州市民办教育协会副会长、瑞安市民办教育协会会长。先后被评为全国优秀民办教育家、全国杰出校长、全国中小学思想道德建设活动先进个人、全国外语实验学校优秀校长、浙江省二十四届春蚕奖、温州市优秀教育工作者、温州市优秀民办学校校长、瑞安市"三·十"大教育功臣、瑞安市先进教育工作者。这些都是我个人的荣誉，但确实为学校的知名度和美誉度增添了光彩。从办学资源的角度来说，从校长的品牌效应来说，这些荣誉确实是属于学校的，确实在为学校的发展提供一种资源。这就是校长的品牌效应。

四、校长的个人修炼

校长首先必须管理好自己，才能管理好教职员工，才能管理好学校。这里的管理好自己，在很大程度，就是指校长个人修炼的提升。

（一）敬畏心是校长个人修炼的前提

我做校长20多年，最大的体会就是校长要有敬畏心。

校长不是一种官职，却有所有官职的责任。校长没有多大的权力，却要承担学校发展、教师发展、学生发展的重任。校长要清晰地认识到，自己不仅决定着自己的命运，在很大程度上还深深地影响着许多教师、许多学生，通过学生还影响着许多家庭的幸福。

从公办学校来到民办学校，我就意识到我的身份角色转变了。我感受最深的变化就是：从身份到契约。过去的身份是职务校长，是政府委任；现在的身份是：职业校长，是学校理事会聘任。职业校长和理事会是契约关系，维系双方关系的，首先是一纸契约。职务校长有点像政府官员，职业校长更像企业的职业经理人。职业校长有着高度集中的权力，但同时也长出了两只新的翅膀：更大的责任和更多的操劳。

面对身份角色的变化，一开始我真有如履薄冰、不知所措的感觉。那些日子，我每天都在想着同一件事：我该怎样领着这个新生的学校往前走。想了很久，就悟出了一个道理：既然我的身份角色都变了，那么，我的观念首先就要变。从那时起，伴随着学校的发展，我几乎每天都在经历着思想上、观念上深刻的变化，各种思想观念不断交汇碰撞，互相融合，慢慢地就有一些线条变得清晰起来，最后就有一些观念能够抽象出来了，比较定型了。我反复问了自己以下一些问题：

1. 当你担任学校领导时是否充满了自信，相信自己有能力办好这所学校，还是充满着担心、焦虑？

2. 对学校的现状（成绩、经验、问题、隐患）有基本的了解吗？还是只看到其中一个方面？

3. 本校发展的愿景和阶段性目标是什么，明确还是模糊？

4. 我如何才能比上届校长干得更好？上届领导的领导作风和工作习惯是什么？适应还是改变？

5. 我在教师群体中有多大的影响力？我了解本校正式群体和非正式群体状况吗？

6. 现在学校发展到了哪一步？我要不要选择新的突破口？我有可能遇到哪些棘手的问题？

7. 现在学校的教职工怎么看我？对我有什么评价？他们在背后怎么议论我？我有什么地方做得不够好？我会不会被排挤或被孤立？

8. 学校发展的瓶颈是什么？突破瓶颈获得可持续发展的出路在哪里？

9. 目标同类学校发展的前沿问题是什么？未来三年发展的必然趋势是什么？现在周边地区及国内同行最先进的理念和策略是什么？竞争对手的策略是什么？

10. 教职工讨论的热点和最关心的问题是什么？他们最关心的问题，是不是也是我最关心的问题？其间有什么不一样吗？这种不一样是如何产生的？

…… ……

我正是通过对自己提出这些问题，保持了清醒，保持了对教育、对学校、对教师的敬畏心。

（二）积极的、建设性的心态是校长修为的难点

每个成功的人，不仅清楚自己"应该做什么""怎么做才能做好"，还要想到"什么心态下才能做得更好"。

有人说，心态决定成败。在相同的知识、经验、能力的条件下，心态就决定一切了。

作为校长，每时每刻都在面对问题，每时每刻都会存在对你的误会、不理解，有的时候，甚至会有歪曲，你做的每一件事不管做得如何，都可能存在反对的意见、批评的意见。我曾看过一本书，说校长其实就是学校的一只情绪的垃圾桶。下属有不高兴的事，可以向你来发泄，教师遇到不合理的事，更是要找你吐槽。其实这个时候，重要的不是如何解决他人的问题，而是如何解决自己的心态问题。应该时刻告诫自己，我是校长，我就是专门解决他人的情绪问题的人，接纳他人的情绪反馈，就是在处理学校存在的问题。这完全是一个心态的问题。

（三）沟通意识是校长修炼的重点

校长是学校内部、外部联结中的枢纽，甚至是总阀门。校长应该有强烈的沟通意识，应该清醒地意识到，学校的大部分问题都是可以通过沟通解决的。

1. 让领导了解你：向上沟通

（1）自动报告工作进度，让领导知道。

（2）对领导有问必答而且答得清楚，让领导放心。

（3）充实自己，努力学习，才能了解领导的言语，让领导轻松。

（4）接受批评，不犯第二次过错，让领导省事。

（5）不忙的时候主动帮助别人，照顾领导忙不过来的地方。

（6）毫无怨言地接受任务，让领导圆满，要让领导喜欢你，那就将领导交代的事情尽可能多地接起来。

（7）对自己的工作主动提出改善计划，让领导进步，领导进步就是这个部门进步，学校进步。

2. 主动了解他人：往下沟通

（1）先了解状况和瓶颈，如果你是空降兵就要多学习、多了解、多询问、多做功课，把问题了解清楚了，知道下属工作的瓶颈何在之后你再去和下属沟通，然后再反思。一个人不了解状况就讲话会显得外行，但是了解状况就可以反过来问他：你说呢？敢指挥下属，自己就要有经验，而且要做过，还要讲得出来，看得出问题的症结在哪里，下属心甘情愿地听你指挥，多了解问题是非常重要的，真的不了解，就回去多做功课，很多领导说下边的人不听话，因为他不想听，因为你说不出什么。

（2）向下属传达命令，目标、标准、方法三齐全。一是目标，你想要什么，这个要他说清楚。二是标准，你认为达到或没有达到的标准是什么，要告诉他，这样他才会知道自己做事的分寸。三是方法，他可能不会做，因为他没做过。你是校长，你肯定做过，所以你应该把自己的经验告诉别人。这三个方面，一个也不能少。对待下属，不能一味地责骂，要提供方法，要紧盯过程，做领导，就是要有方法，没方法，就不配做领导。

（3）允许下属冒险，给他尝试的机会这是一种鼓励。你想要他完成任务，又不允许他冒险，那他只能低层次来完成任务，或干脆完不成任务。当然，冒险是有代价的，这个代价应该由你这个校长来承担。这样，他才能大胆地干，大胆地闯，成功的可能性才大。

3. 诚心诚意：水平沟通

（1）要主动，最主要的是谦虚。一个人进入一所学校，最重要的是谦虚。不要认为自己曾在其他学校工作过，曾取得过多少了不起的成绩，有过多少丰富的经验，但其实你的这些经验面只对别的学校起作用，对你来到的这所学校可能起不了作用。谦虚能让你保护自己的尊严。

（2）学会体谅。每一个人都各有所长，也各有所短。面对他人的优势，你要学习，要尊重，面对他人的劣势，你要体谅。因为你也有不足之处，这都是很正常的事。世界上不存在十分完美的人。所以体谅他人是让自己不犯错误的保证。因为不体谅他人，你就要责怪他人，而这种责怪是没有道理可言的，是起不到任何效应的。因为你指责的这个点，正好是不擅长的，而他的长处不在这里，这个自然很难改变的。

（3）先提供协助再谈配合。要明白，人都是先帮助别人才能让人家帮忙你。

（4）思考问题、做决策，一定要有双赢的意识。不要只想要自己想要的东西，不想别人也有别人的利益之所在。忽视别人的利益，你的利益也肯定得不到重视。

（四）说话的艺术不可忽视

有的人，非常愿意跟他人沟通，但效果就是不好，所以也达不到沟通的目的。这就是因为说话的艺术不到火候。

1. 急事，慢慢地说

遇到急事，如果能沉下心思考，然后不急不躁地把事情说清楚，会给听者留下稳重、不冲动的印象，从而增加他人对你的信任度。

2. 大事，清楚地说

大事情的发生，总难免会引起大家的关注，为了避免不必要的误会，要选择把事情讲清楚，让人听明白。

3. 小事，幽默地说

尤其是一些善意的提醒，用句玩笑话讲出来，就不会让听者感觉生硬，他们不但会欣然接受你的提醒，还会增加彼此的亲密感。

4. 没把握的事，谨慎地说

对于那些自己没有把握的事情，如果你不说，别人会觉得你虚伪；如果你能措辞严谨地说出来，会让人感到你是个值得信任的人。

5. 没发生的事，不要胡说

人们最讨厌无事生非的人，如果你从来不随便臆测或胡说没有的事，会让人觉得你为人成熟、有修养，是个做事认真、有责任感的人。

6. 做不到的事，别乱说

俗话说"没有金刚钻，别揽瓷器活"。不轻易承诺自己做不到的事，会让听者觉得你是一个"言必信，行必果"的人，愿意相信你。

7. 伤害人的事，不能说

不轻易用言语伤害别人，尤其在较亲近的人之间，不说伤害人的话。这会让他们觉得你是个善良的人，有助于维系和增进感情。

8. 讨厌的事，对事不对人地说

对事不对人，是做人的一条基本原则，也是处理好人际关系的一条原则，尤其是自己讨厌的事情，不要动不动就给别人贴标签，武断地下结论。

9. 开心的事，看场合说

人在开心的时候，往往容易得意忘形，会忽略了周边的环境，容易开罪人，让人觉得你肤浅。

10. 伤心的事，不要见人就说

人在伤心时，都有倾诉的欲望，但如果见人就说，很容易造成听者心理压力过大，对你产生怀疑和疏远。同时，你还会给人留下不为他人着想，想把痛苦转嫁给他人的印象。

11. 别人的事，小心地说

人与人之间都需要保持安全距离，不轻易评论和传播他人的事，会给人交往的安全感。

12. 自己的事，听听自己的心怎么说

自己的事情要多反思，让自己想清楚，一则可以反省自己，总结经验；二

则会让人觉得你是个明事理的人。

13. 学生的事，开导着说

尤其是青春期的学生，非常叛逆，采用温和又坚定的态度进行开导，可以既让学生对你有好感，愿意和你成为朋友，又能起到说服的作用。

14. 现在的事，做了再说

心动不如行动，要想成功，最好的办法就是立即行动。能把现在的事情做细、做精，你就离成功不远了。

15. 未来的事，未来再说

未来要做的事情，除了认真做好规划外，不可说得天花乱坠，否则给人的感觉是夸夸其谈、好高骛远。

16. 如果你有对我不满意的地方，请你一定要对我说

是人总会犯错误，但忠言逆耳，因此，我们为人要谦逊，要能够听得进朋友的谏言，要感谢批评我们的人。

作为一位校长，要清楚地意识到，学校的最大优势其实在校长身上。这不是你有多么伟大，而是你责任重大。这是不以你的意志为转移的，只要你在校长这个位置上，别人就一定会这样看你，向你提出这样的要求。校长是一个很艰难的职业。如果你还没有在这个位置上，你要慎重地选择这个位置。如果你已经在这个位置上，你要不顾一切，勇往直前。关键的一点，就是你要不断地锤炼自己，提高自己的整体素养。因为，你就是学校最重要的资源。你垮了，学校就处于危险中。如果说校长要有敬畏心的话，我看最大的敬畏，应该是对校长这个职位的敬畏，对校长的这份责任的敬畏。

第 三 章

团队建设与学校人力资源建设

跟你一起做事人并不一定就是你的团队。所谓团队，必须是拥有共同的价值观、共同的目标，按照共同的规则、一致的步骤，一起攻坚克难，然后共享成果、共担风险的人。一所好的学校，不但要有一个好的校长，更要有好的团队。实际上，一个好的校长，背后一定要有一个好的团队。甚至可以这样说，一个好的校长，其实是由一个好的团队托举出来的。

企业管理中有人力资源这个概念。我们讲到人力资源，立刻想到人才。人才多，这个企业的人力资源就是丰富的。但是实际上，企业里面一个又一个的人才，必须共同归属于一个团队，这些人才才能发挥作用。人才必须在团队中，才能发挥人才的作用，才能真正成为人才。企业是如此，学校也是如此。

所以学校的人力资源建设，一方面是找人才、培养人才，另一个方面，也是更重要的方面，是团队建设。团队构成了学校人力资源的核心力量、中坚力量，团队建设是学校人力资源建设的中心工作、最重要的工作。

学校的团队，大致上可以分为两部分，一是管理团队，二是教师团队。实际上，学校的管理团队，主体是教师团队的精英分子。但从团队建设的角度来看，这两个团队要求不一样，途径也不一样，方式方法也有许多区别。为了表述的方便，我们还是分开来阐释。

一、管理团队价值观塑造

如果说，管理才是学校发展的第一生产力，那么，也可以说，学校管理团队是学校发展的第一资源。然而遗憾的是，中国教育管理落后，最缺少的是有效管理。而最重要的原因，就是关于管理团队建设，尚没有扎实有效的理论和路径。近30年校长工作的经验总结，我认为，管理团队建设，关键就是两个方面，一方面是管理文化的打造，另一方面是管理能力的提升。管理文化可以分价值观的确立和人格塑造两方面说，而管理能力，则可以分为管理模式和执行力。其理论模型如图3-1所示。

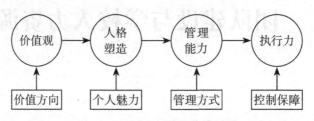

图3-1 团队建设的理论模型图

一所优质学校，必然经历从群体走向团队，从团队走向优秀，从优秀走向卓越的过程。因为团队能凸显共同的价值观，引领每个成员实现同一目标，创造一种合作、协同的文化。在这个团队中，校长是核心，干部团队是标杆，教师团队是根本。

文化的核心其实就是价值观。一个管理团队的文化，就是由这个团队的核心价值观决定的。

（一）校长的管理价值观

校长的管理价值观，主要是回答一个问题，即什么样的管理是好的管理?

校长是学校管理团队的领头雁，所以校长首先要正确进行自我定位。校长是学校先进文化的代表，校长的称号绝不是一种官职，而应是一种播撒阳光并收获爱心的职业。校长在教书育人过程中不断追求人生的价值与意义，在帮助学生及教师成长过程中使智慧和理想得到升华。校长不仅仅是职务，而应看作是职业，要树立平常心，有胆有识，坦然面对，从容应对。

校长的管理价值观主要体现在管理的三个境界上。

第一个境界：握剑在手，针对现状定规矩。瑞安市新纪元实验学校建立了《教师日常行为规范"二十四点"》《校园幸福双十条》《五大服务观》等规章制度，体现了学校的家长至上、细节赢心、服务超前、外举内查、外奖内罚、善喜善舍、同心同德的管理思想。

第二个境界：挂剑在壁，实践积累创新理念。瑞安市新纪元实验学校所开展的一系列特色教育教学活动都是围绕"幸福教育"这一办学理念进行的。

第三个境界：剑在心中，理念要与时俱进。瑞安市新纪元实验学校确定了"五个引领""三个转变""两个幸福"的发展策略，"五个引领"，即引领学校进入创新状态、引领教师进入研究状态、引领学生进入自主状态、引领员工进入自律状态、引领家长进入共导状态。"三个转变"，即管理方式由制度管理向文化管理转变、教学方式由讲授式向启发式转变、学习方式由被动接受向主动学习转变，"两个幸福"，即创新适应教师发展的幸福学校、创新适合学生发展的幸福教育。

要营建这三个管理境界，必须结合实践认真思考，在学校中渗透形成共同的价值观，抓住不变的理念价值观就能支配管理的千变万化，从不变中可以演变出千变万化，使师生有归属感，透露给消费者及社会亲和力，最终变成学校的竞争力。校长要善于开发、整合、利用有形的和无形的资源，与时俱进，把握自身文化根基，提炼学校办学理念，形成自身独特的价值观，并渗透到师生的思想和行为之中，形成师生认同的共同属性。在文化管理中校长应做到以德治校、以才治校、以情治校、以法治校、以廉治校，只要工作中激情、韧性、责任永在，无论从事什么职业，人生同样会变得更加高尚和幸福！

（二）干部的价值观构建

干部的价值观构建，就是要解决这样一个问题：在学校，我们首先是教师，那我们为什么还要来做干部呢？在学校，我们作为一个管理干部，我们想得到什么？我们能得到什么？我们得到的这一切，对我们、对他人有何意义？

1. 职业成就感

著名教育家吕型伟说过："我深深地认识到，教育不只是一种职业，而是一种事业。职业可以讲代价、讲报酬，而事业则只能讲意义，讲献身。只有把教育工作当作事业，教职工才能任劳任怨，不计得失，无私奉献，争取成功；才能善于学习，关注发展，迎接挑战，积极进取。"当我们把职业当成事业来做时，最需要获得的就是成就感。有了事业成就感，就会激发我们对事业的热爱，并从中获得幸福感与满足感，同时，也能提高我们教师的职业道德素养。从一位教师成长为学校的管理团队成员，这是一种证明，证明你在教师队伍中的优秀。

2. 体验工作的充溢

充溢是一种令人满意的体验，是一种状态。在这种状态下，你会十分投入一项活动，以致没有其他事情被看得那么紧要；这种体验本身是如此令人愉悦，以致有的人甚至纯粹为了做这件事而付出巨大的代价。管理者为了改变学校某个重要的方面而进行研究，大家对他这份研究充满期待，也相信他一定能成功，于是他全身心地投入。在学校工作中，会出现这样那那样的困难，管理者以自己的智慧和努力，成功地解决了这个问题，为集团、为学校解决了一些难题。全校领导、教职工都真诚地向管理者表达敬佩和感谢。为了一份承诺，为了一份责任，于是管理者全然忘掉了时间；在工作时，管理者完全受自己的思想和行动指挥；并且管理者会看起来似乎能够预料未来会进行得很顺畅，是如此专心致志地投入，一切看起来是那样和谐……这样的一种工作状态使管理者有足够的胜任感和幸福感。它提供给人一种发现的意识，一种把人带入一个新的真实世界的创造性感觉。它通过这一切转化了自我，这样一种成长就成为充溢活动的关键。

3. 体验自主工作的快乐

成为学校管理团队的一员，你不再是被动地工作，而是具有了一定程度的工作自由空间。你可以独立发现问题，独立设计问题的解决，你可以组织你周围的同事一起来实施你主持的工作计划，这一切，都会给你一个快乐的心境。心理学研究表明，快乐的心境能提高工作效率！而快乐的心境来自对工作性质的定位。当你把工作当成一份差使来做时，一份被动的工作来做，你会计较时间、报酬、工作数量的多少、要求的高低……也因为计较，因此生出许多的不愉快。而你把工作当成一份追求时，价值判断变了，你的工作机制也变了。因为这是一种快乐的工作。

4. 学习能使你体验到超越自我的境界

成为学校管理团队的一员，你会有更多的学习机会，你会遇到更多的事、更多的人、更多的任务，遇到更多的情形，当然你也拥有学校更多的资源，你能够利用这些资源来处理这些事情，你最大的收获在于你学到更多的知识，而人的成长是在实践中完成的。成为学校管理团队的一员，你最有深度的成长其实是你内心的成长。你会变得更成熟，你的境界也比一般人高，这就是体验自己如何超越自我。你在带领你的团队成员从事一项工作的时候，你观察你的团队成员，其实也是在观察你自己，因为团队其实就是在按照你的想法和指导在行动。这其实是一个难得的反思自我的机会。人是在反思中成长的，人只能在反思中超越自我。有的人一辈子都处在反思的境界。而成为学校管理团队的一员，可以说，只要你有心，每一天都可以提供这样的反思的机会。你可以听到你自己成长的脚步声。

作为管理者，其实就是受苦，就是吃亏。但是你受的这些苦，吃的这些亏，都会有所回报。这个回报就是你会获得一种幸福感。这种幸福感就来自上面所说的职业的成就感、工作的充溢感、自主工作的快乐和体验到自我的超越，这就是我们学校干部的价值观。

（三）以教师为本是学校管理的核心原则

学校管理，主要是管教师。于是就有了学校管理团队与教师团队的关系问题。一个学校的管理团队的文化，集中体现在如何处理这一关系。必须明确一点，在学校，管理团队的所有管理行为都是以教师为本的。具体包括以下几个方面。

1. 重视教师的需要

在管理中，重视教师的需要就是尊重教师、理解教师、关心教师、爱护教师。也就是说，对教师的经济生活、政治生活和精神生活加以合理组织，帮助教师选择他们的社会角色，了解他们在学校系统或社会系统中的位置、职能、权利和义务，并创造最佳条件，使其掌握必要的知识、技能，出色地扮演其担负的社会角色。管理者要运用需求理论，从教师需求的特点出发，适当运用经济手段，同时重视精神激励机制的构建，多方面调动教师工作的积极性、主动性和创造性。

一般来说，教师的需求有四个特点，即物质需要的现实性、发展需要的稳定性、自尊需要的迫切性和成就需要的强烈性。而不同年龄段的教师又有不同的主导需求。针对新教师要抓好岗前培训，安排与老教师挂钩，进行业务指导，帮助成长；针对青年教师的发展需求，要给他们定目标、压担子，通过经济激励和业务激励，为他们提供发展的机会；针对中年教师的成就需要，要让他们挑大梁，并给予宣传、肯定，树立榜样，表彰晋升，为他们的脱颖而出创造条件；针对老教师的尊重需要，要给予关心爱护，适当减轻他们的工作量，充分发挥他们的顾问和指导作用，总结经验，传授经验。要大力倡导民主参与，形成一个互相支持、团结协作、不断创新，有强烈的归属感，认同感和集体荣誉感的优秀教师群体。

2. 激发教师的主观能动性

人的能动性是指人类积极、主动地去探索、改造客观世界的一种本性。在管理活动的所有要素中，只有人才具有这种能动性，而其他的要素都是被动的，由人支配的。但是，人的这种能动性常常处于潜在的形态，设置过多的条条框框会限制人的思维，抑制人的主观能动性的发挥，抑制人的创造性。如果把充分发挥每一位教师的主观能动性摆在实现以人为本的核心地位，那么就能调动全体教师的"三性"，让他们共同参与学校管理，依靠群体的智慧和力量把学校办好。

3. 实施教师自主管理

实施教师的自主管理，就是要更多地依靠教师的自我指导、自我控制以及顺应人性化的管理。这时教师不再是被动地在规则的束缚下工作，而是自动地完成自己应该做的事情。实施教师的自主管理，主要有两种表现形式，即个人的自主管理与团队的自主管理。所谓个人自主管理，是指教师个人可以在组织的共同愿景或共同价值观的指导下，在所授权的范围内自主决定工作内容、工作方式，实施自我激励，并不断地用共同愿景来修正自己的行动，以使个人能够更出色地完成既定目标。同时，在这一个过程中使自己得到了充分的全面发展，并在工作中获得最大的享受和满足感。

自主管理是"没有管理的管理"。是以人为本管理的本质特征和最终归宿。创建学习型学校是真正实现教师管理从制度管理到自我管理，再到自主管理的飞跃，在教师不断创造自我能量的基础上，使学校、团队的创造、创新能力也得到快速提高，这就为学校的稳步发展提供了坚强有力的基础保证。

二、人格塑造是团队文化不可或缺的组成部分

管理团队的文化打造，还有一个重要的方面，那就是管理团队成员的人格塑造。

我们学校管理团队成员的人格要求，用一句话概括，就是和谐。我们认为，一个和谐的团队，才是优秀的团队，如果团队不和谐，就称不上优秀。如何营造尊重、和谐、愉悦的氛围，以激发团队成员的工作热情，这就是我们管理团队成员人格塑造的关键。我们在工作中，总结了这么几个"多"和"少"：成员之间要多一点理解与谅解，少一点埋怨和责怪；多一点信任和支

持，少一点猜疑和推诿；多一点交流和沟通，少一点误解和指责。而这些都需要团队成员的人格力量来保证。团队成员，要诚心诚意，不虚情假意，要以真情换真情，以真心换真心。

（一）构建团队成员间新型人际关系

人格是在处理人际关系中体现出来的。团队成员的人格塑造，重点在打造新型人际关系。我们的原则：

1. 团队成员要建立互相激励的友情

团队成员之间，多讲鼓励的话，少讲晦气的话；多讲真心的话，少讲虚伪的话；多讲别人的优点，少讲别人的缺点。

2. 团队成员要有互换角色的意识

团队成员，要时时刻刻提醒自己，在工作中不要只从自己这个部门的角度来考虑问题，更不要独断专行，要充分发扬民主，充分尊重和相信团队成员，做到经常换位思考问题。

3. 团队成员要有互相学习的习惯

团队成员要有发现他人优点的习惯，取人之所长，补己之所短，不断地充实和完善自己。"三人行，必有我师"，应该成为所有管理团队成员的信念。

4. 团队成员要有互相补台的雅量

分工不分家，工作目标一致。我们管理团队有一条铁律：那就是工作必须互相协调，考虑问题必须系统思考，出了问题必须首先自责，并把这条铁律列入干部工作目标考核，绩效考核。

（二）构建新型上下级关系

管理团队成员之间，确实存在上下级关系。管理团队成员之间，除了存在一种人际关系之外，确实还要处理上下级关系。

1. 与下属相处的原则

如何对待下属，这也是管理团队一个非常重要的问题。有的时候，甚至可以从一所学校的领导如何对待下属，看出这个管理团队的文化。我们提倡：以关心代替干涉；以服务代替要求；以合作代替命令；以勉励代替责怪；说义不宜深而要明；教人不宜严而要慈；待人不宜苛而要宽。

2. "老二"哲学

所谓"老二"，是指副职。管理团队文化有一个重要的环节，就是一把手和二把手的关系问题。我们在实践中，总结了一种称为"老二"的哲学，主要包括四点：一要辅助主管领导；二要帮助属下建功；三要代人承担过失；四要功劳与人分享。

三、管理团队的能力提升与管理效率提升

如果说，管理团队的文化建设是管理团队建设的基础，那么，管理团队的能力提升与执行力提升，则是管理团队建设的核心。在20多年的管理实践中，我们逐步摸索出以下提高管理团队能力和执行力的办法。

（一）探索以学习求发展的管理动力

在学习的速度决定生存条件的时代，以学习求发展是任何组织、任何个人都必须遵循的准则。

学习是一个人真正的看家本领，是人的第一特点，第一长处，第一智慧，第一本源，其他一切都是学习的结果，学习的恩泽。

从教育的角度来看，以学习求发展是指学生、教师、学校的共同发展，学校不仅是学生学习的地方，而且是学校全体成员共同学习的场所。

1. 以学习求发展的管理

以学习求发展，是能适应时代的快速变化的管理，这种管理思想能体现学校管理的战略性，这种战略性不是告诉我们"明天应该做什么"，而是告诉我们"今天必须为不确定的明天做什么"，这种战略性的作用在于"等明天来临的时候，学生、教师、学校已做好准备，至少我们管理团队做好了准备"。这种管理思想强调当前学校的管理思想和行动必须包括未来性，在今后的学生、教师、学校发展过程中都会被验证。关键是管理者在做今天的管理的时候，是否前瞻性地看到了学生走出校门所处的社会的变化趋势，是否看到了学生、教师、学校未来的机遇和挑战，这就是学习在学校管理中的作用所在。

2. 基于问题的管理方式

以学习求发展是基于问题的学习的管理方式，从学校存在的实际问题出发，以发现问题、分析问题、解决问题为链条，在解决问题的过程中推进学习，在这样的学习活动中，全体成员都有自己的切身经验和体验，在交流感受和体验的过程中，改善了人们的心智模式，凝聚了共识。

（二）建立常规管理的基本模型

管理可以分为两种：一种是动态管理，另一种是常态管理。动态管理是一种高级管理模式，需要管理者根据事情的具体情形，作出复杂的判断和决断。动态管理是风险性管理。但在学校管理中，这种动态管理只是管理行为中的一部分，更多的管理行为是常态管理，即根据学校已经制订的规章制度，推进学校常规工作的管理。这些管理工作，应该建立基本模型，以保证管理质量，保证效率。

1. 学部"设计—督查—清算"三位一体的管理程序

（1）学部学期工作设计。放假前一个月学校制订下期学校工作目标与工作项目，各学部按工作项目并结合自己的特点，设计工作合约上报校长修订，并与学校签订工作合约。学期结束时学校考评组对各项目实施情况进行评议和量化，评议结果在校园网上公布，学校根据结果进行表彰。

（2）学部每周工作设计。学部每周工作设计按处室、年级申报（周五下午），学部主任统一规划定稿下发，设计表由左规划（规划分中心工作和处室、年级工作两部分，要突出主题和重点，并将每项工作落实到人头和时间地点）和右执行（一周结束，学部主任进行分项清算，并于当周行政会发到行政手中）构成。

2. 学部行政会智慧共享"3+1"模式

（1）"3"即三个基本议程：①上周工作清算，本周工作要点（5～10分钟）；②学习提升。行政会读书，印发一篇典型经验或一篇哲理短文，时政消息并解读（由学部主任或推荐人来解读，5～10分钟）；③专题研讨。每次研讨一个学部亟须解决的主题（该主题要小而具体并于上周或上两周布置，并成立调研组在学习调研走访基础上拟成专题并与分管领导形成初步一致的解决方案并形成文字发给与会代表），集思广益后形成最终解决方案。

（2）"1"即一次自我参与智慧奉献。每个成页会前对本次研讨专题进行认真思考调研，并在会上提出有见地的见解和解决方案。

3. 学部教师会智慧共享"1+4"模式

学部全体教职工会每月2次（每月第1周、第3周为学部教师大会）时间不少于60分钟。

（1）"1"即一次艺术欣赏提升品位，时间在会前5～10分钟。由以下两种模式轮流：①统一唱歌（学部确定必唱歌曲如《爱的奉献》《众人划桨开大船》《真心英雄》《在路上》《敢问路在何方》《国歌》《国际歌》等）；②好歌、好画欣赏（在集体赏析后进行点评式欣赏）。

（2）"4"即四个基本程序。

程序一：一次精神圣宴。内容包括两项（轮流进行）：①一篇美文（师德修养或人生哲理方面的）欣赏或一本新书欣赏与感悟；②一个名师（名校）经验分享（以本校教师为主并加点评）5～10分钟。

程序二：一次师德讲坛。内容包括两项（轮流进行）：①寻找身边的榜样。由一名教师讲"我的教育故事"和"我身边的感动"；②做一个仰望天空又脚踏实地的人。由学部主任针对教师关注的问题进行价值文化、理想激情教育和引导（20～30分钟）。

程序三：一次评课赏课。由一名学部干部（本周总评课人）对上两周干部听的课进行逐一点评，并重点对发现的优质课和问题课进行评课（全体行政人员每周听课3～5节），并于周五由教务处按时汇总交本周总评课人，（15～20分钟）。

程序四：一次工作发布。内容包括两项：①学部主任或本周值周行政总结半月的得失，并介绍奖励上周教师身边的榜样，即上周教职工中的好人好事并奖励（发小礼品或30～50元奖金）；②提出下两周工作的要求与希望，宣布值周行政和班级（15分钟）。

4. 学部学科智慧共享"1+3"模式

每月的第二周为学科教师会。

（1）"1"即一次对上月的听课、评课的总结：对学科组教师上月听课情况汇总公布；教研组长对一月来所听的课进行评析。

（2）"3"即三项提升培训：①学科建设。分享一项本学科研究的科研成果或一条课改、教改、考改新信息或一篇学科教学规律研究文章；②寻找制高点。研究一名校内外名师的成功之道，解读其教学思想，学习应用其实践智慧。③课题（问题）研究。围绕学科教学中的某一个问题、一个难点进行交流（经验），讨论争鸣（以上三项每次进行两项）。

5. 年级教师会智慧共享"4+1"模式

每月的最后一周召开年级教师会。

（1）"4"即四个基本程序：①年级一月工作通报，包括教学常规检查通报；考试成绩分析；行政教师听课、评课情况汇总分析；年级一月工作反思表彰，如班级、学科教师、学科的主要问题；②年级一月来的好人好事成绩，典型经验；③读书（文章）交流分享与新书好文推荐，优秀班级、学科质量组和教师个人经验交流分享；④下月年级工作布置安排与要求。

（2）"1"即一次每月教学反思。10分钟集中时间由教师写当月反思，学校改版教师手册，增设教师反思栏。并每期回收教师手册，作为评年度绩效奖的依据之一。

6. 课程管理"四位一体"的模式

课程管理有两个"四位一体"模式。

（1）"四位一体"是指管理体制的四位一体：形成教务处—验评组（由学部主任、教务主任、年级主任、教研组长、名师组成验评组对各年级各学科的课进行验收评价）—质量组（质量组长全面管理本组质量并与质量挂钩）—学科教师四级管理模式。

（2）"四位一体"是指管理对象的四位一体。即①结构内容：建立由基础课（必修课）+拓展课（活动选修课）+研究课三位一体的课程结构，建立各年级各类课程的各层次学生的质量标准（含活动选修课、阅读课等）和进度计划并向学生家长公示；②教学模式：要研究各类课的特点及学科规律，并据此制订学生学习方法、教师的课堂教学模式；③课程资源：每期放假前一个月各学部规划出下期各种教学资料报校务会批准后实施，保证开学到位；④质量评价。每期要对每位教师的教学过程和终极质量进行全面的定性定量评价。

（三）班子建设的"十字法"

我们长期的管理实践中，总结了班子建设举措——十字法。我们感觉到，十字法，是我们提升管理团队能力和学校执行力的法定。

1. 学——抓学习

全体领导班子要形成浓厚的学习氛围，以学习为荣，边学习、边工作，以学习求发展，形成学习共同体，努力打造学习型领导班子，提升学习力。具体要求：制订个人学习计划；每周一办公会议实行学习分享；实行推荐学习与岗位学习相结合；基于本职岗位的问题学习；做好学习笔记及心得交流。

2. 主——今天我当家我做主

学校实施"一日校长轮流当"制度，就是在全体行政及年级组长中实行全天候值日制度，在这一天里由值日行政扮演值日校长，负责学校当天的教育教学及内外部各项工作的安排及处理。

3. 议——办公会议议题化

每位行政干部针对自己的工作职责、分管部门等，基于校本思考，提出深层次问题的背景及实施的措施、预期效果，每周五前上交校长室，校长根据各部门提出的问题归纳出办公会议议题，提前三天下发给每位行政。周一校长办公会议根据形成的议题，让当事人首先发言，其他人员互相补充讨论，最后由校长确定议题的有效性及执行责任人，完成时间及要求。在执行过程中要接受校长的检查。

4. 实——抓办公会议落实

校办主任根据校长办公会议的要求，实行工作完成情况温馨提示制度。让没有按时完成工作的当事人在下次办公会议上说明原因，并进行反思。

5. 讲——给机会多讲

实行国旗下轮流演讲，各种会议轮流主持，家长会轮流主讲，学生会议专题培讲，教师培训要有专题讲座。

6. 蹲——蹲点教研组，做教研组长助手

强化行政干部蹲点教研组制度，做教研组长的助手，做好指导、服务与协调工作，深入教学、教研第一线，与教师一起积极参与听课、上课、备课、评课及其他各类教研组教科研活动。学期初要制订蹲点计划，期末要写出蹲点总结，每月要在行政办公会上做蹲点汇报，平时要作好蹲点笔记。其教科研考核奖罚与该教研组捆在一起。

7. 换——实行AB岗互换检查制度

行政干部除蹲点一个教研组外，还要联系一个部门。部门之间实行AB岗互换检查制度。例如，教务处主任在做好本职工作的前提下，以教学眼光去检查德育；政教处主任在做好本职工作前提下，以德育眼光去检查教学……

8. 思——一月一次反思制度

行政干部每月一次工作反思，是基于问题的反思，是工作的真反思，是创新性反思，是提高工作有效性的反思。这一反思要列入行政干部月考核的内容。

9. 迹——校史上留下足迹

由校办对行政干部工作的业绩、取得荣誉，甚至每次的金点子，合理化建议进行记录，录入校史，让大家的智慧在新纪元校史上留下足迹，这叫作心智经营。

10. 专——专业引领

作为行政干部必须兼课，自己所教的学科专业过硬，所教学科的成绩处于年段平均水平以上。在管理过程中讲专业话、做专业事、行专业路，时时刻刻创新工作方法、方式及内容。

通过"十字法"建设，使我们的领导班子团队形成看别人看不到的问题，想别人想不到的联系，抓别人抓不住的关键的三种能力，使个体忠诚于团队，团队忠诚于新纪元，实现新纪元实验学校的可持续发展。

四、学校管理赢在执行

一切管理，都必须依赖并落脚于执行力管理。执行力管理是将理念模式转化为行为的操作力，是将落地进行到底的坚持力，是将资源有效统整的领导力。执行力是学校发展的核心竞争力，没有执行力，学校就没有生命力，更没有发展力。工作部署千招万招，不抓落地就是没招；规章制度千条万条，不抓落实就是白条。

一所学校，即使拥有再好的目标与构想，再完美的规章制度，如果得不到强有力地的执行，最终也只能是纸上谈兵。作为民办学校，我们充分利用学校办学机制灵活的特点，加强学校中层干部执行力的培养。

（一）中层干部的人脉关系打造

学校中层干部是学校工作开展的中流砥柱，负责某一部门的管理与领导工作，直接与教职工打交道，打造良好的人脉关系，是中层干部做好管理工作、提高执行力的重要条件。管理大师德鲁克也曾说过："一位管理者如果只注意别人不能干什么，而不是重视别人能干什么，那么他本人就是一个弱者。"作为干部，要懂得"山外有山，人外有人"的道理。作为中层干部要"大人有大量"，要能充分利用自己的优势，调动教师的积极性，化解教师之间的积怨，严格控制内讧，切实做好一个补台的使者。

（二）加强团队的凝聚力

有效的执行，必须依托团队的合力。学校执行力的高低取决于管理团队的整体表现。在用人机制上，我们能做到任人唯贤、用人不疑，对于一些才华横溢的青年教师，我们更要不断提拔、创设机会，让其发展，有时甚至疑人也要用。我们非常注重情感管理，实现每个人受重视的渴望，充分授权、大胆放权，适时地给予人才施展才华的舞台和机会，充分体现人才的自我价值和在组织中的位置，以求得执行力的最大限度发挥。

（三）问题意识与问题解决

管理干部的执行力，集中体现在能否发现问题和解决问题。在学校，我们提倡"基于问题的管理法则"。这种管理法则是从学校的实际问题出发，以"发现问题—分析问题—解决问题"为链条，在解决问题的过程中推进学习，推动管理水平的提升，推进学校的发展。

在学校管理过程中，我们提倡看别人看不到的问题，想别人想不到的联系，抓别人抓不住的关键，要求全体中层干部下水管理：加强中层干部的学习制度建设，在学习中不断提升其发现问题的能力；当家做主做好行政值日工作，养成全局思考问题的意识；办公会议议题化，形成深入研究问题的习惯。一个议题就是一个问题讨论，就是一个解决问题的办法。没有问题不开办公会议，开办公会议必然要有问题，而且还要有问题解决的办法；蹲点一个教研组，在教研过程中发展教学中的问题；联系一个部门，实行AB岗互换制度，参与到别的部门进行管理，站在不同的角度来看问题；每月一次反思，形成总结问题的习惯。

1. 发现问题的要领

（1）问题的来源。每一所学校在办学过程中，都会遇到许多的问题。但是问题在哪儿，我们的管理团队不一定发现得了，不一定知道那是问题。所以问题的来源就变得十分重要。我们的办法是培养班子问题意识；促进教师提出问题；结合社会人士的评价，和兄弟学校的分析比较。

（2）问题管理。问题发现了，就要对问题进行管理。我们在做学校的问题管理的过程中，坚持以下几项原则：一是防止分割思考，要整体思考。二是防止静止思考，要动态思考。三是防止表面思考，要本质思考。

（3）真实问题。在发现问题、解决问题的过程中，我们强调问题一定是来自学校教育教学的真实问题，要着眼于真实的学校情境中发现问题、分析问题、解决问题。

（4）对问题持续研究。有些具体问题需要进行深入、持续的研究，不是短时间能够解决的，如教师反映有些学科教学课时不够的问题，涉及专题教学、平时课堂教学、开放性单元教学等各方面，也涉及各个年级学生学科基础问题，如果仅仅对某个阶段或某个环节进行关注，这个问题仍然难以解决。

总之，培养团队的问题意识是一所优秀学校发展的基础。在学校管理过程中，管理团队的问题意识显得尤其重要，这是影响学校决策的一个重要信息来源。通过多年的实施，全体管理人员改变了自己的心智模式，形成了问题意识，有效地促进了学校的发展。

2. 问题诊断是水平所在

在管理过程中，我们不断地发现问题，加强自我诊断，针对学校管理中出现的某种现象或面对的某种挑战提出诊断要求，依照正确的教育思想，采用科学方法，按照科学的操作程序进行诊断，并领导学校改革和促进学校发展的工作过程，最终促进学校的有效发展。总之，问题管理成功与否的关键，就是我们能否超越我们自身的认识和利益的局限。超越的程度越大，我们就能从整体上把握和解决问题，越能看到自身的不足和问题，从而，更能全方位地提高完善自我，在问题管理中实现更多的自我价值，品尝到问题管理的真正乐趣。同时，学校管理者对问题管理的不同认识，也会带来不同的问题管理模式、过程和结果。学校管理者只有正确了解问题产生的根源，把握问题的特性，理解问题管理的基本原则，才能正确认识问题的本质，有效地解决问题，提高管理的效能。

五、教师团队文化建设

教师团队是学校人力资源的主体。管理团队建设的根本目的是打造出一支叫得响、过得硬的教师团队。实际上，一支好的管理团队，都来自一支好的教师团队。学校人力资源建设，重点是教师团队建设。

（一）教师文化建设的"四部曲"

为了推进学校的文化建设，加强学校的文化管理，学校在教师文化建设上通过整体构建、系统培训、榜样引领、评价驱动四部曲，推动教师文化的转型和重塑，从而提升学校文化建设的品位和高度。

1. 第一部曲：整体构建

学校相继制定了《瑞安市新纪元实验学校文化战略纲要》《瑞安市新纪元实验学校文化战略纲要跟进方案》对学校文化从战略层面进行了阐述和布局，现将教师文化的行为跟进整体建构如下：

（1）理念文化。新纪元教师的十大理念：①没有教不好的学生，不放弃任何一个学生；②让敬业成为一种工作态度；③责任胜于能力，性格大于才干，境界决定人生；④用真心、善行、美言呵护学生；⑤没有完美的个人，只有完美的团队；⑥唯有创造和创新，人才有希望和将来；⑦把读书研修当成一种生活方式；⑧不做抱怨学校的批评家；⑨宽容比惩罚更有力量；⑩教育的唯一质量标准就是追求卓越。

（2）价值文化。新纪元教师要树立以下十大教育价值观：①师生共创"幸福教育"的幸福观；②"育人为本"的目标观；③差异发展的教育观；④培养创新精神和实践能力为重点的人才观；⑤面向全体、轻负高效、能力为本的质量观；⑥民主科学的学生观；⑦以学生发展为核心的评价观；⑧充满正气的是非观；⑨用优质教育开导学生成功人生的育人观；⑩为未来社会发展负责的责任观。

（3）精神文化。新纪元教师要树立和践行以下学校精神：①"办最伟大的学校，做最体面的教师"的理想精神；②崇尚科学、弘扬人文的时代精神；③"同舟共济、创造卓越"的合作精神；④"让每一个学生成功，让每一个学生充分发展"的敬业精神；⑤改革创新、锲而不舍的执着精神；⑥教研创造教育奇迹、以教学高质量创造教学高效益的改革精神；⑦追求卓越、奋发向上的进取精神；⑧克难制胜、勇攀高峰的攻坚精神；⑨敢于开拓、不断进取的创新精神。

（4）形象文化。为人师表，关爱学生；严谨治学，明德笃志；正心修身，求真至善；乐群敦行，言行一致。

（5）道德文化。坚持道德准则：大爱、敬业、善良、宽容、诚信、正直、公正、严格、服务、合作。

（6）修养文化。坚持六项修炼：修炼上进的事业心、修炼博大的爱心、修炼坚强的意志、修炼豁达的胸怀、修炼协作的精神、修炼认真的态度。

（7）学习文化。立足岗位、自主学习、资源共享；提升境界，树立终身学习、可持续发展、培训是最大的福利的理念，持续充电进修，实现事业价值持续增值和综合素质能力的持续提升。

（8）服务文化。树立五大服务观：服务创新观、服务细节观、服务超前观、服务内控观、服务协作观。即教育为学生服务的理念，做学生生活的关心者、心理的知心者、学习的引路者、发展的规划者，让学生满意，让家长放心。

（9）研修文化。创建教研文化，构建学习型组织，成立教师发展学校；为教师终身发展奠基，成立学术办，打通学术成长通道。

（10）课堂文化。坚持建设自学为主的高效课堂，让课堂成为灵动的课堂、情感的课堂、互动的课堂、探究的课堂、民主的课堂、开放的课堂、高效的课堂。

（11）课程文化。课程改革是教学改革的核心和制高点，教师成为课程的开发者，并抓好两个建设：建设学科特色校本课程和建设学生个性学习课程。

（12）合作文化。教师的合作文化，是指教师团队联合计划，相互讨教，相互观摩课堂，共同进步的文化，鼓励教师在集体备课中多沟通，在学术上多交流，结合青蓝工程，促进教师之间相互学习，共同分享合作成果，增强了教师间团队凝聚力和向心力，最后让教师、学校得以双赢发展。

2. 第二部曲：系统培训

为了使教师文化落地生根，转变为教师的教育教学行为，学校开展持续的系列培训，并建立三级培训体系。第一级是专家培训，包括"请进来，走出去"培训。学校每学期都要请2~3名专家来校开展培训。第二级是校级培训，由校长和骨干教师、学科带头人对教师进行培训。第三级是学科组培训。学科组通过自我反思、同伴互动、骨干引领，实施有效的个性化培训。

3. 第三部曲：制度与评价强化

一是用制度塑造文化。例如，通过"八个一"研修制度打造教师的研修文化，用"每周阅读"制度打造教师的学习文化，用"学术委员会"制度和团队捆绑评价塑造合作文化等。二是用评价驱动让文化落地生根。学校每学期要对教师进行全面的评价，通过体现教师新文化的评价体系和配套的奖惩制度，使教师文化走向教育实践变成实际的教育效益。

4. 第四部曲：示范引领与激励驱动

一是示范引领。首先是干部的示范引领，干部要带头转变观念、带头改革创新；其次是党员的示范引领，要求党员带头为人师表、带头工作创优、带头钻研业务、带头改革创新、带头做主人讲奉献；最后是骨干教师的示范引领，并成立校内讲师团，对教师起引领和示范作用。二是激励驱动。学校建立起每月、每期、每年全面的教师激励体系。建立功劳记载与表扬制度，每月评选爱心人物、课改人物、质量人物；每两年评选校内功勋教师、品牌教师、资深教师、明星教师以及集团内核心员工、首席教师、学科带头人、班主任带头人、骨干教师；每年评选十大感动人物、十大创新人物、十大影响力人物；从而形成平时被关注、需求被理解、努力被认同、成绩被肯定的良好文化氛围。

（二）瑞安市新纪元实验学校教师文化系统

1. 师训

立德树人、敬业乐群、开拓创新、润泽生命。

2. 师风

爱学生做表率、爱学校做主人、爱事业做能人。

体现师风的五种意识：

（1）生本意识，即以学生发展为本，创建适合学生发展的幸福教育，以能力培养为主，为学生终生负责，实现高素质、高升学的统一。

（2）主体意识，即学生是学校的主人、学习的主人，教师是学校管理的主人、学校发展的主人。

（3）精品意识，即让每一名学生成才、让每一名学生合格、让每一名学生升学，达到低进中出，中进高出，高进优出。

（4）创新意识，即坚持学习先进的，借鉴成功的，总结自己的，不断改革创造、优化提高，力争至佳。

（5）服务意识，即学生是宝贝，家长是朋友，以爱育人，用心做事，创一流服务，以尽心、操心换取家长放心。

3. 教师精神

（1）勤奋工作、精心施教的敬业精神。

（2）刻苦学习、勤于思考的好学精神。

（3）勇于进取、自强不息的开拓精神。

（4）投身教改、追求至佳的科学精神。

（5）乐于奉献、精诚团结的合作精神。

4. 教育宣言

新纪元教师赏识每一名学生、关爱每一名学生，与学生同行、同乐，并努力为学生提供丰富的校园生活、广阔的学习天地、舒心的教育服务，从而让校园成为学生成长的温馨家园。

新纪元教师相信每个学生都是天生的学习者和创造者，从而充分发展每一个学生、平等对待每一名学生，并努力为学生提供最好的教育，为学生的成功人生做好最充分的准备。从而达到：让每名学生都基础扎实，让每名学生都勤奋好学，让每名学生都有才能特长，让每名学生的身心都健康成长，让每名学生每天都有好感觉，让每个学生都能获得成功，让每名学生都有远大抱负，让每名学生都适应未来发展。

作为一位光荣的人民教师，我将忠诚于新纪元的教育事业，用智慧启迪学生，用真情感染学生，用人格陶冶学生。我要勤于工作，精心施教；刻苦学习、勤于思考；勇于进取，自强不息；投身教改，追求至佳；乐于奉献，精诚团结；为人民的教育事业和人类文明而不懈奋斗。

（三）教师团队核心素养的养成

教师团队的核心素养是什么？一言以蔽之，就是爱教育、爱学校、爱学生。这种以爱为中心的核心素养，来自学校的文化，来自学校价值引导。

1. "四个到底"的信念

目前，有部分教师满足于传统的教育方式，开拓无勇气，工作无信念，前行无动力。要知道，任何成就的获得都需要付出艰辛的努力。新纪元美好愿景的实现，同样需要全体新纪元教师克服职业倦怠，重新焕发青春并负重前行。为此，我们在全体教师中提倡"四个坚持到底"。

（1）一流目标争到底。我们的管理者、教师要克服取得小成绩就满足的思想，始终保持乘势而上、永不满足、奋勇争先的精神状态。

（2）一份责任负到底。每位新纪元教师要有振兴教育的强烈意愿，有食不甘味的责任感，有夜不能寐的使命感，有刻不容缓的紧迫感。继续通过"十字法"抓好班子队伍建设，通过抓队伍、树旗子，推动、带动全体新纪元人，确保一年一个台阶出成效。

（3）一股拼劲干到底。干工作需要拼劲，拼劲源于作风。倡导踏实的、言行一致的实干作风去拼，以求实为本，以实干为荣。

（4）一声政令喊到底。政令能否畅通，是衡量工作能否落实到位的重要前提，也是衡量教师干部修养和大局观念的重要标准，要强化政令的权威性和严肃性，杜绝落实上的空当，整治落实上的虚假。

2. 让优秀的人有舞台

（1）搭建教师成长平台，发挥名师辐射效应。我们启动的新纪元功勋教师、品牌教师、明星教师、资深教师等评选以及低职高聘举措就是为教师搭建成长平台。各学部深化一年一度校内课改优质课评选，以及"名师工作室"活动。在开展一年一度"十佳班主任"以及"十佳优秀教师"评选的基础上，今年启动"功勋教师"评选。

（2）开展幸福教育论坛，突出理念的引领。我们持续不断地"请进来，走出去"学习，理论测试，举办论坛等活动，引领我们的学校进入创新状态，引领我们的教师进入研究状态。

3. 让奉献的人受关怀

一所学校，没有教师的发展，永远不会有学生的成长；没有教师的幸福，永远不会有学生的快乐。办学必须以师为本，为每一位教职工创造终身发展和幸福的学校环境或外部环境，让每一个教职工都能体面地、有尊严地度过自己的教学生涯，应该是我们每一个教育管理者和校长的责任与追求。幸福虽然是一种内心的感受，作为新纪元人，我们的尊严和幸福，源于"宁静的心家"，保持住教师的师德底线。除此之外，我们要做到精神的充盈，更要用专业来发展自我，幸福感才会油然而生。

作为新纪元人，我们既是下属，又是上司。作为下属，我们要能够体会到上司的不容易，要为其分忧；作为上司，我们要能够感受到下属的渴望，要为他们谋求幸福。

是什么让我们成为新纪元人？是新纪元教育这个平台让我们聚在一起，是教师这个职业让我们成为同事。文化的差异，性格的不同，关系的复杂，我们如何真正实现"创新适合教师发展的幸福学校，创新适合学生发展的幸福教育"的目标？真正实现"师生共创教育幸福"的价值观？马斯洛的需要层次理论为我们的发展指明了方向。我们要研究教师的需求，让教师做到物质与精神的双丰富：学校为教师提供免费的吃、住条件，并逐年提高教师的福利待遇，不断改善工作环境，投入500多万元改善学校硬件设施，让师生进入校园有美的享受；不断提高教师的生活条件，膳食科不断变化菜品，推出特色菜，满足教师不同的口味需求，让教师感受家的温馨；为了应对公办学校实施的绩效考核，学校董事会每年投入1200多万元解决教师的绩效考核问题，让全体教师得到了真正的实惠，让学校教师的待遇永远居于所在地公办学校的前列，让教师活得更有尊严；为教师解决了五险一金，让教师获得稳定的生活和交往环境；通过家校共导的实施，构建了深厚的"家文化"，每学期开展的"金点子征集""教代会提案征集""问题征集"等活动，让教师感受到自己在学校发展中的作用与地位；工会组织的旅游、每月一次的主题活动等加强教师之间的联系与沟通，创造团队协作的机会，让教师充分融入学校大集体中，把自己的爱传播给每位师生，树立"校荣我荣，校耻我耻"思想观念。马斯洛认为，尊重的需要得到满足，能使人对自己充满信心，对社会满腔热情，体验到自己活着的用处和价值。教育的过程是一个艰苦、漫长的劳动过程，教师年复一年，日复一日地面对几乎同样的对象和问题，工作热情很难长期维持在高水平上。教师希望得到他人的尊重和信任，渴望实现自身的价值。当他们感到被人欣赏、被人信任、被人尊重时，其工作热情就会像火山一样迸发出来。根据需要理论，我们非常注重培养教师的成就感，不断满足教师渴望尊重、希望成功的心理需求："功勋教师""品牌教师""资深教师""明星教师""集团核心员工""首席教师""学科（班主任）带头人"等的评选；通过导航课、示范课、展示课，搭建舞台让教师展示，让教师成就自我；为教师找亮点的活动、成就宣传展板的制作、教师发展性评价，让教师深切地感受领导的关注。

总之，我们只有在教师能够衣食无忧的情况下，满足其不同层次的需求，教师才能够实现自我，从而坚定不移地爱好自己的教育事业，才能有尊严地生活。

六、教师发展"赢在专业"

教师的尊严来自专业功底、人文素养和教育理念。对于教师而言，我们的核心任务之一，就是为教材、教法及学生塑造多元风貌。要想达到目的，教师必须要阅读起来、思考起来、实践起来。尤其是作为民办学校的教师，我们更要主动发展。

（一）准确定位角色，展示个性自我

美国教育心理学家古诺特博士曾深情地说，"在经历了若干年的教师工作之后，我得到了一个令人惶恐的结论：教育的成功和失败，'我'是决定性因素！我个人所采用的方法和我每天的情绪，是造成学生学习气氛和情境的主因。身为老师，我具有极大的力量，能够让孩子们活得愉快或悲惨，我可以是制造痛苦的工具也可以是启发灵感的媒介，我能让人丢脸也能叫人开心，能伤人也能救人"。作为一位教师，我们个人决定了教育的成败，在这种压力之下，教师的幸福是什么？它不是职业的偏爱感，也不是社会外加的对教师的褒扬；当然，也不是教师培养了多少杰出的人才的自豪感。作为一位教师，教师的幸福应该来自他所扮演的职业角色的内在。作为教师要负责任、尽本分，要以质量为中心，不断测试和优化工作方法、过程、体制、系统，成为最优秀的教师。也就是说，在教师的职业生涯中，教师要扮演好自己的角色，要以某种社会规范和准则来规范统领自己的内心世界，用良心做事，同时要张扬个性，肯定自我，把教育作为自我价值的实现途径，才能使教育让教师感到幸福。当然，对个性的自我凸显，并不是排斥角色自我而恣意妄为，而是将角色自我审美化、个性化、情感化，融入个性层次，使规范、要求变成生命体验的一部分。只有这样，教师才是幸福的。

（二）喜欢教育事业，做学生喜欢的教师

"无条件地热爱你所教的学科"（苏霍姆林斯基）、"做你所教学科的虔诚的传教士！"（干国祥），作为教师，我们为什么不能让学生深深地喜欢、迷恋上自己执教的学科？教师是否缺乏一种学科本位的热情，抑或是缺乏一种更专业的学科素养呢？作为教师，其魅力何在？其魅力如何提升？正因为教师喜欢、热爱一个学科，才能让学生也热爱你所教的学科。如果学生有了一门喜爱的学科，那么你不必为他没有在所有各科上取得好成绩而不安。应当更使人担心的是门门成绩优秀但却没有一门喜爱的学科的学生。假如，教师都能拿出自己的十八般武艺，让自己成为所执教学科的虔诚的传教士，像磁铁一般吸引住学生，那么校园里的少男少女逐渐都能找到自己智力活动的源泉。假如，教师已经爱上自己的学科，并逐渐成为自己所执教学科虔诚的传教士，那么距离有尊严和幸福教师的路将不会很遥远。

（三）时时处处好充电，做专业的自己

教师专业化水平的发展，对事业与理想的执着，对学校与岗位的忠诚，支撑着学校的可持续发展。每一位教师要用良心、责任、本领来支撑自己的事业。

1. 全员学习，修炼一颗永远的童心

当师生之间出现种种矛盾和冲突时，问题生脸上投射着的其实就是教师自己的表情。爱是学校教育永恒的主题，作为教师，我们要"修道"，修炼一颗童心，让读书塑造我们的尊严，我们要求教师用读书来充盈并舒展心灵。一直以来，学校通过《学会放弃》《为自己工作》《教师快速成长的十个要诀》《做卓越的教师》的推荐与学习，改变教师的心智模式，树立笑对人生的境遇观。让教师修炼出发掘学生的智慧，尊重学生的人格，体验学生的处境，谅解学生的幼稚，呵护学生的童心，使学生感到自己生命的存在，获得欣慰、幸福的体验，得到健康、全面的发展。

2. 全员观课，在对比中提升自我

教师在平时听课、观课过程中，看到的都是别人上课，为了更好地促进教师的成长，我们要求教师观看自己的录像课，我们要全面推进录像课活动，每位教师都要在多媒体教室上一堂录像像，然后自己对照录像自我反思、评价，不断提高；不仅如此，教师更应该观看名师录像课，对照自己教学的不足，去改变自己。让教师在与名家的对话中，开阔视野，提升境界，激发发展与探索的愿望，并把这些传递给学生。

3. 全员赛课，打造个性风格课堂

在全体教师中实施全员赛课活动，推进自学为主课堂教学模式的进程，促新教师发展。在赛课过程中，教师要做好相关资料的收集，赛课后的反思写成案例形式上传并存档。

4. 全员写作，在反思中完善自我

新课程的实施需要教师不断反思，教师的专业成长离不开反思。可以说，反思既是教师自身发展的基础和前提，也是教师成长的新起点。反思应该成为我们教师的习惯，积极撰写论文、案例、叙事、随笔，做一些研究，在反思中不断地完善自我。

5. 全员考试，在参与中了解学生

叶圣陶说："教师善读、善作，深知甘苦，左右逢源，则为学生引路，可以事半功倍"，中学教师要参加九年级的每次考试，小学教师要参加六年级的考试。

6.全员命题，在合作中发展自我

组织教师命题比赛，提高教师教材处理和命题能力。提高教师对教材的理解能力和作业设计能力，学校实施的考试，尽量选择教师自己命题。教师群体应该由少数人的胜利变成所有努力者的胜利。学校将运行展示成就与改进激励整合的评价功能，实施"功劳簿"记载制度，突出综合素质与个体差异统一的评价内容，实行自我评价与协同评价共生的评价手段，唤醒教师沉睡的能量，激发出教师自我发展的内在需求与可能，努力成为最好的自己。

（四）教师行为规范系统

教师的专业化发展，直接体现在教师在日常工作中的专业规范里。瑞安市新纪元实验学校高度重视教师行为规范系统的构建，已经成为学校教师专业化发展的重要组成部分。

1.教师教育教学行为规范

（1）要有端正的教学态度，严肃认真地对待教学工作中的每一项内容，全心全意地做好教学工作。

（2）要激发学生的求知欲，避免对学生进行灌输教学。既教知识，又教学法，培养学生的自学能力。

（3）既要严格要求学生又要尊重学生，肯定学生的优点，尊重学生的特点，避免学生对教师产生疏远倾向。

（4）钻研业务，认真备课，熟悉教案；不断学习新的业务知识，充实教学内容，提高教学水平。

（5）组织好课堂教学，创造生动活泼的课堂气氛，训练学生思想，向40分钟要质量。

（6）精心指导学生学习，认真批改作业，及时纠正错误，把好教学过程的每一环节。

（7）定期做好教学质量检查工作，及时查缺补漏，把好教学质量关。

（8）按时上下课，组织好课堂教学，在规定时间内完成教学任务，不拖堂。

（9）仪表端正，语言要清晰流畅，板书要整洁规范，内容要简练精确，不哗众取宠。

（10）热情耐心地对待学生的提问，鼓励学生勤思善问，做好课后的辅导工作。

（11）对待学生的态度要一视同仁，不准讽刺挖苦学生，更不能因对个别学生不满而在众学生面前泄私愤。

（12）教学的计划安排应符合学校的要求，不能随意增、删内容，加堂或缺课，占用学生的自习课或复习考试时间，增加学生的学习负担。

2. 教师思想政治行为规范

（1）忠诚党的教育事业，具有为教育事业献身的自我牺牲的精神。

（2）认真执行党的教育路线、方针和政策。

（3）遵纪守法，模范遵守学校的规章制度。

（4）做社会主义精神文明的建设者和传播者。

（5）树立正确的人生观和价值观。

（6）积极做好自身的思想政治学习工作。

（7）公而忘私，避免不道德的行为表现。

（8）坚决而有耐心地帮助学生解决思想问题，端正政治态度。

（9）积极向党组织靠拢，按时参加各项思想政治学习。

（10）勇于向不良的思想观念和习气做斗争。

（11）不搞个人崇拜和宗教迷信活动，不崇洋媚外，不做有损国格、人格的事。

（12）热爱祖国、热爱人民，在教学中能有意识地培养学生的爱国主义热情。

3. 教师与学生之间的人际行为规范

（1）热爱学生，但不偏爱学生。爱护、关心表现不好的学生，是教师的天职。

（2）尊重学生，但不迁就学生，培养维护学生的自尊心，对学生的不良表现不能姑息迁就。

（3）严格要求，但不失温情。严师出高徒，严格要求每位学生，同时，也要有温情的流露，让学生理解和体会教师的爱心。

（4）融洽关系，但不讨好学生。发挥情感教育作用，使学生感到教师是可靠、可敬又容易接近的人，避免为获得学生对自己的好感而讨好学生。

（5）关怀学生，但不利用学生。教师不能利用学生做私事，或让学生家长帮忙办事。

4. 教师之间的人际行为规范

（1）互相尊重，切忌嫉妒。教师是学生的学习榜样，人类灵魂的塑造者，为教育事业的共同利益，心胸要开阔，工作要协作。

（2）互相学习，取长补短。谦虚好学是每位教师应有的态度，也是教育学生的最好的身教。

（3）平等相待，不亢不卑。教师不论自身所处地位如何，都应以平等相待的态度对待同事，表现出不亢不卑的处事待人姿态。

（4）乐于助人，关怀同事。教师之间互相关心，相互帮助不仅体现出教师的高尚品行，还有助于增进教师之间的团结和友谊。

5. 教师与领导之间的人际行为规范

（1）尊重领导，服从安排。学校的教育工作是一项集体劳动，每位教师都应尊重领导的意见，服从安排。

（2）顾全大局，遵守纪律。纪律是维持学校正常运转的保证。教师在个人有特殊情况的时候，也应顾全大局，将学校的要求放在首位。

（3）互相理解，相互支持。教师对领导的某些工作产生不满是难免的，领导对教师的一些表现反应过于强烈也是常见的。原因是两者考虑问题的角度不同，一方要体现自己的教学特色，另一方要顾及学校的整体工作，互相理解和支持是化解矛盾和冲突的必要途径。

（4）公事公办，团结一致。教师与领导之间由于工作性质不同而产生心理上的隔阂是避免不了的，教师不应轻视领导，领导也不应为难教师，双方在处理问题时要公事公办，避免激化矛盾，影响团结。

6. 教师与学生家长之间的人际行为规范

（1）帮助家长排忧解难。家长对自己的孩子总是抱有很大的希望，家长都希望教师能够特别地关照自己的孩子。

（2）加强联系，互通有无。教育的成功同家庭环境有很大关系，了解学生在家庭的表现，加强同学生家长的联系，能够把握学生的校外表现，做到教育有的放矢。

（3）理解家长，尊重家长。教师对表现差的学生家长要尊重，并理解他们的难处，共同协商教育学生的良策。

（4）齐心协力，教育新人。教师只有取得学生家长的理解的支持，才能取得良好的教育效果。

7. 教师衣着服饰规范

（1）整洁朴实。教师的服饰要体现知识分子的形象，同教师的地位、尊严相协调。不准衣着破旧不整，给学生一种穷困破落的印象，也不要过分时髦，像时装模特儿。

（2）服饰要符合教师的年龄特点。青年教师的衣着要富有朝气，符合学生的审美情趣；中年教师衣着要兼顾年富力强和稳健的特点；老年教师的衣着要庄重，但不要太老气。教师的衣着不符合自己的年龄特点，往往会给学生以轻浮或别的不良感觉。

（3）要与教学的内容、场景、方式相协调。教师在不同的教学活动中，应根据情况选择适当服饰，如教学的服饰要与参加文娱活动、课外劳动等的服饰区别，教师的服饰要以学生的欣赏水平为前提。

（4）教师衣着要符合个人的体形，色调适合个人的性格。衣着是教师形象的一个组成部分，它起着美化教师形象的作用。巧妙地运用衣着特点，有利于为自己树好形象。

8. 教师举止处事规范

（1）举止稳重大方。教师是有知识、有修养的人，举止轻浮、无礼、粗俗，或不自尊、不自爱，都会损害教师形象。

（2）举止潇洒自然。举止不拘谨、不呆板，具有感染力。潇洒不是哗众取宠，更不是假装深沉。潇洒的作风不是硬装出来，而是个人内在修养的自然流露。

（3）与人为善，态度亲切。不论对待同事、领导、学生，教师都要持一种真诚、温和的态度，表现出教师的宽宏胸怀。

（4）在是非面前，要坚持真理。教师的与人为善并不等于充当好人。在是非面前不明确的教师，并不能真正获得学生的依赖。

（5）谦虚好学，有错就改。教师应保持一种谦虚处事，不亢不卑的姿态，既敢于肯定自己的优点，又能正视自己的缺点，给学生一种人格成熟美的印象。

（6）不贪功名，洁身自好。教师不应同学生家长及学生结成一种利益关系，也不应为争取虚名而组织学生弄虚作假，降低教师在学生心目中的形象。

9. 教师言语行为规范

（1）语言要规范。教师要采用普通话教学。教师语言的规范首先要学会使用普通话的发音形式。

（2）语词要规范。教师应尽量避免使用本地方言中的土语，以及一些较少使用的词语。语法要规范，尽量避免出现语词搭配不当的语法错误。

（3）语风要规范。教师都有各自的语言特点，个人特点要符合规范，讲课时声情并茂，表扬时热情亲切，批评时严肃而又不大吵大叫。

（4）语言内容要规范。教师应避免使用粗俗、不文明的语言。只有教师率先做好语言文明的模范，才有资格去纠正学生中不文明和语言现象。

（5）用词要准确。教师在遣词造句时应避免错用或误用。

（6）语句要完整。在教学过程中，要尽量减少使用不完整的句子，不要使学生对教师所表达的意思理解不准确。

（7）语义要明确。教师要避免使用意义含糊的词语。

（8）表达要简洁干净利落，少用一些多余的字词；减少表达和重复性，避免学生生厌或学舌。

（9）言语要避免自相矛盾。教师对教学内容要有清晰的思路，在推理、论证时语言表达要严密，做到条理清楚，上下连贯，言之成理。

（10）言语表达要避免逻辑混乱。教师在讲述每项内容时都需要使用许多词语，哪些先讲，哪些后讲是有一定规律的。

长期以来，学校都非常重视干部队伍、教师职工队伍的建设。但是似乎很少看到有人从办学资源的角度来理解。学校的干部、教职工是办学校最重要的人力资源。过去，我们是就干部、教职工本身的发展来谈队伍的建设，其实从办学资源的意义上，我们要建立人力资源的概念。人力资源最重要的意义，就是适应性。所谓好的人力资源，就是适应学校发展的干部、教职工，所谓不太好的队伍，就不能适应学校的发展的队伍。换一句话说，好与不好，都是相对的，是以学校的发展为标准的。在极个别情况下，一支非常高大上的队伍，但如果并不适应学校的发展，则不一定是好的队伍。学校的发展，首先是由学校所在区域的社会发展、经济发展、文化发展和教育发展决定的，对于学校的干部队伍、教职工队伍建设而言，它是客观的，是不以人的意志为转移的。从这个意义上来说，干部队伍、教职工队伍，都不是矛盾的主要方面，而是次要方面。这是需要特别说明的。

从资源的角度来看队伍建设，我们还要建立一个成本概念。现在有许多学校在人力资源建设方面，经常提不惜代价，其实这是不现实的，也是不切实际的提法。资源之所以叫作资源，就是它是讲求效益的。如果资源不能带来效益，那就不能叫作资源，而叫作消耗。物质资源是如此，人力资源也是如此。这一点对于办学校来说更为突出。学校是人力资源密集性组织。有的组织是知识密集性的，它主要是因为掌握了高科技来支撑组织的生存和发展；有的组织是资金密集性的，它主要是因为高投入而获得利益；学校这个组织是人力密集性的，它主要是因为集合了相当质量和数量的专业工作人员，为学生提供密集性的教育服务来生存和发展的。如果说学校也有一个成本控制的问题的话，那主要就是人力成本的控制。学校人力资源建设的真正的难点在于，在人力资源有限的情况下，如何最大限度地促进干部队伍、教职工队伍的发展，并成为支撑学校发展的重要力量。

第四章

家长资源与学校发展

毫无疑问，不管是对于家庭还是学校而言，家校关系都是非常重要的。应该说，当前家校关系整体是好的，但也的确出现了一些不好的苗头。最主要的问题，是没有把家长当作办学的一种重要资源来对待。

现在有许多学校，把家长当作对立面。我认为这是十分不明智的。一方面，学校想对家长搞信息封锁，这是不可能的了。另一方面，也是至关重要的一点，家长是学校办学的重要的支持者，而且是资源这个级别的支持者。处理好家校关系，家长就是学校最牢固的利益同盟，没有处理好这个关系，家长就是学校办学的最严重的对立面。所以智慧的办学者，都会高度重视家校关系。我认为，在家校关系方面，只一般性地提尊重家长，加强家校联系是远远不够的，应该将家长提升到学校办学资源的高度来认识、来对待才是真正的到位。

一、全面参与：家校关系最适宜的模式

到底应该构建一种什么样的家校关系？人们似乎越说越复杂了。我认为，让家长全面参与学校各方面的工作，是家校关系最适宜的模式。

（一）什么是家长最想要的权利？

家长与学校的关系其实是非常复杂的。如果说学生是学校提供的教育服务的用户，那么，家长其实是学校的客户，他是出资人和学生是否就读的决策人。就这一层关系而言，家长对学校的教育教学有知情权、监督权、建议权。但是另一方面，教育教学是专业性非常强的工作，对于学校教育而言，家长并非专业人员。就这一点而言，家长对学校提出的知情要求、监督要求和建议，都有一个甄别和转换的过程。

就知情权而言,家长其实面临一个"是否懂得学校在做什么"的问题。所谓知情,就是要了解学校每一天发生的事情。除了学生在学校生活上的一些事务,其他教育教学事件,即使学校完全向家长开放,家长也不一定知道"学校在做什么",家长其实是按他们自己的一般理解模式在获取学校在"做什么"的信息,这其中,会产生大量的误读。例如,学校规定学生每天洗澡的时间不得超过10分钟。家长的第一反应是学校为了节省水费,而实际上学校的目的是培养孩子动作迅速和时间控制的观念和习惯。又如学校不允许学生在宿舍里吃零食,家长的第一反应往往是为难学生,而学校的目的是培养学生的规则意识。学校所有的事情,其实都有一个教育教学作用。但家长往往由于经验和学养的局限,并不明白学校做这些事情的真正目的,所以误解很多。

对于学校而言,当我们要向学校通报事情的时候,我们其实是有选择的,所有有可能引起家长误会的事情,我们一般不会向家长通报。倒不是学校有什么事情不能让家长知道,而是怕家长知道后误解,这种知道对学校、对家长并没有好处。但是家长一旦知道学校还有什么事情没有向家长全面、如实地通报,往往会疑窦丛生,生出对学校的严重不信任。这是学校在处理家校矛盾时面临的第一个困惑。

现在家长都想要有监督学校教育教学工作的权利。这一点在民办学校会体现得更加突出。有的家长甚至提出,要在学生所有活动的场所都设置监控镜头,而且要上网,让家长随时可以调出监督。实际上,这是非常不专业的要求,而且是违背教育教学规律的。一方面,这将直接损害教师的教学自主权。教师面对自己的学生,有权自主决定如何教学,这是教师作为专业人员的专业权力,非本专业人员,任何人都无法干预。这也正如病人干预医生为自己治疗,却又要求医生对治疗结果负责,这是十分荒谬的。另一方面,更重要的是,监督是有标准的,对教师教育教学行为的监督,必然是教育教学的标准。一般来说,这个标准,只有接受过系统的教育教学训练的人,才能掌握。这种人,其实就是教师。如果让家长来监督教师的教育教学行为,那等于是让一个外行来监督受过专业教育的人的专业行为。例如,让家长来监督教师的作业批改。家长能看到的,其实就是批改的次数和红笔多不多。而实际上,作业批改是一件十分复杂的事,绝不是批改的数量和红笔多不多这么简单,有的时候批改不多并不意味着这位教师的工作不认真。又如,有的教师讲得少,让学生活动多，很多家长会认为这是教师工作不勤奋，实际上这些教师采用的可能是一种更符合教学规律、效果更好的教学模式。再如，有的家长要求教师多布置作业，有的家长则反其道而行之，要求教师少布置作业，而实际上，作业的多少，需要更多考量，而且作业的多少也没有一个绝对值。总之，教育教学的专业标准是十分复杂的，让一个没有受过系统的专业训练的家长来监督教师的教育教学工作，既不明智也没有可行性。综合考量，弊大于利。我并不赞同强化家长对教师的教育教学行为的全面监督。

现在家长们对学校教育有许多看法，忍不住就会提出各式各样的建议。这样的家长往往是非常热心的家长，是非常关心学校工作的家长，是好家长。这些建议，如果是一般的学校日常管理、学校秩序、学生生活方面的内容，往往是可行的，有许多也是学校考虑不周全的，这部分建议是有益的。但是如果涉及更深层次的内容，往往重在表面，甚至是一些皮毛。这些建议，往往带有家长个人化的一些看法和经验，甚至是情绪化的一些说法。但学校因为是家长的建议，往往也会花去大量人力物力来回应，其实是得不偿失的。

其实家长普遍的心态只是不放心。所以家校关系的处理，从学校这个方面来说，第一要考量的就是如何让家长放心。如何既让家长放心，又能合理地、适宜地满足家长上述的知情权、监督权和建议权呢？我认为，就是一句话，让家长全面参与学校的工作。参与权，是家长最想得到的权利。

所谓全面参与学校的工作，首先家长的身份变了。家长不是站在学校工作之外来知晓学校的工作，家长作为工作的参与者，参与了，自然就知晓了。家长不是学校工作之外的观察、分析、评判者，而是要评判的工作的实施者之一，家长要评判的，有的时候也许就是他自己，或者与他一样的身份的人。家长也不再是只提建议的人，他们可能与学校相关人员进行讨论，然后直接实施，或间接实施有关工作，他们也许就是有关工作的负责人，不仅要提建议，还要去做。一方面知情权实现了，监督权实现了，建议权实现了，更重要的是，家长还直接改进工作。家长要求知情权、监督权和建议权，无非就是不放心。现在家长全面参与到学校工作中，如果还不放心，就直接与学校的领导和教师一起去改进。简单、直接、高效，就非常放心了。

从学校的角度来说，全面参与，除了让家长放心之外，更重要的是，学校拥有了永不枯竭的人力资源。家长虽然不是教育教学专业人员，但他们很多都是所在行业的行家里手。学校的教育教学工作，其实与生活是紧密相关的，需要引入生活中的各种场景、各种知识、各种技巧。这些场景、知识、技巧不能不加选择地直接搬到学校，要经过挑选、形式加工和结构安排后才能进入学校教育。这些工作，当然是学校的教师来做，但在内容呈现环节，却可以让家长大显身手，这是多好的办学资源。这样，家校关系的具体内容也变了，家校的关系，就不再是一般的获得有关信息，对学校提出要求和建议，而是将家长拥有的智力资源甚至关系资源、环境资源引入学校，引入学校的教育教学中。

总之，从资源这个视角来看，家长全面参与学校工作是最适宜的家校合作模式。一方面家长获得了知晓权、监督权和建议权，另一方面，学校获得了宝贵的办学资源。

（二）搞好家校关系的关键是礼遇家长

上面是从理论上讲述了家校关系如何处理，下面将从技巧上来讲述家校关系如何处理。如何处理好家校关系，从技巧上来讲，一句话，礼遇家长。

一方面，学生家长有很多资源，对学校办学来说是非常宝贵的，另一方面，学生家长毕竟不是教育教学的行内人，有的时候难免会有一些不适宜的想法、说法和做法。如何既能保护家长参与学校工作的积极性，又能有效地控制和避免一些不利于学校工作的情况出现呢？礼遇家长是唯一的选择。

所谓礼遇家长，一是尊重家长。尊重家长，不仅是因为家长是学校的服务对象（在民办学校，家长还是办学的出资人），而且因为家长全面参与学校工作，其所拥有的专业技能才能成为宝贵的办学资源。家长是学校办学所需资源的拥有者。只有从这个高度来认识为什么要礼遇家长，才能做到心甘情愿，才能做到情真意切，才能做到长期坚持。二是用好家长。一方面，不是任何家长都适宜安排参与学校活动，家长具有主观意愿是首要的条件。另一方面，要安排家长参与到他们所擅长的项目活动中来，要发挥家长的长处。

以上两个方面，一是对待家长的态度，二是对家长参与学校工作的安排。这两个方面的恰到好处，才是所谓礼遇。

二、"发现者联盟"：家长参与的综合形式

家长参与学校工作，具体包括以下几种形式。一是聘请有特长的家长为学生开设讲座或选修课，二是为学生开展社会实践活动提供资源，三是进入学校

参与学校某个方面的管理工作和服务工作。

在实践中，我们摸索出一种综合型的、家长深度参与学校工作的形式，我们称为"发现者联盟"。

所谓"发现者联盟"是指让家长走进学校、走进教室，依据教育法律法规对学校各项教育教学工作进行监督、视察、检查与评价，并且让我们一起去发现最美的人、最美的景、最美的事情，并记录下来，一起传递美、传递爱、传递幸福、传递正能量。这一组织形式的特点便是让家长在发现正面典型的同时又行使视察、监督、检查与评价的权利。我们认为，这是家长与学校的最佳合作模式。

（一）"发现者联盟"的基本原则

全员性——"发现者联盟"由家长委员会聘任，不论文凭，不分职务，每一位家长都可以自愿申请轮流担任家长督学。

体验性——"发现者联盟"要不断转变角色（校长角色、教师角色、学生角色）去进行检验、观察与思考，从而获得有价值的信息，帮助学校发展、教师成长、学生成长，也使自身成长。

参与性——"发现者联盟"参与学校管理、参与教学活动、参与学生活动，给学校提建议，帮助学校排忧解难，倾听学生的心声，了解与体会学生的需求。

（二）"发现者联盟"的实施

学校设立"发现者联盟"办公室。实行家长现场办公，每位家长每次的办公时间为一天。

每天两名家长作为"发现者联盟"驻校。"发现者联盟"家长要佩戴"家长督学"标志。

办公形式多元化。积极开展推门听课、推门到教师和行政办公室查看教师备课本、学生作业本等活动。

观察学生思想动态，学习习惯，行为方式，查看学生起床、洗漱，做操等情况。

检查家长最关心的学生食堂，并且与师生一起吃饭，体验学生食堂的排队纪律、打饭状况、吃饭等情况。

与我们的值班教师、生活教师一起，观察学校生活区的管理是否到位。

与教师沟通交流。查看是否有违反教师从教行为，有乱办班、乱收费、乱定资料等情况。

家长督学办公记录制。记录方式为：笔记、照相、摄影。

进行一天的督学意见交换。家长督学代表把在学校发现的问题及时与学科教师，学校行政及时的交换意见，沟通策略。

（三）"发现者联盟"工作流程

早晨参与值日，进行晨检——关注学生的表情，检查学生的卫生、衣着等情况。

上午进行四个体验式的督查：①听课，自选一节课，一看候课情况，二看孩子们课前准备情况，三看上课情况；②参与学生大课间活动；③进行课间巡视；④进教师或行政办公室，观察教师在岗情况，是否有打游戏、上网购物，或有无体罚、变相体罚学生的现象等情况。

午间做好两个活动：一是与师生一起用餐，考察学校伙食饭菜质量，卫生状况、学生就餐纪律，并做好记录；二是自主学习，到阅览室看书或书法室练习书法。

下午做好三件事：一是看教师是否按功课要表上课；二是看校园、教室保洁情况；三是针对一天的督查写小结，填写一张表扬单和一张建议书。

晚上做好二件事：一是巡查晚自习；二是观察学生洗漱、就餐情况。

"发现者联盟"活动，深深受到了家长们的欢迎，充分发挥了家长在教育管理评价中的作用，有效促进了学校与家长、社会的联系，推动了学校管理走上更加科学合理的开放办学道路，有效促进了学校办学水平的优化。这项制度的建立，在依法治校的基础上，赋予了家长监督教育的权利，构建了学校、社会与家庭"三位一体"的学校教育体系，有效地保障了家长和社会的教育知情权、参与权和选择权，科学地建立了学校、家庭和社会互动机制，促进了教育资源共享，拓展了社会和家庭的服务功能，全面地构建了开放教育。它不仅把更多的教育给予更多的人，而且还使更多的人参与到教育的管理中去，这是教育民主化的重要体现，同时又极大地丰富了学校办学资源的拓展渠道。

三、家长学校的运营与管理

家校关系有一个非常重要的合作形式，这就是家长学校。

当代社会，没有驾照不能开车，没有教师资格证不能当教师，就连锅炉工、保安也得参加培训持证上岗。唯独天下最普遍，也是最难的岗位——家长，是没有培训，无证上岗。这就使得家庭教育基本上处于随意性、盲目性和自发性状态，产生了种种误区。家庭教育的误区绝不仅仅是家庭的事，学生在家庭里受到不正确的教育，其后果是家庭和学校共同承担的。学生在不正确的家庭教育中养成不良习惯和错误意识，都会在学校里反映出来，都会影响到学校各方面工作的开展。

瑞安市新纪元实验学校于1999年9月份创办，同年12月份第一届家长委员会、家长学校相继挂牌成立。根据《浙江省家长学校工作规程》和《浙江省家长学校教学指导纲要》的精神，本着"构建社会、学校、家庭三位一体的教育网络，全面提高学生素质"的宗旨，长期以来，我们积极探索、努力实践，先后修订了《瑞安市新纪元实验学校家长学校发展规划》《瑞安市新纪元家长学校工作规程》《瑞安市新纪元家长学校教学指导纲要》，使家长和家长学校工作制度化、规范化、科学化，取得了一定的成绩，先后被评为"全国示范家长学校""浙江省家庭教育工作先进集体"。

2009年，随着学校的发展壮大，学校创办了分部，为了使家长受培训率达100%，我们分学部设立了家长学校，家长学校成立四级组织（班级、年级、学部、学校），由校长挂帅，由各分部主任、政教处主任及家长委员会成员组成的分学部家长学校领导班子，具体负责研究家长学校整体工作规划和家教实践中的共性问题，协调、组织与指导家长学校的工作；组建了家长学校校委会，并完善了家长学校校委会的职责，促进每一个人都能够发挥其作用。家长学校的组织机构除领导小组外，还组织了学习班班委会、顾问团、校外辅导员。同时，组建了一支具有扎实的工作作风和相对稳定的骨干队伍。聘请中国教育学会中小学整体改革专业委员会吕敏、王东、林可夫等教育专家，领导；中国时代之声演讲团王海童老师，南京智脉素质教育中心的专家，教授、北京大学社会调查研究中心"中小学生学习与家庭教育"课题组专家；聘请温州大学章毓光教授、周奇教授，瑞安市原关工委主任张益老师，温州市人民政府督学黄良桐老师等为家长学校专职、兼职教师，为家长开课，切实提高家长的素质与家庭教育水平。

（一）设置家长学校校委会

我们把家长学校当作正式的学校组织来对待。第一件事情，就是成立家长学校校务委员会。家长学校校务委员会的职责如下：负责管理家长学校日常工作；定期召开校务会，每学年不少于四次，专题研究家长学校校务工作；制订家长学校发展规划、工作规程、教学指导纲要、年度工作计划及工作总结；制订家长学校规章制度，落实考勤、考核、奖励等管理措施；安排并实施家长学校教学、培训工作以及教研活动；参与学校相关的教育、教学管理工作，宣传学校办学业绩；负责筹措合法的活动经费，并做到合理使用，定期公布，接受监督；受家长学校校务委员会委托，做好其他方面工作。

（二）成立家庭教育研究院

有效地开展家长学校的工作，关键是家庭教育研究。先有研究再有教学。2006年，为了更好地提升家庭教育水平，我校成立家庭教育研究院，除了外聘专家、组织教师积极开展家庭教育研究之外，我们还吸纳部分优秀家长进入家庭教育研究院，致力于家庭教育的研究，开展相关的交流、研讨，共同探讨学生的教育问题。以下是我们确定的研究纲要：家庭教育理论研究；原生家庭的影响与教养方式；夫妻关系是家庭教育的核心；家庭教养类型对孩子的影响；不同年龄段孩子的教养重点；家庭教育技能研究；父母效能与智慧父母；家庭教育管理的理论与实践；如何爱孩子才是真爱；亲子沟通的技巧；亲子教育中的情绪管理；家庭教育方法研究；青春期教育的基本内容与方法；如何培养孩子的自信心；如何应对暴脾气的孩子？如何激发孩子的责任心？如何教孩子学会时间管理？如何激发孩子的学习动力？如何培养孩子好的学习习惯？

专家、学校教师、家长围绕这些内容，积极地开展研究。这些研究主题，都是针对学生的具体情况展开的，研究的成果，也会直接用于家长学校的教学。目的非常明确，作用也非常具体。几年下来，家庭教育研究院取得了一系列的成果。单以学生家长这一个方面来说，就有多名家长撰写的论文获奖。学生家长董福春撰写的《为学生参与社会实践找一个操作点》的论文获瑞安市年度德育论文评比二等奖；何国万、陈珍来、陈成周、尤玉燕、林剑飞、林元镇、付剑英等七位家长撰写的有关家庭教育的七篇论文获"浙江省民办中小学教育论文评比"二、三等奖，为新纪元家长学校争了光，也为新纪元的全体家长争了光！

（三）制订家长学校的培训体系

家长学校针对家长的具体情况，采取灵活多样的培训形式，既有按部就班的知识讲座，如《未成年人保护法》《怎样教育孩子并完善沟通》《家长与学校如何配合》等；又有针对性强的专题辅导，如《孩子日常习惯培养》《一年级新生怎样适应学校的生活》《幼小衔接过程中家长应该注意什么》《家庭如何指导孩子学习》等；还有互动性的经验交流，如《孩子的明天取决于你我努力的今天》《为孩子撑起一片天》等。在培训过程中，我们向家长授课不拉花架子，不搞形式主义，做到脚踏实地，求真务实。根据大多数家长的实际情况，家长学校相对固定的培训主题见表4-1。

表4-1 培训主题

年　级	第一次	第二次	第三次	第四次
一年级	幼小衔接中家长应该注意的若干问题	学校文化理念专题	家校共导专题培训	心理健康知识辅导
二年级	决定孩子命运的12个习惯	学习型家庭环境的建立	和谐积极家庭氛围的构筑	亲子沟通
三年级	家长与学校的配合	素质教育培训	感恩教育	关爱学生心灵
四年级	孩子习惯的养成教育	家庭教育如何指导孩子学习	学习型家庭环境的建立	关注学生身心健康
五年级	青春期知识讲座	亲子关系专题	家校共导专题	家庭教育专题
六年级	理想前途教育专题	家长素质教育观培训	感恩教育	中小衔接专题讲座
七年级	学校文化理念专题	决定孩子命运的12个习惯	家长如何与学校配合	亲子沟通
八年级	青春期心理健康知识专题	感恩教育专题	家庭教育如何指导学生学习	学习型家庭环境的建立
九年级	中考心理辅导	家长素质教育观培训	中考总动员	感恩教育

这些专题，都是根据学生的实际情况制订的，而且也不是一成不变的，会根据学生的情况的变化不断调整的。但总的精神不变，这个不变的精神就是解决家长的具体问题，贴近家长的迫切需要，同时响应时代的需要。

（四）强化家长学校的管理

家长学校的管理，我们概括为四个落实和四个结合。

1. 四个落实

四个落实是指人员落实、内容落实、时间落实、考勤落实。

（1）所谓人员落实，就是家长学校的师资落实。我们聘请学校领导、教师和教育科研机构、大学的专家为家长学校兼职教师。这些教师基本上都是中小学高级教师，不仅有着颇高的学校管理能力和专业水平，而且有着丰富的教学经验和家教知识。这些教师还按计划地经常外出学习培训，每年至少一期参加上海新纪元教育集团举办的暑期高级研修班培训，学习包括家庭教育知识在内的现代学校教育、管理理论。这样，从师资力量上，保证了家长学校的教学工作。此外，学员落实。每一位学生家长，都被吸纳为家长学校的学员，接受培训。家长受教育普及率达100%。

（2）所谓内容落实，是指家长学校的教材落实、教学内容落实、教案落实。根据儿童生理、心理、身体发育的特点和思想性、知识性、趣味性、实践性统一的原则，结合我校实际，我们选用了中国青少年研究会副会长、《少年儿童研究》杂志编辑孙云晓教授编写的《教育从尊重开始》《捍卫儿童》《与孩子一起成长》《阳光法性教育》以及《儿童的人格形成及其培养》《积极家庭心理治疗》等教育书籍作为家长学校的主要教材。同时，还组织力量开发编写了校本教材《引导孩子走向成功》和教案、讲义以及其他培训材料。除此之外，各班主任还根据各阶段不同工作重点和班级实际，自编每次班级家长培训会的教材和教学内容。每次上课或家长学习会，教师都精心准备，从教学内容的确定，到教案的编写；从教学方法的选择，到问题的设计；都要经过反复思考、讨论、编写。在培训过程中，尽量考虑不同年级学生的年龄特点和家长的接受能力以及知识需求进行教学。由于讲课教师的精心准备，每一次家长学习会都是那么精彩、那么有效，家长们都收获颇丰、意犹未尽。家长纷纷表示，听了授课教师的讲座，不仅进一步加深了对学校的了解，懂得了不少家教知识，而且有的家长深有感触地说道："孩子选择了新纪元学校，就为孩子一生发展铺就了一条成功之路，更是我们家长的一份荣誉，一种自豪"。

（3）所谓时间落实，是指家长（学员）学习、培训的时间要落实到位。学校计划规定，每学年至少举办四期家长（学员）学习、培训会。其中，两次为全校性（或分年级组）学习、培训会，两次为班级家长（学员）学习、培训会。平时，根据工作需要，利用家长接送日不定期地、经常性地召开班级家长会。每学年保证8个课时以上的学习、培训时间。

（4）所谓考勤落实，每次培训会我们要求每位家长按时到会，并作严格的考勤与登记。这样，由于我们考勤制度健全，加上家长对我们的培训都产生了浓厚的兴趣，受益匪浅，极大地调动了广大家长的学习积极性，每次培训会都座无虚席，到课率高达98%。一个年度之内，受培训家长就达到8000多人次。

2. 四个结合

四个结合，是指我们在教学中做到的"学习与实践相结合，学习与活动相结合、学习与考试相结合、学习与研究相结合"。

（1）所谓学习与实践相结合，就是根据不同年龄段学生的需求，开展分层教学，并要求家长将理论学习与自己的家庭教育实践结合起来，运用自己培训会上所学的知识来指导学生的行为，每次培训之后，教师都要求家长完成拓展性实践指导作业。做到知行统一、学以致用。例如，我们每两周一次，利用休假日布置的德育作业，都是由家长配合指导完成的。我们在培训时，将学生德育作业的目的、意义及操作点讲明白后，家长们都非常乐意地指导自己孩子的行为实践。

（2）所谓学习与活动相结合，就是学习与学员参与学校民主管理、参与学校教育教学工作和各项重大活动相结合。我们在制订学校《规划》与《计划》和学校重大决策时，广泛征求家长的意见。平时还定期召开家委会会议，让家长听取学校各项工作汇报。每年度召开学校家委会全体成员会议，由家委会主任或秘书长代表本届家委会向大会做《工作报告》，回顾一年来的工作，肯定成绩，提出问题，确定今后的努力方向和工作思路。由于我们主动组织、吸纳广大家长、学员参与学校管理，广大家长也乐意跟我们交朋友，与我们交流意见。为了方便家长，解决家长随时遇到的难题，我们公开了校长热线电话，设立了校长信箱和家校电子信箱。公开了德育部、班主任及生活教师的电话，随时与家长沟通。对于家长的来访，我们总是热情接待，细心解答，作好记录，使家长高兴而来，满意而归。我们还利用"聊天信箱"和心理辅导室，接待不同年级的学生和家长的各种心理咨询。

对于学校组织的各项重大活动，学校家委会和广大家长总是热心支持、踊跃参加，为学校、班级献计献策、忙前忙后。例如，中考结束，当我校中考成绩名列全市榜首时，他们自发组织，忙着写贺词、挂横幅、做宣传、办晚会；运动会召开时，我们请他们做嘉宾、坐观礼台，他们为我们搭彩台、制贺联、放鸽子，为运动员加油鼓劲；文化美食节，他们为我们购食品、设摊点、做广告，每学年举办的家长开放日，家长进课堂听课，与学生同学习、同活动。

在学校的28年发展历程中，家长与我们一路并肩走来，逐步形成了"风雨同舟、荣辱与共、肝胆相照、真诚合作"的家校关系，他们既是我们学校的家长，也是家长学校的学员，更是我们的上帝和朋友。

为了进一步调动家长的积极性，充分利用好这一社区资源，我校从2000年开始，每年举行一次"优秀家长"和"终身名誉"家长表彰大会。

（3）所谓学习与考试相结合。为了更好地了解家长学校教学效果，我们除了及时向家长调查教学情况、定期考核外，还开展考试与知识竞赛，有一次我们举行了"家教知识"考试，平均成绩高达91.90分，全部合格。

总之，在家长学校的教学工作中，我们扎实地推进具有新纪元特色的"四个落实""四个结合"的教学模式，取得了极佳的教学效果，硕果累累，受到了学员们的普遍赞扬。平时，我们也非常注重挖掘家长中成功的家教典型事例，举办家教经验交流会，让家长现身说法，因此，家长学校为家长们提供了相互切磋、相互借鉴的平台。

家长与学校应该是最重要的利益同盟。家校一心，其利断金。如何建立家校利益同盟，我觉得尚需要继续探索。应该说，现在这种探索还停留在一般积极与家长联络沟通的层次上，好一点的话，发展到积极接受家长的监督与评价。我认为，建立家校利益同盟，应该坚持开放办学，引入家长进入学校，全面参与学校的办学、管理与评价。这是从办学资源的角度重新认识家长这一群体后的认识成果。家长是学校最重要的办学资源之一，这一种办学资源的特殊性在于，他们既是我们的服务对象，又是我们办学的支持系统。家长的双重角色决定了家长群体在办学中的重要意义，也决定了学校处理与家长的关系的复杂性和艰难性。

第 五 章

生源优化是办好学校的必经之路

　　学校最不可或缺的三个要素分别是教师、学生、课程。一个地方，只要有这三个要素，我们就可以称为学校。一个地方，这三个要素中缺了其中任何一个，就称不上学校。这三个要素都好，就可以称为一个好学校，只要其中任何一个要素质量不高，就称不上是一所好学校。

　　这三个要素，既是学校办得好与不好的证明，又是办好学校的资源。其中生源，则是其中一个最为特殊的资源要素。学生既是学校的服务对象，又是学校的办学资源。在实践中，我们发现，生源好的学校，越办越好；生源不太好的学校，很难办好。这里面确实有好材料好打造精品的原因，但也还有好生源创造成才环境的原因。

　　在学校，生生之间是相互影响的，这种影响有的时候甚至比师生间的影响还大。比方说，好的学校学生上进心强。学生的上进心，一是家庭教育的成果，二是教师教育的成果，但是，学生之间的相互影响具有特殊的效果。一个普通的学生，在一群上进心非常强的群体中，也会变得越来越有上进心。一个很有上进心的学生，在一群上进心不强的群体中，可能就会变得越来越没有上进心。学生在学校里，不但从教师那儿获得知识、见识、价值观和气质，同时也从同伴那儿获得知识、见识、价值观和气质。这就是生源也是办学资源的含义。

　　生源对办好一所学校的重要性不言而喻。有了好的生源，学校的许多事情就好做得多了。问题是好的生源是如何来的？任何学校都有一个从初办到发展，再到高峰的过程。刚开始的时候，生源不可能好到哪里去。这个从生源一般到生源很好是怎么改变的？这才是我们每一所学校都应该关注的。

一、先有教学质量后有生源优化

几乎所有的民办学校都会面临招生压力。民办学校的招生压力一个方面来自政策，包括报考的前设条件、报考的程序、民办学校学生的出口限制等，另一个压力就是民办学校是收费的，而公办学校是免费的，即使是高中学校，也是按成本收费的。所有民办学校的招生工作，都必须向家长和学生回答一个十分棘手的问题：我们为什么要到一个收费比公办学校高十几倍、几十倍的学校来读书？

唯一可能被家长和学生接受的答案是：这是一个质量更高的学校。于是，招生工作的本质性内容，其实是一个在短期内如何显现高质量，至少，要显现高质量的可能。

1. 生源优化的四个含义

所谓生源优化，其实是指四个方面的含义。

（1）有足够数量的学生报名。这是生源优化的基础，我们称为报名基数。生源优化，是指招收到优秀学生，但优秀学生是一个比例性质的概念。有关统计表明，最优秀的学生，在人群中占比不到十分之一，次优秀的学生，在人群中占比则不到十分之三至十分之四。所谓生源优化，就是能招到适龄对象五分之二的学生。从录取率来讲，就是三个报名者中间，我们选录到其中一名优秀学生，才能称得上是生源优化。毫无疑问，这个生源优化的第一步，就是要尽可能动员更多的学生来报名。也就是说，如果我们的招生名额是500人，最少要有1500名学生报名。

（2）在所有来报名的学生中，最终我们要能挑选出前三分之一甚至四分之一、五分之一的优秀学生，并最终入学就读。简明地说，优秀学生在数量上要尽可能多。

（3）我们招收的学生中，应该包含一定对象人群中最优秀的学生。换一句话说，特定对象人群中最优秀的学生应该来校就读，这才称得上是生源优化了。前面第二点是讲进入一定层次的优秀学生在数量上要多，这一点是讲在这些优秀学生中，最高层次的学生也来校就读。比方说，我们在一定区域里，将前1000名的学生招来了400人，但前100名的学生一个也没有，这个生源优化的含金量就大打折扣。只有我们不但招来了400人，前100的学生中，我们也招到了50人以上，这个生源的含金量就会大大提升。

（4）对许多办学特色比较鲜明的学校来说，其生源优化的含义还包括一个招到一定数量和质量的适合其办学特色的特色学生。例如，体育特色学校招来的学生中，有些人的文化成绩看上去并不是特别突出，但是在体育特长方面非常突出，确实具有很大的竞争力。这样的生源也是好的生源。

在本书中，我们所谓生源优化，包含了以上四个方面的意思。

2. 办学质量预期对招生的影响

办学初期，往往是一所学校最困难的时期。这个时期可以说要什么没什么，如何赢得家长和学生的信任，大部分民办学校，就是死在创校初期这一段时间。有些学校通过种种努力，没有彻底关门，但这个时期由于生源问题给学校造成的一些损害，需要很多年的艰苦努力才能消化掉。

照我看来，新办学校要想优化生源，关键在于为家长和学生提供一种称为教学质量预期的东西。

什么叫作教学质量预期呢？简单地说，就是让家长和学生对学校的教学质量充满信心。问题是最后的结果尚未出来，学校怎么证明自己的教学质量？怎么能让家长和学生对学校的教学质量有信心呢？

实际上，教学质量具体体现在学生的考试分数上，但这个分数取决于哪些要素？一是教师，二是学生群体，三是学校的管理。现在学生的考试成绩分数还没有出来，但决定学生的考试成绩的这三个要素，却先于学生的考试成绩而存在。甚至学校还没有开学，但这三个要素却可能已经存在。因此，所谓让家长和学生对学校的教学质量有信心的问题，就是一个证明学校的师资是最强的、学校的学生群体是最优的、学校的管理是最严的事情。而这三件事，即使在创校初期也是可以证明的。

例如，在师资方面，创校初期，应该将区域内知名的教师，尽可能多地引入学校。最好是各个学科都有名师，至少主要学科、考试学科一定要有。在这方面，应该不惜代价。如果实在做不到，则要将当地的名师以工作引进的方式，为我所用。

又如，学生群体的优化。学校刚创办的时候，一定要控制招生名额，决不滥竽充数。少而精，是学校在刚开始招生时招生方面的基本原则。

最能够大做文章的是学校的管理。一是校长的宣传。一个学校管理将会怎样，可以从校长的履历中看得出来，应该大力宣传校长过去在管理岗位上的成就。二是可以借用集团的力量。现在许多学校都有集团化办学的背景，应该大力宣传集团在教学质量方面的优势。三是可以以联合办学的名义，借用知名教育品牌，如以大学附属学校的名义，增加家长和学生对学校的信任。

3. 学科品牌的建立

学生招来了，应该迅速兑现招生时对家长和学生的教学质量承诺。如果不能迅速兑现质量承诺，招来的学生就可能会流失。

教学质量的显现是有一个过程的，因为教学不太可能短期见效。怎样才能最大限度地显现学校的教学质量，在时间上又相对不那么漫长呢？我们的经验的是抓学科品牌的建立。

教学质量是一个整体的概念，是学生各科成绩、各方面的全面成长，这确实是需要时间的，而且对教师队伍的整体水平要求也极高。但是，我们暂时不能全面显现各门学科、各方面的教学质量，但我们能不能显现某一门学科，或某几门学科的教学质量呢？

（1）充分发挥核心教师的作用。我们在短期内全面建设好一支过硬的教师队伍确实有些困难，但我们在一定时期内集中经营好某一门学科、某几门学科的教师团队，则是很有可能的。

这里的关键是某一门学科、某几门学科要有核心教师。核心教师是激发学科团队力量的发动机。有了非常好的核心教师，一支本来平凡的团队突然就有了亮点，有了聚焦点，原本分散的不同的教师，就突然被赋予了周密设计、分散布局的意义，就有了相互配合的意义，就有了整体的优势。

即使对核心教师，我们也不一定要求其各方面的能力都是一流的。在办学校初期，为了尽快地显现学科品牌，我们可以抓核心教师的某一个方面，来突显教学质量。例如，某语文教师在写作教学方面有一定的造诣，我们可以让这位语文教师在短期内集中辅导学生，通过对学生优秀作品的展示呈现出我们的教学质量。又如，某数学老师在编制考试试卷方面有丰富的经验，我们可以安排这位数学教师连续编制高质量的系列模拟试卷，在短时间内产生一定的影响。

（2）积极参加各类竞赛。一般来说，在中考、高考中取得高上线率这样的教学质量证明需要一定的时间，但是各类竞赛却随时都有。实际上，不管是家长还是各级各类学校的招生，都非常看重竞赛成绩。学校可以迅速组建各类竞赛集训小组，组织尽可能多的学生参赛。在这个过程中，如果师资力量不够，经验不足，可以外聘专家参与。

（3）申请课题或课题基地学校。相对参加中考、高考这样的活动来证明教学质量，申请课程或课题研究的基地学校，则要容易得多，时间也会宽松得多。但是，一旦某学科或学科教学的某个方面，申请到一定层次的课题或基地学校，则对家长和学生是一种暗示，我们学校在这一个方面，在一定区域内具有优势。同时，也是学校当局的一种表态，我们将在这一个学科或教学的这一方面给予重点支持。

以上这些措施，都是学校建立学科品牌的有效办法。在办学初期，学校要向家长和学生证明学校的教学质量，可以采取的措施有限，以上措施，既能向家长和学生传达对教学质量的信心，又能在实践中促进教师专业水平的提高，是一举两得的事情。

总之，在办学初期，学校应该动员一切可以动员的资源和力量，尽快地显现出学校抓质量的决心，尽快地显现学校有提高教学质量的实力，这往往是下一轮招生中最有效果的宣传焦点。同时，学校在实践中做的这些工作，也会成为家长的口碑，会有一传十、十传百的效果。

当然，等到有一天，学校的这些工作，确实证明了学校的教学质量是一流的，到时，学校的招生工作就会顺畅得多。需要特别说明的是，抓教学质量，并不仅仅是为了招生，抓质量是学校工作的基础，是学校工作的中心。但是在办学初期，学校迫切需要解决生源问题，但学校又尚未具备显现教学质量成果的可能，在这种特殊历史条件下，学校可以把抓教学质量所采取的一些手段和一些措施大力宣传，向家长和学生直接呈现，以增加教师的责任感以及家长和学生的信心。实际上，这本身也是抓教学质量的有效办法。

二、招生工作的规程

招生工作是有程序的。这个程序的基本依据不是别的，就是家长和学生接受一所学校的心理过程。

第一，家长和学生接受一所学校是有一个心理过程的，不是一下子就接受的，不是一次就可以接受的，是有一个长期了解、慢慢接受的过程。招生工作不求快，但求实。

第二，学校招生工作，要着眼于推进家长和学生这个心理过程的发生、发展、突破和结果。招生工作不可企图越过某一阶段。

在招生工作中，实际存在着两条线：一条是学生接受一所学校的过程，另一条是学校根据家长的心理反应逐步推进的过程。两条线大致对应关系见表5-1。

表5-1　招生工作中家长、学校大致对应表

对象群体	第一步	第二步	第三步	第四步	第五步
家长	知晓学校	探寻价值	价值比较	意向达成	持续观察
学校	信息发布	价值证明	价值坚守	意向确认	后续联系

为孩子选择一所学校，不仅仅是一个付费行为，还是为孩子选择人生道路和人生发展的大事。对于一个家庭而言，对于父母而言，没有比这更重要的事情了。从知晓一所学校，到最后选定这所学校，几乎没有例外，都要有这么五步。这个过程不可省略。

1. 知晓学校—信息发布

这是第一步。其目的是要让家长知道有我们这一所学校的存在，我们要做的工作就是发布信息。说起来简单明白，但实际过程却非常复杂。一般来说，在一个相对小的区域里，一所新的学校诞生，还比较容易让人们都知道。但相对比较大的区域，一所新学校的诞生，则很难引起大的消息传播。让人们知道有这所学校存在，则是一个非常困难的事。在当前这样的信息海洋里，凭什么你的一则信息发布会让这么多的家长关注到？而且不仅关注到，还要让家长对你产生好感？把你纳入他们的选择范围？甚至动心来具体考察？

学校的招生工作在这一步的关键是要打动家长。这一步对家长来说是感性的。因为在信息海洋里，家长只能凭感性关注到某一信息，他们还没有决定是不是来考察你们这所学校，家长只看是不是有一个点打动他们。学校的招生工作要能捕捉到足以打动家长的点，这是一件十分有艺术性、高感性、高设计性的事。

但是不管是哪种情况，学校以什么方式让人们知道，都比最终是否让人们知道更重要。是否最终让人们知道你这所学校的存在，这是一个投入大小的问题，学校你以什么方式让人们知晓你，则会决定后面人们是否对学校有好感。

对于招生工作而言，获得人们的好感，远比知晓学校的存在更重要。虽说获得人们的好感是以人们知晓学校的存在为前提的，但是如果学校让人们知晓的多是负面信息，使人们对学校的好感荡然无存，则让人们知晓学校的存在的价值则等于零，知晓也就变得毫无意义。

学校的招生工作，必须确保站在家长的角度考虑。考虑的点有两点：一是怎样的信息会引起家长的注意，一是怎样的角度会引起家长的好感。

在家长选择余地不大的情况下，任一学校开办的信息，也许家长都会关心一下，但在家长选择余地比较大的情况下，或者同类信息量大的情况下，家长对有关信息的关心是有选择的。家长只会关注他们想关心的信息。那么，家长想关心什么类型的信息呢？这就是一所新开办的学校或一所尚未得到人们普遍关心的学校在发布有关信息时要充分考虑的。

需要特别指出的是，一般学校在发布与学校有关信息的时候，总是从学校的角度来呈现一些情况，如课程、师资、办学理念等，但这样的信息实际效果并不好。

第一个原因，这些都是专业的表述，家长如果不是长期研究，其实是听不懂的。家长能听得懂你说的每一句话，但他们不知道你说的意味着什么，因为家长没有帮助他们理解这些话的具体含义的参照系。例如，你介绍你们学校开了20门选修课，这是多还是少？多是多到什么程度？家长猜你大概是说你们学校选修课程丰富，但这么丰富的课程对孩子到底有什么帮助？有多大的帮助？其他学校是不是也有这么丰富的课程？又如，学校实行分层走班上课。实际上，分层走班这完全是一个行内人士用的表达，家长其实是不懂这到底指什么，更不知道这对他们的孩子今后来这里上课有什么好处，或者知道有好处，但好到什么程度？他们没有一个可以衡量的标准。这些表述对家长是不是选择你们学校其实并没有很大的作用。

第二个原因，家长为孩子选学校，总是先凭观感和基本条件确定一个大致的范围，然后在这个范围内开始进行比较，这个时候，家长开始比较哪所学校在他们的教育需求方面价值最大化，这个时候，也只有在这个时候，他们才会考虑这些具体的问题。这正如人们在买房的时候，先看楼盘的地段、档次、价格这些硬条件，然后才会具体比较几个楼盘的细节，交通便利程度、周围商业便利程度、房型设计、朝向、门厅、装修等方面，在刚开始收纳看房范围的时候，家长暂时还来不及考虑这么细的东西。这个时候，房市中介向家长具体介绍这些细节，他们是不耐烦听的。

向外界发布学校的信息，还有一个表述角度的问题。所谓表述角度，也可以说是表述人称的问题。一般学校都是用第一人称表述，给家长的真正信息，即从家长角度接收到的信息是：我向你们发布的关于我的信息。这种表述角度，可接受程度不高。但是如果换成第三人称，那么给家长的真正信息，即从家长角度接收到的信息则是：跟我一样的人，与我共享的一则消息。这样的表述角度，受家长关注的程度明显要比前者高。

2. 探询价值—价值证明

这是第二步，家长凭一个感性的点走近（走进）这所学校，这个时候他们开始仔细察看这所学校有什么东西，看看这所学校到底能满足他们哪个方面的教育需求，对他们有没有可选择的价值。这个时候，家长是非常理性的，这个时候任何虚的、艺术化的东西都打动不了他们。他们要的是证明，是事实。

在第一步的时候，学校要有艺术性，要尽可能地创造一些高感性的、直觉的东西来呈现给家长，但是在第二步的时候，要接地气，要重事实，要务实。第一步是以情动人，姿态尽可能放低，抓住一点打动家长即可，但第二步要专业化，要系统化。第一步重在点上的彻底和具体，第二步重在全面和体系。

每一个走进一所学校的家长，都是带着他们自己的价值标准，他们走进学校来探校，其目的其实是看这所学校是不是有他们想要的东西。这是整个招生工作遇到的最大挑战。这个挑战有三点：一是学校不可能满足所有家长的教育需求；二是相当多情况下，家长的教育需求，有一些是不合理的，甚至是不符合教育规律的；三是即使并非不合理的需求，也有一个是否与学校的办学理念和特色相符的问题。

解决这个挑战的办法只有一个，就是要赋予家长新的教育需求，即给他一个新的，与这所学校的办学理念、办学特色一致的教育价值观。我把这个过程称为创造价值。

这一步走得好，有一个标志：家长带着个人的、非专业的、不一定是先进的教育价值观走进你的学校，然后带着一个新的教育价值观、一个新的教育需求离开学校。这对于学校的招生工作而言，就已经成功了一半。成功的招生工作有一个规律，谁赋予了家长新的教育价值观，谁赋予了家长新的教育需求，家长就相信谁；谁赋予了家长以坚定的教育价值观，谁赋予了家长以牢固的教育需求，谁就能真正拥有家长。

毫无疑问，这里的关键是，你们学校有坚定的教育信念吗？你们学校能赋予他们的孩子某种鲜明的价值吗？你们学校是否有能力实现所提出的教育价值？这就需要实践证明。

证明的第一步，是系统阐释。其含义是：我自己想清楚了。它给家长的信息是：我这样做是有依据的，是我长期思考的结果。

证明的第二步，是做好的准备。其含义是：我真打算这样做。它给家长的信息是：我已经开始这样做了。你们来我们学校或者不来，我都准备这样做。

证明的第三步，是已经具备了基础。其含义是：我肯定能做成功。它给家长的信息是：我要实现我的价值追求，当然是不容易的，但我的成本已经投入，已是不可逆转。

证明的第四步，是在学生身上的体现。其含义是：我已经取得初步的成功。它给家长的信息是：如果你来我们学校，你的孩子也会这样；如果不来，你的孩子则可能失去一次也许是唯一的一次机会。

以上四步，如果都做到了，家长获得了价值探询的满意的答案。学校的招生工作第二步就算成功了。

各式各样的家长带着他们的各式各样的教育需求来学校，然后你把它们整成跟你的学校相一致的教育需求，这个环节就成功了。

3. 价值比较—价值坚守

走好了第二步，就认为招生工作结束，就大错特错了。第二步的成功，只是让家长获得了对学校的价值类型的认可。但是，任何消费都不仅仅找对消费品，还有一个此次消费值不值的考量。花同样的钱，付出同样的代价，尽可能地获得更大的价值实现，这是所有消费者的共同心理。学校的招生工作，必须要完全接受这种价值比较，并给予完美应对，否则将功亏一篑。价值比较，离最后的消费确认只有一步之遥。应该说，这是关键时刻。许多学校的招生行为，就失败在这临门一脚。

这个时候家长普遍开始挑剔。如果说第二步，家长的整个心态是理解，他们的心门是打开的，那么这一步，家长整个心态是挑剔。看上去，家长的心门好像要关上了，但是实际上，这是一种"嫌货人通常就是买货的人"的现象。

所谓挑剔，有两个心理在起作用：一是"我这个决定是不是真正正确的"即心虚，二是"在最后时刻再争取更大的赚头"的心贪。

任何消费者在基本已经下定决心的时候，都会有一个心虚的回光返照。越是重大的消费行为，这种心虚来得越厉害，越是离最后的决定更近，这种心虚越真实。学校招生工作要做的，不是反驳这种心虚，更不是指责这种挑剔，甚至也不是去证明家长所挑的刺是不正确的。学校招生人员要做的是：共情。对家长的心虚表示完全接受和理解。

这个时候，家长全部重新回到感性状态，甚至情绪状态。这个时候，是家长（当然也是所有消费者）在消费过程中最感性的阶段，情绪化最严重的阶段。学校招生人员的任务其实就是情绪抚慰，而不是理性解释。许多学校的招生人员，在这一个环节错误地解读了家长的心理状态，而企图以理服人，这就是他们最终功亏一篑的原因。

而对于"在最后时刻再争取更大的赚头"的心贪，招生工作的应对策略则相反，不能共情。所谓心贪，具体表现就是对学校提出一些超出学校职责的要求。例如，有的家长认为学校的学费与其他民办学校相比太贵了，要求收费上能优惠些；有的家长因孩子太娇惯，要求学校给孩子配专门的生活教师，家长出工资；有的家长要求学校最好一个礼拜带孩子去吃一顿肯德基；有的家长要求学校每一天都要向家长汇报一次孩子在学校的情况；有的家长要求给孩子教室和宿舍都安装摄像头，以方便家长随时观察和监督；等等。我们要清晰地知道，第一，这并不一定是家长真实的需求，这只是他心贪的情绪反应；第二，这并不具有不达目的就放弃的意义。这和第二步不一样，第二步的意义是：如果不能满足我的教育需求，我就另选他人。第三步的意义是：我想要选择你了，但我还想要更多。

第三步，学校招生工作成功的关键是情绪的稳定和意志的坚定。但这个环节，操作的精细和专业无比重要。具体的操作技巧，将在下一节细讲。

4. 意向达成—意向确认

很多招生人员都期待家长的表态。实际上在招生过程中，很少有这样一个表态。从来都没有一个家长说：请你们注意，我已经决定来你们学校，请你们知晓。这个第四步最重要的一个事情是：你必须设计一个行为方式，这种客观的行为方式来代替家长传达信息：我决定来你们学校。

请注意，是设计一个行为方式，而不是设计一个言语方式。这正如在商场我们在要做决定的时候，售货员问"你要不要？"我们常会说："再看看。"实际上就是拒绝了。其实你如果不问我，也许我还不会这么快拒绝，但你问我了，我就必须表态。而一旦表态，就不能反悔。所以人们对于自己已表态的事都会本能地回避。在招生工作中，要避免直接用言语问家长：你决定了吗？你来我们学校吗？

确认意向，要尽可能设计"行为性"的方式。因为行为并不代表决定，也不代表承诺，只代表"我准备做什么""我做过什么"，家长对此没有心理负担。

这些行为，其实是一种代表，这代表家长已经开始办理在这所学校就读必须要完成的一些手续，代表他们的孩子已经进入固定轨道。走完这个程序的家长，会有都已经办理手续了的心理。这无疑会帮助家长最后做决定。就如同已经进入轨道的列车，只有往前走这一个选择。

这一步有一个关键是发现购买信号。这个信号一旦出现，就意味着家长前面三步都已经走完，倾向已经明确。这个时候，学校招生人员要及时推进上文所说的行为方式的出现。需要强调的是，在这个购买信号尚未出现之时，推进行为方式会吓走家长，在这个购买信号出现之后，迟迟没有行为方式的推进，则会拖跑家长。毫无疑问，信号确认的时机十分重要。

第一个信号：家长的心理状态从第三步的感性状态、情绪状态下恢复正常。这是一个重要的信号，意味着家长挑剔完毕，他可以以理性的状态来重新审视学校是否能满足他们的教育需求。

第二个信号：不同家长之间开始私下商量。决策人开始浮现，一个家庭里总是有决策人的。有意思的是，对孩子就读学校的选择，决策人往往是母亲。这个母亲在刚开始的时候，并不一定在前台，她可能更多的是观察、思考。但准备确认择校的时候，她开始走到前台。决策人走到前台，则意味着这个家庭准备做决定了。

第三个信号：开始正面询问一些具体事宜。例如，接送时间、报到时间、教材版本、是否允许学生带手机等。这些事宜都有一个特点，它们相对选择或不选择来该校读书其实并不重要，至少不是最重要的事情。这种情况的出现意味着：重要的事宜都已经讨论过了，而且都通过了。这就是一个要做决定的信号。

第四个信号：开始为前面从没有讨论到的事情出现情感反应。例如，突然意识到我们要为孩子选择寄宿了，孩子将离开父母来上学了，于是有些不舍。这意味着家长已经决定来该校就读，家长的情感已经真实地进入了"就这样决定了"的状态。这里的关键是"前面没有讨论到的事情"。

5. 持续观察—后续联系

在与家长确认过意向后，离到校交费报到其实还有一个时间间隔。这段时间对家长来说实际上还是一个观察时期。在确认过意向后又改变意向的家长也有很多。所以意向确认并不意味着学校的招生工作的结束。学校应该持续与家长保持联系。一是感情的联系。二是从现在到报到入学期间的具体事宜进行沟通和说明。三是用实际行动证明我们在介绍学校的时候所承诺的服务是到位的。学校可以安排一些亲子活动邀请家长和学生一起参加，可以布置假期作业要求学生完成，可以举办一些趣味竞赛，也可以组织家庭教育培训等，切勿一别再无消息。

需要注意的是，后续联系就不应再谈学校招生的情况，而是与家长沟通教育问题，孩子的学习问题，孩子入学的准备等。

三、招生一对一谈话技巧

现在民办学校招生时，通常都会有一对一的谈话。这个谈话非常重要，对校方谈话人的要求也非常高。其中最重要的，是谈话技巧。

一般来说，招生一对一谈话包括以下七步：

（1）开场。

（2）询问孩子的情况。

（3）确认家长需求。

（4）学校情况介绍。

（5）处理反对意见。

（6）确认意向。

（7）告别。

1. 开场的技巧

开场的原则有两点：一是简短，二是亲切。

第一步，先做简短的自我介绍。一句话即可，介绍自己在学校的身份，如

"我是招生办的朱老师"或者"我是三年级的语文老师"等。你的身份决定了你向家长提供的信息的可信度和权威度，同时也更容易与家长找到共同的话题。

第二步，可以寒暄一两句，可以询问一下来学校的交通方式，比如"开车过来的吗？""公交今天还比较方便。"

第三步，请家长做一个登记。登记表要简单，除了必要的信息，其他尽可以留空。如果家长不愿意填表，也不要勉强。

第四步，打开笔记本，做好记录谈话内容的准备。这是很正规的招生常规。来访都必须记录。也可以在家长登记好的表格上做记录。

2. 询问孩子的情况的技巧

与家长一对一的谈话，当然要从孩子的情况聊起，这是非常自然的。例如：

（1）一般从问孩子几年级了开始。

（2）不要问孩子成绩怎么样，班上第几名。

（3）可以问"孩子最喜欢哪一个学科"，可以问"孩子喜欢体育吗？"之类。总之是了解孩子个性、特长的问题都可以，但问排名之类的不合适。

（4）如果孩子一起参加谈话，这一部分直接问孩子比较好。

（5）这一部分谈话的实质是探询家长的教育需求。目的是有针对性地进行下一步，即介绍学校基本情况。所以这一部分的谈话应该是引导式的，引导到方便自己有针对性地介绍学校的优势项目。例如，如果学校的外语教学力量强，则问孩子或家长喜欢外语吗？如果回答是喜欢，则可以推介我们学校外语学科是最强的，肯定可以帮助你成为外语学霸；如果回答是不喜欢，外语成绩不好，则可以安慰家长或孩子，我们学校外语学科是最强的，他们老师都有经验，肯定可以让你的孩子喜欢上外语。

（6）招生人员应该准备若干套针对不同家长的话题表单，每个表单针对一类家长，主攻一个话题，这一个话题，指向学校的一个优势项目。在实际运用中，招生人员可以综合使用若干张表单完成谈话。

（7）多问开放式问题。只能让家长回答"是"或"不是"、是A还是B的问题，叫封闭式问题，问"孩子有什么特长"这样并没有规定回答范围的问题叫开放式问题。开放式问题，可以获得孩子的许多信息，也可以获得关于家长的许多信息。

（8）当家长谈兴很浓的时候，招生人员要注意倾听。如果家长重复诉说某些信息，可以以确认的方式提醒对方，如"您的意思是孩子非常喜欢语文这门学科，是吗？"家长确认过了，一般不会再重复说。

3. 确认家长的教育需求的技巧

在第二个环节，即与家长看似聊天的过程中，你应该了解了孩子的一般情况，以及家长的一些想法。对于这些情况、想法，你都要统一到"家长的教育需求"这个主题下进行归纳。这个时候，你可以适时做出总结。

（1）你可以使用以下话术将话题引导到第三个环节：××妈妈，我们聊了好多，您看我的理解是不是准确。第一，咱们孩子今年三年级了，成绩在班上是不错的。您和孩子他爸爸平时都比较忙，学业上管不了他多少，所以他的学习习惯不是很好。第二，您希望他来寄宿，但孩子独立生活的能力不是很强，您担心他在学校吃饭、睡觉这些问题。第三，孩子平时由外公外婆带，有些溺爱，怕在学校受委屈……大致上是这些吧。

（2）确认家长的教育需求，目的有两个：一是向家长表示我非常重视你提出的问题，非常重视孩子的具体情况；二是有针对性地导入第四个环节，即学校情况介绍。一般来说，家长对学校的基本情况介绍并没有多大的兴趣，但你针对孩子的情况，针对家长的需求来谈学校的情况，家长就会产生兴趣，他们的印象会更深刻，对学校的信任感会增加。

4. 介绍学校的情况的技巧

在第三个环节中，你在确认家长的教育需求的过程中，家长可能还要补充，招生人员直接补充上去即可，不必打断家长，也不必指出家长补充的那一条其实已经包含在你讲的第三点里了。不必这样纠正。这种纠正有害无益。

（1）与家长的谈话，不需要全面系统介绍学校的情况。你只需要针对家长的需求来介绍。例如上面的那位家长，你归纳他的教育需求在于三个方面，那介绍学校的情况时就针对这三个方面，先谈学校的寄宿制管理，突出介绍学生作息时间、作业布置与辅导的制度、早自习、晚自习的管理等对培养孩子学习习惯有关的制度、安排和要求。然后针对家长担心孩子生活上的问题，重点介绍学校的生活教师的安排、食堂就餐管理、就寝管理等。针对家长担心孩子在学校受委屈，可以介绍学校的学生管理制度、班主任的配备、学校的心理教育系统、课外活动的丰富程度等。

（2）归纳家长的教育需求，这需要很高的概括能力；针对家长的教育需求来介绍学校的情况，这需要很强的应变能力。归纳家长的教育需求，要有基本模式，大致可以将家长分为几类，每一类大致会有哪些教育需求，这是提高概括能力的法子。有针对性地介绍学校的情况，一要对学校各方面的情况非常了解，二要能及时对得上需求和情况，不要出现概括需求是甲，介绍学校情况是乙，对不上，就不会有效果了。

（3）如果家长对学校的某些方面的情况想更具体地了解，而时间又不允许你全面介绍，可以采用两种办法，一是只列提纲，比方说我们学校在这方面有几个措施，但不展开。二是只举例子，可以说这方面的事例有很多，今天没有时间具体介绍，我只举一个例子……

（4）学校其他方面的基本情况，可以准备好资料册，直接发放给家长。同时向家长推送微信公众号、学校网址等信息。

5. 处理反对意见的技巧

当家长有了基本意向后，会进入挑剔状态。这个时候，会对学校招生人员介绍的一些学校情况提出不同意见。这是最考验招生人员的应对技巧的时候。

（1）首先，也是最重要的，不能反驳，即使家长的一些想法和判断是错误的。除非是家长没有理解清楚你所陈述的事实，其他观念上和判断上的话，都不要反驳。

（2）当然也不能什么反应都没有。你可以开始记录，这是一种非常好的应对技巧。第一，表示你对家长的意见的重视；第二，给自己留一个思考的时间；第三，等一会儿应对家长的时候，这个记录也许会用得上。

（3）千万不要家长说一条回应一条，这是最被动的做法。在记录完家长的意见后，可以确认家长的意思后，询问家长：您还有其他意见吗？如果家长还有，则请家长继续说，如果说没有了，你就可以回应了。回应结束后，一般家长因为前面你问过他"还有吗"，他没有回应说是"还有"，那也就不好意思再说了。这样可以有效地结束这种挑剔场面。

（4）当确认了家长的所有反对意见后，这个时候可以进入应答状态，这也是最关键的时候。最关键的技巧是不能一一回答，而应该整体回应。所谓整体回应，包括以下几种方式：①从正面说，不从反面说。从正面陈述事实，或阐释学校的理念或制度，但不反驳家长，更不要表态，"我不同意你的这种说法"，这样的话应该禁止。②多从理论上阐释。实际上从理论上回应，就是找到了一个比家长的意见站位更高、视野更广的层次，这样家长更容易接受，家长再逐一反驳的可能性比较小。③可以用成功的例子来代替你要阐明的道理。这个例子可能涉及家长说的好几个问题。④有的时候，可以总结代替回答。你可以说家长您一共讲了几个方面的问题。这几个方面的问题其实都体现了一个思想。这个思想是什么，然后再肯定这个思想。从思想上肯定家长的意见，但不在具体问题上直接回应。⑤回避不了的意见，可以以国家政策为理由来回应。例如，有的家长认为中小学这么重视外语的学习是必要的，我们可以回答：外语课是国家的课程计划规定的，全国所有的学生都要学的。又如，有的家长认为，每个月都必须考一次，并且向家长通报考试成绩排队的情况。我们可以回应：教育局关于考试次数和是否可以公布，是有具体规定的。我们肯定是要执行教育局的规定的。

（5）当然，在更多的时候，家长其实也没有什么经过思考后的想法和要求，他可能就是有一些情绪。这种情绪化的反对意见，则需要在恰当时机表示共情，表示理解。例如，有家长提出，你们学校是一个寄宿制学校，这么小的孩子，就让他离开父母来寄宿，太残忍了，对孩子伤害太大了。实际上，家长并没有研究过寄宿制的利弊，也没有真的体验过孩子的寄宿生活，其实是一种情感体验。这个时候，不要急于反驳，可以稍等一会儿后，回应完全理解家长的这种感受。孩子这么小来寄宿，确实会想父母的。不过寄宿生活也的确更有利于培养孩子的独立生活能力和责任意识、规则意识，而这些在家庭教育里是很难培养出来的。

在招生过程中，遇到家长的不同意见，对学校的一些制度、规定、办法提出不满，或者有一些负面的情绪，这是不可避免的。关键是我们"处理反对意见"的技巧要到位。简单地说，就是，一不反驳，二接纳情绪，三正面说，四话不在多。这才是专业的应对。

6. 确认意向的技巧

一对一谈话时，学校招生人员必须有一个强烈的意图，那就是这一次谈话，应该朝着有一个结果走，不能有谈完结束走人的心理。虽然我们不能强求家长，但是与家长的谈话，却应该有这个达成意向的意识。

一旦确认家长出现购买信号，则可以进入确认入学意向的环节。

（1）确认入学意向这个环节的关键，是对购买信号的判断要准确无误，而且是及时推进到这个环节。太早、太迟都不利于有效达成意向。

（2）确认入学意向，这个确认的方式，尽量使用行为而不直接用语言询问家长。例如：填一个表；预交订金；注册；参加适应性活动；与校长见面；预分班；选择班主任；填写校车需求；等等。

（3）推进这个行为的时候，要直接采用封闭性的提问或提议性的提问，例如："我们是不是可先预交订金？这样可以保证不会出现录取上的意外。"或者"我们先填表吧。"

（4）当家长做完这些行为之后，要及时告知后续事宜。例如：填写完表格后，可以告知家长在两个星期内他们会收到教育局正式发放的录取通知书；预交订金后，告知家长来学校正式报到的时候，要携带着交款收据抵充学费的一部分；预分班后，请在开学前两个星期上校园网查看孩子这个班的班主任情况介绍。

（5）当确认意向的行为结束时，招生人员不要再向家长谈及任何关于学校、关于入学的新的信息。这个时候招生人员任何一个新的信息，都可以让家长突然产生新的念头。招生人员可以礼貌地表示，还有家长需要我接待，我先走一步。可以再为家长的茶杯续水，或者更换一杯咖啡，也可以请尚空闲着的同事做这些事，但新的同事不接手办理入学意向的任何事务，只是续水或更换咖啡。

7. 告别的技巧

任何情况下，当家长告别的时候，主谈人都需要暂时停止手头的工作，起身与家长打招呼告别，并提醒已约定的下次有关事宜的时间。如果是尚未达成意向的家长，则做下一次邀约，如告知下一次家长开放日的时间。

招来好的生源，就是为办好学校争取了更好的办学资源。这个意识，现在绝大部分校长都是有的。所以现在办学校其实第一拼的就是生源。不管是在理论上，还是在实践中，这都是有道理的，也是有实效的。一般来说，越是好学校，越容易争取到好生源，越是办得不怎么样的学校，越难争取到好的生源。一方面生源对学校办得好与不好具有重要的作用，另一方面生源又专往好学校跑，这就几乎成了那些现在还办得不怎么样的学校的一个死结。问题的解决办法，我认为，在学校知名度还不太高、声誉还不太好时，可以用非常规办法，将好学生招进来，用非常规办法，将这部分学生教好。这部分好的学生，提升了学校的知名度和声誉后，好生源自动登上门，学校进入良性循环。这个时候，本节所讲的招生技巧，皆无用武之地矣。而这正是学校办学成功的标志。

第 六 章

课程是产品级的办学资源

过去有一个似是而非的说法，说学生是学校的产品。这大致是打的一个比方，把学校比作工厂。工厂生产出来的东西叫作产品，那学校培养出来的人，大致上相当于工厂里生产出来的东西，所以也可以说是学校的产品。

现在大概没有人再这样打比方了。现在一般都把教育看成是服务业。学校就是服务提供商，学生是教育服务的消费者。在这二者之间，是有一个实体性质的东西存在的，否则这个所谓教育服务就会落空，教育消费也无所依凭。这个实体不是别的，就是课程。

从这个意义上看，课程才是学校的真正的产品。所谓教育，就是以课程为基础，面向学生提供服务的活动。所谓学校，就是实施这一活动的场所。总之，课程是学校的产品，学生来学校，就是来接受以课程为基础的教育服务的。

课程作为产品，与其他产品不一样的地方，是其他产品被消费者购买以后，具体怎么用（即实现产品的使用价值的过程）与产品提供者没有直接的、全程的联系，原则上由消费者自己负责。但课程不是这样，学校作为课程的生产者，它不但要为学生生产出课程，而且要与学生一起，实现课程的使用价值。学校里的教师，要与学生（课程消费者）一起，将课程这个产品拆封、打开、安装、使用、直到最后获取这个产品的所有价值。一句话，其他产品，生产厂家只提供其使用价值的物质载体，但课程这一产品，其生产者（学校）不但要为消费者提供其物质载体（课程），还要负责帮助消费者（学生）使用这一物质载体，并实现这一物质载体的使用价值。

毫无疑问，课程作为产品级的办学资源，是学校最重要的、基础性的资源。学校的大部分工作，其实都是围绕课程来展开的。这正如一家工厂，其大部分工作，也都是围绕它的产品展开的一样。

一、如何构建学校课程体系

课程建设是一项专业性非常强的工作，也是一项系统性非常强的工作。好在任何一个国家都没有把这么专业、系统的工作都交给学校来做，而是由国家主持制订基础性的课程。学校的任务有两个，一是实施国家制订的基础性课程，二是自主开发校本课程。国家课程是由国家组织专家、代表国家意志、体现国家标准制订的课程；校本课程是由学校根据培养目标和办学条件，自主开发并实施的课程。这两大课程板块，都统一在一个学校实施，它们结合在一起，形成学校课程体系。

过去，我们很多人对课程体系有一个误解，认为国家课程和校本课程就是课程体系。事实上，国家课程、校本课程并不是课程的逻辑分类，而只是根据课程的管理权限作出的课程的外部分类。课程体系是一个逻辑概念，它要回答的问题是：在一个什么主题下，不同课程之间存在一个什么关系？

（一）培养目标是构建课程体系的出发点

学校有国家课程，有校本课程，它们根据什么主题结构在一起的呢？国家课程也有不同学科、不同意义的课程，它们之间又是根据什么主题结构在一起的呢？校本课程也有不同类别、不同内容的课程，它们之间又是根据什么主题结构在一起的呢？这就是我所说的"在一个什么主题下，不同课程之间存在一个什么关系？"

这个问题，既是一个学术问题，又是一个实践问题。从学术这个角度来说，这是一个课程体系的问题。学校课程是由不同门类、不同内容、不同形式的课程组合在一起的，它们在一个学校得以实施，一定要服从这一所学校的一个统一的主题和目的，不可能是一盘散沙式地拼凑在一起。学校课程是一个结构化的存在，否则它就没有教育功能。这正如一台机器由几百个、几千个甚至更多的零件组成，但是这些零件都是为了一个统一的目的、统一的主题组合在一起的，如果是随意地、机械地组合在一起，也许外表上可以组装起来，但这个被组装起来的东西，只能称为一堆金属物，它不是一台机器，因为它是没有功能的，它不可能发挥出机器的作用。

从实践这个角度来说，学校课程建设，不管是国家课程校本化实施也好，还是校本课程建设也好，都有一个着眼点的问题，就是我们的工作，最后想达到一个什么样的效果？我们是着眼于什么来实施国家课程？我们强化国家课程的哪个方面？我们要补充哪个方面的材料？我们要做一些什么事才能把国家课程扎实、有效地落实下去？我们着眼于什么来建设某一门校本课程？我们为什么要建设这一门校本课程而不是那一门？是随意的吗？还是想做哪门课程就做哪门课程吗？还是教师有何特长就开设哪一门课程吗？等等。这些问题，都要由所谓课程体系来回答。

课程体系，它有两层含义。第一个含义是完整。一个学校，既要有国家课程，又要有校本课程，又要有学科课程，还要有活动课程，既要有必修课程，又要有选修课程。这一个含义很容易懂，不展开。

第二个含义，是说它是一个功能体。是什么决定了学校有这样的而不是那样的课程体系？它是由这个课程体系的功能决定的。我们需要达到这个目的，具备这个功能，所以我们需要这样的课程体系；我们需要达到那个目的，具备那个功能，所以我们需要那样的课程体系。

那么，课程体系的这个功能是指什么呢？这不是别的，就是培养目标。

实际上，学校是由四个要素构成，一是培养目标，二是学生，三是课程，四是教师。他们之间的关系，可以用一句话来概括：教师帮助学生学习课程，以实现学校的培养目标。

学校课程体系，就是在实现培养目标的统一主题下，各种门类、各个层次、各种形式的课程相互之间的逻辑关系。说得更明白一些，学校的每一门课程，都围绕着学校的培养目标组合在一起。它们根据在实现学校培养目标这一点所发挥的不同作用，分布在不同的位置上。如果没有了培养目标的指引，每一门课程，就失去了灵魂。

所谓培养目标，回答一个问题：学校想把学生培养成为什么样的人？说得更清楚一些，学生从这所学校毕业，与他们刚进这所学校的时候，到底发生了什么变化？这些变化的发生，不是偶然的，而是由一个结构化的课程体系决定的。在学校，有什么样的课程体系，学生才会有什么样的变化发生，在一个管理良好的学校，有什么样的课程体系，学校的学生就一定会有什么样的变化发生。这里的关键，是这个课程体系是完整的，是结构化的。

看一所学校是不是有课程体系，关键是看两点：一是看学校的培养目标与课程体系是不是有对应关系，二是看学校的课程体系是不是完整的，结构化的。

例如，有一所学校，她的培养目标是培养具有国际竞争力的人才。其人才素养包括六个方面：自立精神；共生意识；科学态度；人文情怀；国际视野；领袖气质。以下是这所学校课程体系见表6-1。

表6-1　课程体系表

课程体系的八个学习领域	国际化人才的六个基本素养
心理健康和主体发展学习领域	自立精神培养目标
艺术审美和休闲健身学习领域	人文情怀培养目标
中华文化和民族精神学习领域	
人与自然和人与社会学习领域	共生意识培养目标
科学知识和科学技能学习领域	科学态度培养目标
西方文化和世界眼光学习领域	国际视野培养目标
社会实践和社团活动学习领域	领袖气质培养目标
活动评比与学科竞赛学习领域	

课程体系与培养目标的对应是这所学校课程体系最值得肯定的地方。如果一个学校培养目标并不明确，或培养目标虽然明确，但所设置的课程体系与培养目标并没有明确的对应，这所学校的课程就谈不上体系。

（二）瑞安市新纪元实验学校课程设计思路

1. 依据党的教育方针和素质教育的基本要求以及地域发展特点，确定中小学培养目标

我校的立足点可以用一句话概括：涵养学生的幸福素养。我们的培养目标是：会做人、会学习、会生活、会健体，有良好道德情操和社会责任感，善于与别人合作竞争、与环境和谐相处，心态积极、平和，具有强健的身体素质与健康的心理素质，蕴含有温州气韵和国际视野的现代中国人。具体包括：

（1）小学阶段（1~6年级）。①热爱集体，热爱家乡，热爱祖国，热爱大自然；尊敬师长，友爱同学；诚实，正直；讲文明，守纪律；②初步形成正确的学习态度和学习习惯，养成观察事物、思考问题的习惯；富有好奇心，敢于提问；具有最基本的文化基础知识和初步的信息素养，具有基本的学习力；③喜爱体育活动，初步懂得有关健康的基本知识及科学锻炼身体的简单方法；具有良好的卫生习惯和初步的自我保护能力；有较广泛的兴趣爱好；懂得关心，乐于合作，不怕苦，不怕困难；④有热爱美和欣赏美的情趣；初步具有感知美、表现美的基本能力；⑤爱劳动，能生活自理，学会并参加力所能及的家务和公益劳动，掌握一般的生活技能。

（2）初中阶段（7~9年级）。①热爱祖国，关心家乡的发展和变化，有责任感，有团队精神；热爱生活，诚实守信；遵纪守法，尊老爱幼，言行文明；懂得公民的权利和义务，初步了解基本的国情和国策；②有正确的学习态度、学习习惯和学习方法；拥有一定的文化科学基础知识和基本的信息素养；具有阅读、表达、计算和实验、实践的基本能力；敢于质疑，有初步的创新意识和探究能力；具备较完善的学习力；③具有基本的体育与健身的知识、技能和习惯；初步具备自理、自律的能力与克服困难的意志力，具有基本的自我保护能力；学会关心，善于合作，积极进取；具有一定的选择学习的能力，形成发展个性特长的基础；④有健康的审美情趣，具有一定的欣赏美、表现美的基本能力；⑤具有良好的劳动态度和劳动习惯，掌握基本的劳动技能；能一般地了解社会的职业分工，掌握一定的择业知识。

（3）高中阶段（10~12年级）。①培养学生胸怀大志、学会求知、学会做事、学会共处、学会做人、学会审美，培养学生具有国际视野、领袖气质和温州人精神的未来祖国建设者与接班人；每个学生都追求卓越，做最好的自己，成为热情、自信、独立、宽容的人；②热情：学会筑梦；敢于接受和面对现实的挑战，能够坦然面对生活中的困难或不幸。生活积极、学习向上、待人真诚，心底阳光，人生充满正能量；③自信：学会追梦；既要尊重他人，也要尊重自己，既要欣赏别人，更要欣赏自己。敢于承认自己的错误，具有批判与反思能力；④独立：学会守梦；习惯于独立思考和独立实践，有较强的情绪控制能力和理性思考能力。具有自我规划能力；具有耐挫与协调能力，具有务实精神；⑤宽容：学会圆梦。学会自我负责，具有团队领导能力，具有使命与正义感，具有家国情怀；允许别人犯错误，耐心而容忍与自己的观点或公认的观点不一致的意见，宽大有气量。

2. 学科课程目标从态度与价值观、过程能力与方法、知识与技能三方面阐述

学科课程目标突出阅读与交流表达、科学探究、运用信息技术、解决实际问题、团队合作与组织、自我管理与规划等能力的培养；重视国家意识和政治信念、团队意识与合作精神、社会责任感和承担精神、开放的意识和文化包容的态度、科学精神与人文精神等态度与价值观的培养。

3. 为贯彻"以学生幸福发展为本"的课程理念,落实培养目标,中小学要为学生提供多种学习经历

学习经历是学习目标、过程、内容和情境的综合体,它强调学生对学习活动的主动参与和亲身体验,关注学生学习经验的形成、积累和建构,是学生形成态度与价值观、过程能力与方法、知识与技能的关键。

各种学习经历有其相对侧重的目标,瑞安市新纪元实验学校为学生提供以下五种学习经历:

(1)品德形成和人格发展的经历。

(2)潜能开发和认知发展的经历。

(3)体育与健身的经历。

(4)艺术修养和发展的经历。

(5)社会实践的经历。

4. 依据培养目标和五种学习经历,确定中小学教育向学生提供八个学习领域的课程

这八个学习领域及其在基础型课程中的相关学科课程如下:

(1)语言文学学习领域,包括语文、外语课程。

(2)数学学习领域,数学课程。

(3)自然科学学习领域,包括小学自然、中学科学、物理、化学、生命科学、地理等课程。

(4)社会科学学习领域,包括小学品德与社会、地理、历史、思想政治(思想品德)、中学社会等课程。

(5)技术学习领域,包括信息科技和劳动技术课程。

(6)艺术学习领域,包括音乐(唱游)、美术和艺术课程。

(7)体育与健身学习领域,体育与健身课程。

(8)综合实践学习领域,包括社会实践、社区服务等活动。

5. 以改变学习方式为出发点,从加强学力、促进发展、激励创新、重视实践的要求出发,建立课程结构

根据共同的基础要求和不同的基础要求,构建基础型课程和拓展型课程。

根据改变学习方式，加强研究性学习，使学生学会学习的改革要求，构建"研究（探究）型课程"。研究（探究）型课程有两种类型：一是单独设立，从学生的兴趣与经验出发，由学校、教师和学生共同开发并实施，称为研究（探究）型课程Ⅰ；二是置于基础型课程和拓展型课程之中，结合学科内容进行研究性学习方式的渗透，称为研究（探究）型课程Ⅱ。各学习领域与三类课程的关系见表6-2。

表6-2　学习领域与三类课程的关系表

学习领域	课程类别		
语言文学	基础型课程	拓展型课程	研究（探究）型课程
数学			
自然科学			
社会科学			
艺术			
技术			
体育与健身			
综合实践			

（三）瑞安市新纪元实验学校的课程内容（见表6-3）

表6-3　课程内容表

课程领域	基础型国家课程（必修）	校本拓展型课程（必修与选修相结合）			学力课程	研究型课程
		地方课程	学科拓展	领域拓展		
语言文学学习领域	语文	小文学家	阅读写作	国学、古诗文诵读、诗文、影视阅读与欣赏，中外散文、短篇小说赏读，专题写作、演讲与口才，编剧与表演		
	英语	小外交家	英语口语	英文课本剧、英语写作指导、英语名著选读、英语礼仪与口语、英语快速阅读、英语演讲与口才、英语会话交流、英文朗诵、英文歌曲		
数学学习领域	数学	小数学家	数学思维方法	数学与生活、数学奥林匹克、数学小论文、数学创意、数学益智游戏、数学图案艺术、数学解难等		

续　表

课程领域	基础型国家课程（必修）		校本拓展型课程（必修与选修相结合）			学力课程	研究型课程	
			地方课程	学科拓展	领域拓展			
自然科学学习领域	科学	物理	小科学家	科学等的自选课程	八面魔方、生命科学、科学实验、生活中的物理、家电维修、城市发展与环境保护、智能交通、生物、国防、旅游、人文地理、小发明	快速阅读速读速记速计算整理课程思维导图微课程社团活动、兴趣活动、德育活动、德育专题	校园文化生活课程	节日文化活动课程社会公益课程
		化学						
		生物						
		地理						
社会科学学习领域	思想政治		瓯越文化话说温州	历史社会等的自选课程	历史纪录片赏析、社交礼仪、创新经营、热点追踪、历史事件人物探秘、中国古代建筑史、世界博览、瑞安都市民俗、中国古代文化、生活与法律、企业家和企业家精神、历史人物解密、瓯越文化采撷等			
	历史							
	社会							
技术学习领域	劳动技术				十字绣、手工编织、手工扎花、手工小制作、生活美食制作、生活环境摆设、机器人制作初步、电脑绘画、网页制作与动画、网页编程、网络技术与道德、电子刊物制作、网络文明与健康			
	信息科技							
艺术学习领域	艺术				电子琴基础、口风琴、吉他弹唱、器乐初步、钢琴、民族器乐、合唱、室内外设计、绘画素描、舞蹈、插花艺术、中国民间工艺、动漫基础、摄影技术初步、书法、雕刻、陶艺			
体育健身学习领域	体育				篮球、足球、排球、乒乓球、羽毛球、网球、田径、四轮速滑、花样跳绳、武术、太极拳、减压瑜伽、象棋、围棋、国际象棋、健美操、街舞、方阵跑、阳光伙伴、近距离跑			
综合实践学习领域					游学课程			

1. 语言文学学习领域

（1）语文。语文教学以国家统编教材为基础，融入中国传统国学经典课程，精心打造校本课程，积极引导课外大量阅读，为学生打造开放的、立体的大语文课程体系。小学语文在教学策略上，积极探索学习力的培养，以保证教学质量，致力于构建"提前识字、大量积累、注重实践、夯实基础"的学科特色。中学语文倡导"大语文观"的理念，以"落实基础、传承经典、创编体系、涵养素养、拓展能力"为课程构建的发展方向。

小学：

基础课程：国家统编教材，完成教学大纲规定的各项任务。

国学课程：《弟子规》《千字文》《唐诗选》《孝经》《声律启蒙》《论语》《大学》《孟子选》《尚书选》《周易选》《礼记选》《中庸》《老子》。

能力课程：一年级进行童谣教学，二年级童诗，三年级对联，四年级灯谜，五年级剧本表演，六年级辩论课程。此外，低段引入《365首儿歌》及各类绘本，高段诵读5部经典、234首古诗、41首词以及18首现代诗；推荐100本儿童文学作品、增设口语交际课；大量特色习作训练。

中学：

基础课程：国家统编教材，完成教学大纲规定的各项任务。

国学课程：《诗经选》《尚书选》《礼记选》《周易选》。

能力课程：自编学案；课外典范文言校本150篇；作文系列化教学24讲；深度课外阅读。

中小学特色课程：国庆、中秋诗文活动；文化游学夏令营；西方文化研究活动；中外节日文化实践活动；辩论赛；"大语文文化节"；读书活动；汉字书写实践活动。

（2）英语。在英语教学中，坚持大输入成就大输出的理念，以交流和创新作为教学的基础和未来发展方向，从听、说、读、写四个方面着力培养学生的语言交际能力和运用创新能力。我们的教学目标具有双重性，即让学生学会用英语交流，以及通过交流而达到更高的层次——创新思维的培养。

小学：

常规课堂：语音训练、听说交际、阅读训练、会话交流、写作训练。

特色选修：

一年级：格莱美金曲之星。

二年级：奥斯卡戏剧之星。

三年级：英语脱口秀。

四年级：英语故事汇。

五年级：名著阅读与表演。

六年级：速听速记训练营。

中学：

基础课程：国家统编教材。

特色选修：西方美食文化社、奥斯卡电影赏析社。

拓展课程：语音自然拼读、经典英文歌曲、经典诗歌精选、经典戏剧精选、经典散文精选、著名演讲词精选、经典童话和故事阅读、英数课程、中学生课前诵读、中学生课外拓展阅读。

中小学特色活动课程：

一年级：英文书写大赛。

二年级：英文歌曲大赛。

三年级：英文戏剧大赛。

四年级：英文阅读大赛。

五年级：英文写作大赛。

六年级：英文演讲大赛。

七年级：英文朗读赛、英文戏剧赛。

八年级：英文歌曲赛、英文听绘赛。

九年级：英文百科知识赛、英文词汇通关赛。

游学课程：游学英伦、探索美国、校际交流、书信往来。

体验活动课程：

西方传统文化节日体验：圣诞节、感恩节、万圣节、复活节体验周。

西方美食、服装、礼仪体验：西式美食制作、高桌宴会礼仪、环保时装秀。

2. 数学学习领域

数学把锻炼学生的动脑、动手能力作为学科课程体系构建的努力方向，坚持数学学科的实践性特点，让数学知识存在于学生的日常生活之中。为此，数学组开发了一系列幸福课程，辅以各种学科活动，打造具有鲜明实践性的课程体系。

小学：

基础课程：国家统编教材、思维训练课（拓展思维训练及益智游戏）。

数学实践活动课程：称一称、量一量、年历制作、计算工具变迁研究、圆的图案艺术、立体图形学具制作等。

特色选修课程：六年级魔方过关、五年级数独段位、四年级19乘19闯关、三年级24点PK、二年级解连环扣、各年级计算听算或应用题比赛、智力快车——数学趣题赛。

中学：

基础课程：国家统编教材、心智图课程、基础竞赛课程

特色实践课程："三年一体制"培养（习惯培养、思维训练、建模训练）、正负数的应用、基础知识竞赛、心智图绘制大赛、数学小论文大赛。

中小学特色选修课：

益智游戏类：五子棋、孔明锁、华容道、独立钻石棋、魔幻拼块、魔方、数独等。

3. 自然科学学习领域

新纪元科学教学包括小学科学和中学科学两个课程体系，强调培养学生的科学素养。小学科学奉行"走出去，请进来，动一动，赛一赛"的教学理念，配以丰富多彩的选修课，给学生最大的空间锻炼其观察能力、动手能力以及分析能力。中学科学用大量的课内实验和课外实践，再辅以丰富的社团活动，着力培养学生的动手、观察、思维、表达、合作及创新六大能力。

小学科学课程：

1~2年级玩中学：结合学和玩，使学生们充分地获得各种感官经验，在这些经验的基础上让学生逐步形成对事物的科学认识。

3~4年级做中学：设立主题教学，将学生感兴趣的各种知识和技能围绕着共同主题展开，让学生的思维有序的发散，并在发散的过程中逐步培养学生的各种探究能力。在这个阶段将对围绕观察、比较、分类、测量和运用仪器、交流、分析、生成、评价等十项基本探究技能对学生进行系统训练。

5~6年级自主探究：教师引导学生自己选择研究内容和材料，自主制定探究计划，开展探究活动；将对学生进行创造性问题解决、做决断、调查等三项综合探究技能的训练。

实践活动：

动一动：鸡蛋撞地球比赛、科学实验比赛、四驱车竞赛、纸搭高塔比赛。

赛一赛：电脑绘画比赛、机器人竞赛。

特色选修：航空模型、静态模型、科学实验、电子制作、机器人。

中学：

以实验探究式教学为依托，在完成国家统编教材的基础上，重点培养学生的六大能力。

专题拓展：飞船的发射回收、风水火中能量的转换、水的研究性学习。

社团活动：科学实验室、家电维修社、茶道与酒文化。

4.体育健身学习领域

体育课程以"终身体育"的概念为指导方向，打造具有个性发展的课程体系。其中，小学体育横向开设多门课程，着重激发学生的兴趣以及让学生体验体育活动的快乐；中学体育则让学生从小学必修的基础课中选择一门专项课进行学习，主要以竞技性运动项目的学习和体育保健为主。除了基础课程，大课间与选修课也作为"终身体育"在第二课堂的延伸，全面提升学生的身体素质。

小学：

必修课：

一、二年级：跳绳、健美操、武术、游戏。

三、四年级：篮球、足球、田径。

五、六年级：羽毛球、排球、乒乓球。

选修课：

一、二年级：篮球、足球、乒乓球、花样跳绳、健美操、武术、象棋、围棋。

三、四年级：篮球、足球、乒乓球、羽毛球、健美操、武术、花样跳绳、象棋、围棋、跆拳道。

五、六年级：篮球、足球、乒乓球、羽毛球、健美操、武术、象棋、围棋、跆拳道。

中学：

必修课：篮球、游泳、排球、羽毛球、乒乓球、武术、基本体能。

选修课：篮球、游泳、武术、羽毛球、乒乓球。

特色活动课程：体育节、秋季田径运动会、冬季长跑、全校羽毛球比赛、全校足球赛、全校篮球赛、全校乒乓球大赛、游泳课程、小学部特色大课间（花样跳绳、小火车、毽子、多人多足、多样跳长绳、拔河比赛）。

5. 艺术学生领域

音乐课程想要给学生一种有音乐陪伴的生活方式，培养学生终身的音乐修养。常规音乐课和选修课是构成幸福音乐课程的两大板块。常规音乐课融贯中西，既包含葫芦丝、古筝等传统民乐课程，也保留了钢琴、口风琴、欧洲古典音乐赏析等西方音乐的教学内容。选修课则进一步扩大教学范围，开阔学生的音乐视野。从新纪元走出的学生，将至少掌握一项民族乐器的演奏能力。

美术将专业美术院校的国画、油画、版画、雕塑、工艺、设计等相关专业课程融入中小学美术课程当中，结合中小学生的年龄特点，形成了具有美术教育教学体系。美术课程由必选课和选修课两部分构成，课程内容丰富、形式多样，提升学生审美能力及动手能力，为学生未来的专项发展提供有力保障。

小学：

常规音乐课程：民族音乐包括京剧、地方戏曲欣赏与学唱；葫芦丝、古筝；西方音乐，包括欧洲古典及欧美现代音乐赏析；口风琴、钢琴等键盘器乐课程。

美术课程：线描、水墨、色彩、纸版、木刻、油画棒、手工、书法。

选修课程：钢琴、合唱、管乐、民乐、舞蹈、观察与写生、色彩写生、水墨创作、布艺制作、陶艺、绘本创作、硬笔书法、毛笔书法、篆刻。

中学：

艺术课程：电声乐队与合唱、钢琴即兴伴奏、管乐合奏、民乐合奏、舞蹈、书法、中国画、素描、色彩、平面设计、陶艺、装饰设计。

选修课程：书法、篆刻、素描、色彩、中国画、装饰设计、平面设计、陶艺。

中小学特色课程：音乐节（合唱节、管乐音乐会、民乐音乐会、师生专场音乐会等）；选修课汇报表演（管乐、合唱、舞蹈等选修课程节目展演）；中国传统节日演出；"六一"活动演出；市、区少儿花会展演比赛；参观美术馆、为老人院书写春联现场活动、组织学生外出集体活动、组织全校学生进行现场书法大赛、组织学生参加各种大型展览及比赛。

6. 微课程

运用建构主义方法化成的、以在线学习或移动学习为目的的实际教学内容。微课程具有完整的教学设计环节，包含课程设计、开发、实施、评价等环节。微课程与智能微课程同步发展。

特色微课程：德育专题微课程、活动微课程、知识点微课程、实践活动微课程、游学活动微课程。

（四）瑞安市新纪元实验学校的课程结构

课程体系一定表现为独特的课程结构上，课程的基础性、整体性和选择性，是我们在考虑学校课程结构时最重视的三个方面。

第一，重视课程的基础性，设置体现共同基础要求的基础型课程和不同基础要求的拓展型课程。精简共性的基础，增加可选择的不同基础，注重能力、方法和态度的基础，合理设计各种课程类型和各学习领域的比重，落实基础学力。

第二，强调课程的整体性，整体设计9年的中小学课程体系。加强基础型课程、拓展型课程与研究（探究）型课程之间的联系，充分发挥学科课程与经验课程的优势。

第三，增强课程的选择性，设置有利于学生灵活选择的八个学习领域课程，鼓励学生根据自己的能力、个性和发展方向，选择不同的学习内容。加强学校课程的开发和实施，并随着年级升高，逐步增加课程的选择比重，以适应学校和学生的多样化需要，使学生学会选择，促进潜能的开发和个性的健康发展。

瑞安市新纪元实验学校课程总结构如图6-1所示。

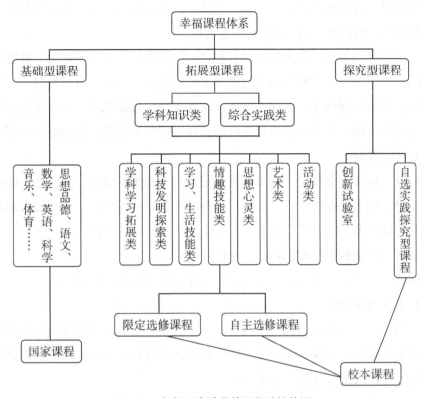

图6-1　新纪元实验学校课程总结构图

二、国家课程的校本化实施

所谓国家课程，由政府组织专家编制而成，全国统一使用。具体来说，国家制订了课程标准，编写教材，培训教师，提出评价标准，有些课程，还组织了一定区域里的统一考试。

当然，国家课程体系得以实施，除了国家层面要做这些事情之外，学校和教师也要做相应的一些工作。从教师这方面来说，他们需要做的包括：备课、上课、作业布置与批阅、辅导学生、考试。

应该说，国家课程的实施，总的来讲，国家层面和教师层面做得还是比较充分的、到位的。那么学校呢？学校应该做些什么呢？课程的实施，有些事情国家不能做，因为国家要做的、能做的，是国家层面统一的、一致的那些事情。每个地区、每所学校，各有不同的情况，国家是无法统一的、一致要求的，这些事情只能交给学校做。有些事情，教师做不了，无力来做，严格地说，也不是教师的职责之所在。这些事情，只能是学校的事。国家课程经由学校来做的事，我们称为国家课程校本化实施。

具体是什么事呢？许多学校没有想过。国家课程，国家不能做、教师也做不了的事，那是什么事呢？国家已经有了课程标准，也已经有了教材，也培训了教师，教师培训回来，备课、上课、布置作业、批阅作业、辅导学生，这不就实施到位了吗？学校还能做什么？而且还是国家不能做、教师做不了的事，这能是什么事呢？

的确，现在很多校长，根本就没有想过，实施国家课程，自己还能做什么事。于是，国家课程的实施，出现了一种我称为哑铃的现象，就是国家和教师两头都比较丰满，但中间塌腰了。学校这一块处于半空白状态。

（一）国家课程校本化实施的七件事

实施国家课程，学校这一块，需要做的事情包括以下七个方面。

1. 课程资源建设

一门课程，校长给教师一本教材，一本教参，然后让教师进课堂教学生，最后教学的效果不太好，于是校长就怪教师没有教好：校长的这个指责是没有道理的，纯粹是无理指责。为什么呢？

因为，教学工作是一门专业性很强的工作。而世界上所有的专业工作，都是建立在详尽、系统、扎实的资料准备的基础之上的。例如，一个工程师接到一个设计任务，设计院的领导交给他一张白纸，一把尺子，然后就让他去办公室闭门造车设计一个伟大的项目，这是不现实的。在给设计师一个设计任务的同时，还要给他一个庞大的资料库，这个资料库里，要有两样东西，一样是要设计的这个建筑物的地质资料、资金计划、建筑材料等情况；一样是同样的地区同类建筑物的所有库存资料，包括设计图纸、验收资料、使用状况的材料等。

一个教师，开始上一堂新课，他至少要准备以下几个方面的材料：

（1）关于本节课知识的最新解说和研究进展报告。

（2）关于这一课题的所有声频资料、视频资料、图像资料。

（3）过去名家关于同一课题的各种备课、习题、试卷。

（4）国家有关部门或专家关于这一课题的教学的有关阐释、解说、要求。

（5）关于这一课题的教学的成功和失败的案例。

（6）随时可以得到的专家的指导。

需要特别说明的是，这些方面的资料是海量的，不是"一课一练"式的资料，而是穷尽性的。这些资料不是堆积的，而是逻辑地存储，可检索的，并且还是随时更新的。

我们可以看看医生是怎样工作的。首先是诊断。任何疑难杂症，都可以获得最新研究成果的信息。其次是仪器设备，一定范围内还可以通用。然后是治疗，一定等级的医院，都可以在病例库里找到已有的病人案例。最后是药物，一定范围内的最新药品，都可以随时搜索。医生的诊治效果，就是在这样的专业支持下得到保证的。实际上，这是专业工作的基本程序：资源库的强有力的支持。

那么学校的教学工作呢？学校为教师提供了怎样资源？

国家课程校本化实施，这是我们第一个要考虑的事。

2. 教材的优化

作为国家课程的一部分，教材具有权威性。所以几乎没有人想过，国家编写的教材，到了学校，是可以优化的。这个所谓优化包括以下几方面：

（1）在不影响知识的逻辑结构和学习先后次序的前提下，可以调整其前后安排。为什么有这个需要？因为学校的办学条件的不同：如果有的教材内容所必需的办学条件尚不具备，可以将这部分内容移后安排，以等待办学条件具体再来学习这一部分内容。因为学生基础的差异性：如果学习教材某部分内容所需要的知识基础，学生尚不牢固，而教材后面的学习内容与教材这部分内容有密切关系，可以借学习后面的这一部分内容复习或补充学习前面知识的内容，则将教材后面这一部分内容提前先学习，不失为一种比较合宜的办法。

（2）在达成课程总目标的前提下，可以将教材某部分的分量加重，或者更详细，或者拓广覆盖面，或者增加材料。为什么有这个需要？因为每个学校都有自己的培养目标。虽然总目标、基本目标是一样的，但具体目标、特色目标，是有不同的。教材的某一部分，对于你的具体目标、特色目标作用特别明显，所以要加强。

（3）在教材知识体系范围内，可以增加新的内容。例如，增加更多更复杂的实验内容，分板块增加综合化的复习单元等。为什么这么做？还是因为培养目标的原因。例如，学校着重要培养学生的批判性思维，强化实验求证能力，是不可或缺的环节。又如，学校特别重视学生的课外阅读，每个单元都向学生推荐阅读相应的课外书籍，关于课外书籍的介绍，就成为对教材的补充。

（4）综合化的处理。在保证完成课程目标的前提下，可以将教材的结构重新调整，以新的体系来实施教学。例如，高中三年6本教材，共有中国古典诗歌三个单元，21首作品，有些重点学校，将这三个古典诗歌单元21首作品，整合起来，补充必要的篇目，组成"中国古典诗歌阅读的基本方法"的教学单元，这样的教学比单篇教学更有深度。

3. 作业校本化

课程有一个非常重要的组成部分，就是作业与学生活动系统。有研究表明，课程实施质量，在很大程度决定于这个作业与学生活动系统的设计。但是这个重要的组成部分，国家无法给出一个统一的设计，因为这一部分与学生的具体情况联系最密切，受学生的具体情况影响最大的部分。所以只能由学校根据学生和教师的具体情况，自主设计。作业校本化，要考虑的要素主要有以下几点。

（1）作业的难度设计。本校学生，主要的培养目标是什么？是培养最优秀的那一部分学生的话，那就要设计相当数量的高度难的作业。如果生源并不允许学校有这样的高标准，那我们就要着重设计那些基础的作业。

（2）作业的出错率。根据以往经验，什么样的题目学生最容易出错，这样的作业重复出现的频率应该要高一些。

（3）知识点的覆盖率。学校设计的作业，是否已经涵盖所有的知识点。

（4）作业的效果。哪些作业，训练效果最好。这里的关键是作业的典型性，越是具有典型性的作用，作业对巩固知识的作用越大，反之则越小。

（5）作业的布置与批阅。包括作业量、作业的结构、作业的批阅方式等。

4. 课程各模块（单元）教学的基本目标

课程目标是有层次的。第一个层次，是整个课程的目标。这个层次的目标由课程标准做出了明确的规定。但是这个层次的目标大多是抽象的，是总的目标，是整个课程实施完毕学生应该达到的目标。这个目标指方向，没有这个目标，课程目标的问题就会失去大方向。但是只有这个目标，并不能保证教学目标落实。第三个层次是一个课题（一篇课文、一个知识点、一堂课）的教学目标，这一个层次的教学目标，由教师个人在备课时加以明确，往往直接指向教材。这个层次的目标，是真正作用于学生的目标，是学生能感觉到、接收到的目标。这个层次目标的设计，当然与第一层次的目标，即课程的目标有关，但实际上是离得比较远的。在课程目标和一个课题的目标之间，还有一个中间层次的目标，这就是教材里的某一单元、一个模块的目标。这个目标，上承课程目标，下启课题教学目标。一方面，它将课程目标分解、落实，另一方面，它规定、启发课题教学目标。从学校课程实施的角度来说，这才是最重要的目标设计。但恰好是这个层次的目标，人们普遍没有引起高度重视。而这也恰好是国家课程校本化实施的重要工作。

单元教学目标设计，有以下几个要领：

（1）这个层次的目标设计，主要依据教材体系。课程层次的目标，其依据主要是社会与人的发展的需要以及学科的主要内容和性质；课题层次的目标，其依据主要是单篇课文或一两个课时能教完的知识点本身的内容和特征，而单元教学目标的设计，比课程层次的目标所依据的要低一些，比课题层次的目标所依据的要高一些。它主要是依据教材的体系。教材是有编写体例的，这个编写体例往往表现的是课程的内容体系。不同的内容板块，当然就有不同的目标。

（2）这个层次的目标设计，需要对教材开展整体的研究。同样的内容，在不同的教材体系里，在教材的不同结构里，其教学目标是不同的。例如语文，同样一篇课文，在A教材体系里，其教学目标可能是甲，但在B教材体系里，其教学目标可能是乙。这就是我在上面所说这个层次的教学目标是由教材体系决定的意思。但是，任何教材体系，都不是摆在明面上，它往往隐藏在教材里面，是必须通过研究才能加以揭示。它实际上是一套逻辑解释系统。

（3）这个层次的目标设计，一个学校同教研组的人，必须达成统一的认识，按统一的标准实施，否则就没有意义。但这是中间层次的统一。如果说，课程目标是方向的统一、综合性的统一、最后结果的统一，那么，这个中间层次的统一，则是教学内容的统一、教学材料的统一。但这种统一，并没有压迫每一位教师在备课和上课的时候，各有自己的侧重点，各有自己的个性和特色。现在有些学校要求教师备课统一，上课的主要内容统一，作业统一，评价内容和标准统一，但实际操作效果不一定好，原因在于真正可以统一的其实是中间层次的统一，即单元目标和内容的统一，但备课和上课，恰好是需要教师发挥自己的个性和特色的地方。如果一个学校同一个学科的教师，备课一模一样，上课一模一样，那其实是非常没有意思的事。

5. 学校主推的教学模式

关于学校是否需要一个统一的教学模式，这个问题是有争论的。其实大多数有争论的问题，关键并不在问题的核心有模糊，往往是在对问题的核心的理解上有所偏差。一个学校，总有自己关于好课的标准。这个所谓"好课的标准"其实是一个相对概念，它的实际内涵是：对我们学校，对我们这一部分学生，或对我们学校的哪些学生，什么样的课才能最有利于帮助他们学好功课？不存在一个绝对好的课堂教学模式，好或不好，都要看相对哪一部分学生而言。关键在于最大化帮助学生学好功课。

一所学校，总要有一个好课的大致标准推送给教师，这是教学规律的客观要求。

（1）教学模式的实质是对学生学习方式的设计。教学模式设计的基本思路是：这一个教学内容，学生怎样学习才最有效？学生在这样的学习过程中，会遇到什么困难？为了帮助学生克服这些困难，教师应该怎样做？这最后一个问题的回答，就是所谓教学模式的呈现方式。教学模式的真正价值——解决学生在学习过程中遇到的困难。

（2）教学模式其实要解决的具体问题有以下几个：教师做什么事？先做什么事后做什么事？用什么东西做？做成什么样子？第一个问题涉及做事的对象，第二个问题涉及做事的流程，第三个问题涉及做事的工具，第四个问题涉及做事的标准。所谓教学模式，其实都是要解决这四个问题的。

（3）在设计好教学模式之前，教师其实要想好另外四个问题，即与之相对应的学习的四个问题：学生做什么事？先做什么事后做什么事？用什么东西做？做成什么样子？这四个问题的回答，应该与教师的四个问题不一样，但又应该形成对应关系。

（4）教学模式的这两套四个问题，都要告诉学生。首先，告诉学生他们要做什么事，会遇到什么困难，教师会做什么事帮助他们；其次，告诉学生他们应该先做什么后做什么，他们会遇到什么困难，教师为了帮助他们克服困难，会先做什么后做什么；再次，告诉学生用什么东西做，他们会遇到什么困难，所以教师会用什么东西来做；最后，告诉学生应该做成什么样子，他们会遇到什么困难，所以教师会做成什么样子。

6. 学科教师队伍建设

课程需要教师来实施，学科教师队伍建设是课程校本化实施的重要的一个内容。学科教师队伍建设包括两个方面，一方面是教师个人学科教学素养的提高，这在很大程度上是教师个人努力的结果，另一方面是学科教师队伍的结构、类型、层次的配置问题。这个问题，则是学校才能考虑和实施的。

（1）年龄配置。学校一个学科的教学质量要有长期保证，必须考虑师资队伍的年龄配置，老、中、青教师比例大致上是2：4：4。

（2）职称配置。一个学科的教师的职称，并不是高级教师越多越好。除了成本的考虑，也有保证学科内各类事务，都要有相应的人来做。让高级教师做学科建设最基础层级的事，不仅仅是浪费，实际上他们也不一定甘心做，也不一定能做好。高、中、初级教师比例大致上是3：4：3最相宜。

（3）特长的配置。每位教师都有特长。教师有什么特长，是由他们自己决定的。但学校一个学科内，大致各种特长的教师都要有，以免出现整体平庸：看上去每个人都有特长，但大家的特长都是一样的，整体反而显得平庸。例如，一个语文教研组内，十个人，都是写字教学的高手，但阅读教学、写作教学、口语交际教学，没有一位教师有特长，那么这个学校语文教学水平不会高到哪里去。

7. 教学评价方案

学校一个学科的教学，教师教得好，评价的标准是什么样的？如果教师预先有明确的概念，有系统的概念，教师心中有数，在课程实施过程中，每一个环节都紧紧抓住这个评价标准，则课程实施的质量就有了基本保证。同样，一个学科的学习，学生学得好不好，评价的标准是什么？如果学生预先就有一个明确的把握，然后有针对性地来安排学习进程，有针对性地来选择时间安排，则学习质量也就有了基本的保证。例如，如果事先学生知道外语成绩，口语听力将占40%的分值，那他们一定会将更多的英语学习时间放在听力上，放在口语上。

以上七个方面的工作，都不是教师个人能完成的工作，这些工作范围，有些已经超过教师的职责范围，有些已经超过教师的能力范围。它们更多的应该是组织行为，是管理行为，而不是教师个人的专业行为。它们不应该是教师的行为，教师也做不好。它们只能是学校这个层面开展的工作。这些工作，就是所谓国家课程校本化的内容。一个学校的课程资源能不能建设好，能不能具有竞争力，一般来说，国家为大家准备的，大家都有，各个学校基本是没有区别的，能将各个学校区别开来的，一是教师的水平，二是学校校本化实施的管理系统性和质量保证体系。相比而言，我认为，更重要的还是学校校本化实施。

（二）瑞安市新纪元实验学校国家课程校本化实施举措

1. 以"三化"科研课题引领，推动学校课程与教学规范有效开展

我校以"三化"为抓手，增强课程实施有效性的行动研究为载体，"三化"即课程内容标准的细化、课堂教学的优化、训练系统的强化。

（1）课程内容标准的细化。细化课程标准主要落实在以下几个方面：①对比教学内容。明确新课程教材做了哪些修改，这样修改的用意，并且在课例中注明。②梳理整体逻辑：较以往的教学有何不同，在教学逻辑上是如何体现新课程理念的。分析教材内容的前后联系与地位。③解读课程标准。解读一期教材与二期教材的课程标准，并进行对比，分析本校学生的学习实际情况与学习潜力，制订符合学生发展的课程标准。④整合教学目标。在明确了教材的安排和编写意图后，对每一年级教学目标进行具体分析，并根据教学实际和课程需要对教学目标进行有效整合。

（2）课堂教学的优化。课堂教学的优化具体体现在以下环节：①优化教学目标。教学目标既是课堂教学的出发点和归宿，也是检查和评价课堂教学效果的依据。因此，细化并构建有利于全体学生全面发展的教学目标是优化教学过程的第一步，要求全面、具体、适当、明确。②优化教学内容。优化教学内容，一是要抓住知识的重点、难点、连接点，着力使学生掌握基础知识，形成科学的知识结构；二是要抓住知识技能的训练点、智能的开发点，着力使学生形成多种能力；三是要抓住思想教育的渗透点、非智力因素的培养点，着力使学生形成良好的思想品德和心理素质。③优化教学方法。只有科学地选择和组合多元的教学方法，才能达到优化的教学效果。教学方法的优化应体现与关注学生兴趣的激发，注意学法的指导，教学方法要体现学习方法的改变。④优化教学手段（媒体）。传统的教学媒体（如实物、粉笔、图画等）与现代化的媒体（如电视、录像机、计算机、白板）的选择关键在于师生教与学活动的需要；此外，教学媒体的选用必须具备其不可替代性，防止为使用而使用。⑤优化课堂教学结构。课堂教学结构是为完成一定教学目标服务的，我校教师在时间和空间上，对各种教学因素的排列和组合，对课堂教学的整体安排，都以"三学循环的幸福课堂教学模式"为标准。

（3）训练系统强化。编写训练体系时要着眼于学生的心智发展、学科思想方法的优化、学科能力的提升。也就是说，要编写出服务学生、适合学生、引领学生发展的训练体系。我校编写的训练体系结合教师的丰富经验，有效地整合教学资源，训练要求有一定的分层，有基础训练、提高训练，分层次设计，多层次提高。我们要求教师不仅要研究我校学生的知识水平，找到知识疏漏，对症下药；而且要认真研究《课标》和《考纲》，理解考试要求，进行有针对性的练习。我校首先在初三年级进行了试点，要求以备课组为单位，建立起各学科的学生训练系统。训练系统要根据考纲的要求，把知识点分成不同的掌握层次，然后进行归纳，并设计相应的训练习题。既要体现出不同学科的特点，又要体现出对不同学生的不同侧重。学校将训练系统纳入了学期教学考核的内容，并请专家进行审核评定。经过教师的合作努力，我校基本初建立一套分章节、分内容、分不同难易程度、分不同学习层次的初三年级学生训练系统，这一系统的建立，对全面提高我校初三教学质量起到了重要作用。

2. 采取积极创新和稳妥推进的实施策略

（1）编制过程互动的策略。课程方案的编制同各学习领域指导纲要及学科课程标准编制过程互动，课程标准编制和教材编写互动，促进互动双方的完善，提高课程编制的整体效益。

（2）课程实施"由点到面，上下联动"的推动策略。建立一批课程教材改革研究标杆，把课程方案、课程标准的编制工作、教材的编写工作和创造性实践探索紧密结合，上下联动，提高课程开发与实施的效益；坚持先行试验，总结经验，提供案例，再普及的实施步骤，增强课程实施的科学性和稳妥性。

（3）"梯度推进，异步达标"的策略。根据各学科在课程和教材研究过程中的实际情况，按照先成熟先推出的方法，成熟一门，推出一门，逐步到位。

3. 优化学习方式，促进教学方式的改变

（1）要切实改变课程实施过于强调个体的接受性学习的现状，倡导有效的接受与体验、研究、发现相结合，独立自主与合作交流相结合的学习方式，培养学生收集与处理信息、分析与解决问题以及交流与合作的能力。

（2）在教学过程中要处理好教师与学生、知识传授与能力培养、接受性学习与研究性学习、智能发展与人格发展等的关系，创造民主和谐的教学氛围，使学生真正成为学习的主人。

（3）拓展学习时空，重视课内外学习途径的结合，以及学校课程和更广泛的社会实践的有机结合，形成鼓励学生创新与时间的机制。

三、校本课程建设的程序与要领

学校课程建设包括三件事：一是课程体系设计，二是国家课程校本化实施，三是校本课程建设。这三件事有一个逻辑上的优先顺序。

学校第一要做的是课程体系设计。如果这方面没有做好，其他两件事情就是无从下手。在不同体系里，即使是国家课程，其重要性也不一样。例如某一所学校，其培养目标是"文理兼通，以文见长"，其课程体系在保证基本达到国家规定的课程标准的前提下，突出了文科课程的重要性，所以该校的文科课程校本化实施的时候，明显投入了更多的力量，教学范围明显更广、更深、更丰富。至于校本课程建设，则更是开设了更密集的文科选修课程，甚至有许多指定选修课，量大、分量重、要求高。可以这样说，如果课程体系还没有明确，学校下一步如何实施国家课程，其实是找不到方向的，没有依据的；而其校本课程建设，则更是没有指针，肯定是乱的，教师想开什么课就开什么课。为什么现在一些学校的校本课程建设实际上停留在有什么开什么、想怎么开就怎么开，对学校实现培养目标、对学生的成长并没有起到什么作用，并不仅仅是课程建设本身有问题，而首先是因为学校是在"无课程体系"的背景下在开展这些工作。没有课程体系设计，国家课程校本化实施、校本课程建设，就都没有中心思想，没有指导方针，没有标准，没有依据。

另外，现在许多学校的领导、教师谈学校课程建设问题，把国家课程校本化实施和校本课程建设混在一起谈，不加以区别。实际上，这是两件完全不同的事。如果说国家课程是国家已经在平地上建起的一座大厦，学校要做的是装修，以更友好的界面来迎接学生、吸引学生，使学生的学习活动得以展开，那校本课程建设则是在一个空地上，你要凭空设计，在什么地方？建立起一座什么样的大楼？怎么建？都要凭空来做。什么叫凭空来做？就是无从中有。一个是有中升级，另一个是无中生有。这怎么可能是一回事。一个是已经建好，你的任务只是让它更易于为学生所接受，实现它的功能。另一个是什么都没有，你建这栋楼的目的是什么？你要自己想，而且这个目的也不是你想什么就是什么，你还必须考虑学校的培养目标，你还要考虑你这栋楼与国家已经帮你建好的楼有什么关系，还要受它的约束。你在哪里建？你要自己选，而且还不是你想选哪儿就选哪儿，你还必须考虑你选在这里是否有利于你们实现学校的培养目标？你选的地方与国家课程已经占有了的地方有什么关系？你怎么建？国家课程其实国家已经基本建好了，那是多少专家研究的成果，但校本课程却没有那么多专家来帮你，你需要自己摸索。你要建成什么样子？国家课程大致的形式已经有了，你只需要装饰一番。但校本课程，没有什么预设的模样，都是你说了算。你想过没有，你的课程建设好了后，呈现给学生的，是一个什么样子？总之，国家课程校本化实施，与校本课程建设，是两件不同的工作，其工作内容和工作流程都不一样。学校应该把这两件事区别开来，按各自的规律来展开相关工作。混在一起谈、混在一起想、混在一起做，谈不清楚，想不明白，做不出来。

（一）课程的四大要素

动手建设校本课程之前，要搞清楚课程有哪几大要素。所谓校本课程建设，就是把这几大要素都做好。

1. 课程目标

泰勒认为，课程其实是围绕对四个基本问题的讨论展开的。第一个问题是"学校应该达到哪些教育目标？"第二个问题是"提供哪些教育经验才能实现这些目标？"第三个问题是"怎么才能有效组织这些教育经验？"第四个问题是"我们怎么才能确定这些目标正在得到实现？"它们分别对应课程目标、课程内容、课程结构和课程评价四大要素。

什么是课程目标？学生在学这门课程的时候，是A状态；学完这门课程后，应该是B状态。A–B之间的差，就是课程目标。一句话，学生学了你这门课程后，会发生什么变化？这就是课程目标。当然，细分下来，还可以具体一些。

（1）知识方面发生什么变化？多了一些什么知识？这一部分是最容易明确的。

（2）能力方面发生什么变化？多了一些什么能力？这一部分也比较容易弄

清楚。

（3）情感、态度、价值观方面发生什么变化？这一部分的问题难以说清楚，但有的时候又非常重要。

（4）过程与方法方面发生什么变化？经历怎样的过程？掌握怎样的思维方法？过程部分还可描述，方法部分不太好描述。

2. 课程内容

所谓课程内容，首先要区别学生形态的课程和教师形态的课程。学生形态的课程，是指学生的经验，即学生要学到的东西。教师形态的课程，是指教师的经验，即教师要教的东西。这两者可能是一样的，也可能是不一样的。教师要教的东西，可能是学生要学的东西，也可能是为学生学到东西做准备的。反过来说，学生要学的东西，也不一定都需要教师教，有些经历是学生在具体情境中体验到的，教师的作用其实是留出时间、策划好相应的情境而已。课程内容，既包括学生要学的东西，也包括教师要教的东西。

课程内容的形式非常复杂多样，大致上应该包括：

（1）教材或讲义。这其实是学生要学的东西。教材是比较系统、全面的课程内容讲述。讲义则是纲要，主要是提示课程内容的框架。当然需要书面学习的内容，也一并收入讲义里。这种收进讲义里、属于学生需要书面学习的内容，往往就是学习材料。需要特别提示两点：第一，一般来说，知识性课程，教材或讲义的重要性要大于活动性课程和观念性课程，有些活动性课程或观念性课程，可以没有教材或讲义。第二，教材或讲义的编写，是一项专业性很强的工作，教材或讲义有特殊编写要求，不同于一般的个人著述或经验总结。

（2）作业系统和学生活动设计。课程建设，最容易忽视的是作业系统的设计或学生活动系统的设计。作业系统和活动系统可以一边实施一边设计，但在开始实施之前，要有总体框架设计和安排。课程结束，要有完整的作业设计和活动设计。可以这样说，一门课程，如果作业系统和学生活动系统阙如，则这门课程肯定是不完整的。作业系统和学生活动系统，属于学生要学的内容，这部分内容是课程内容的其他部分的基础。

（3）教学资源。这一部分内容，既属于教师要教的内容，又属于学生要学的内容。教师在教学过程中，要使用有关的视频、音频、图片、案例、事实、报道、专业书刊、阅读材料、数据、作品、工具、教具、网络资源、信息技术

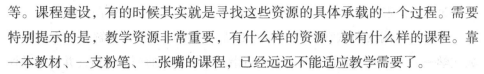
等。课程建设，有的时候其实就是寻找这些资源的具体承载的一个过程。需要特别提示的是，教学资源非常重要，有什么样的资源，就有什么样的课程。靠一本教材、一支粉笔、一张嘴的课程，已经远远不能适应教学需要了。

（4）教学计划。这属于教师形态的课程内容。教学计划就是教学的内容目录及时间安排。其中，教学的内容目录是系统化的排列，教学的时间安排，则体现了各部分内容的重要性及地位。教学计划需要周密考虑，往往需要在课程实施过程中做出调整。但这并不意味着教学计划不重要，尤其是已经实施过一次的课程，则更要精细化。

（5）教案。教案即教师的备课。这是教师形态的课程中最重要的内容。所谓教案，就是在课程实施过程中，具体的内容实施和教学方式设计，是直接向学生提供的学习材料。它最主要的特征是，它的内容设计直接与内容向学生呈现的方式结合在一起。教师在备课的时候，直接思考的其实是把内容向学生呈现的方式，如果方式没有设计，内容即无从呈现，或者说，教学内容实际上尚未成型，甚至可以说尚不存在。教师在备课的时候，有的时候容易犯形式大于内容的毛病，原因就在于此。国家课程，教学内容都是规定的，所以一般犯这种为形式而形式的毛病较少，但校本课程，因为内容并不预先存在，而且也不是权威性地预先存在，所以更容易犯这种轻内容重形式的错误。这是校本课程建设要小心规避的地方。PPT课件也属于教案的范畴。

3. 课程结构

实际上，在泰勒的课程理论中，课程结构也属于课程内容的一个方面。只是因为结构问题太重要了，需要单独提取出来加以强调。

所谓课程结构，是指课程内容的组合方式。同样的内容要素，不同的组合方式，可能属于不同的课程。一般来说，课程结构有以下几种类型：

（1）逻辑性结构。一般知识性课程，常选用逻辑性结构，课程内容按知识本身的逻辑结构来安排。

（2）拼盘性结构。技能性课程，大多选用这种拼盘性结构。课程各个部分本身没有逻辑的、内在的联系，只是根据教学安排，来安排各个教学内容。这些部分，是可以调节安排到其他位置的。例如，我校一门《宋诗阅读》课程，其结构如下：

全部课程共11讲，一个学期完成，每周1讲（包含2课时）

第一讲：宋词的由来、宋词的创作以及宋词在我国古典文学中的地位；

第二讲：阅读和欣赏苏轼的《念奴娇·赤壁怀古》，了解苏轼在我国古典文学——诗、词、文等方面的杰出造诣；了解苏轼的词的风格，并通过品评《念奴娇·赤壁怀古》直观感受豪放派词的意韵；介绍苏轼的另一些词作：《水调歌头》《江城子·密州出猎》等，让学生自主选择阅读。

第三讲：阅读和欣赏李清照的名篇《声声慢》《如梦令》，了解李清照的生平，了解她的易安体的特点，感受李清照的词中蕴含的独特真切的情感；介绍李清照的另一些词作，如《武陵春》等。

第四讲：阅读和欣赏辛弃疾的名作《摸鱼儿》《丑奴儿》《青玉案》《永遇乐京口北固亭怀古》等，感受辛弃疾的词作的风格，了解辛弃疾的生平；感知辛弃疾的另一些词作。

第五讲：阅读和欣赏欧阳修的《蝶恋花》《生查子》两首词作，了解欧阳修的生平和创作以及其他的词作等。

第六讲：阅读和欣赏柳永的《蝶恋花》《雨霖铃》《八声甘州》三首代表性的词。

第七讲：阅读和欣赏范仲淹的《苏幕遮》《渔家傲》，了解范仲淹的词风。

第八讲：阅读和欣赏秦观的《鹊桥仙》《望海潮》两首名作，了解秦观的创作。

第九讲：阅读和欣赏陆游的《卜算子·咏梅》《诉衷情》，了解陆游不仅在诗作上有杰出的创作，在词的创作上为后人所敬仰。

第十讲：阅读和欣赏范成大的《眼儿媚》，了解范成大在宋词创作中的重要地位。

第十一讲：阅读和欣赏文天祥的《酹江月·和友驿中言别》和岳飞的《满江红》，感受词中蕴含的浩大气势。

这十一讲，相互之间是可以调整的，调整以后并不会对整个课程造成实质性的影响。

（3）心理性结构。所谓心理性结构，就是根据学习的心理过程，即从简单到复杂、从浅到深的规律来安排的结构。课程不同部分之间并没有内容上的逻辑联系，但是也不是随意调整，因为前面内容的学习，为学习后面的内容准备了心理条件，前者在心理发展上具有优先性、前提性。例如，我校校本课程

《小外交家》的课程结构见表6-4。

表6-4　课程结构表

周　次	内　容	课时（32）
1	课程简介	1课时
2	语音基础知识——了解语音在语言学习中的意义	2课时
3	语音基础知识——根据重音和语调的变化理解和表达不同的意图和态度	2课时
4	词汇基础知识——了解英语词汇包括单词、短语、习惯用语和固定搭配等形式	2课时
5	词汇基础知识——理解和领悟词语的基本含义以及在特定语境中的意义	3课时
6	词汇基础知识——运用词汇描述事物、行为和特征，说明概念等	4课时
7	话题基础知识——熟悉与学生个人、家庭和学校生活密切相关的话题	3课时
8	话题基础知识——熟悉有关日常生活、兴趣爱好、风俗习惯、科学文化等方面的话题	4课时
9	操作练习——角色对话表演	3课时
10	操作练习——电影原声配音	4课时
11	操作练习——英语演讲演示	2课时
12	评价	2课时

前面的训练为后面的训练准备了心理条件。

4. 课程评价

课程评价包括对学生的评价和对教师的评价。其中，对学生的评价属于课程建设的范畴，而对教师的评价则属于对课程管理的范畴。

简单地说，对学生的评价就是看学生是否达到了课程目标所提出的要求。课程评价要解决的问题，就是寻找到证据，证明学生已经达到了课程目标所提出的要求。这项工作的难点是确定证据与证据所证明的内容之间的关系。

一般来说，这种证据包括两种类型：一种是过程性证据，即学生在学习过程中形成的客观成果、记载等，如考勤登记、作业等。另一种是所谓终结性证据，即学习过程完成后的结果，包括考试成绩、作品等。

课程目标、课程内容、课程结构、课程评价是课程最基本的四个要素。所谓课程建设，就是寻找到这四个要素的内涵与外延，并以物质形态呈现出来。看一门课程是否建设成功，就是看这四个课程要素是否找到并能以物质化的形态呈现出来，这是课程建设工作的理论基础、认识基础，任何学校开展课程建设之前，必须在理论上、认识上达成以上共识，才能开始工作，否则就是盲人摸象，不得要领。

（二）校本课程建设的流程

校本课程建设，包括课程设计和实施两个部分。课程实施流程我会在课程管理一节中讲，这里主要是讲课程设计的流程。

1. 寻找待开发的校本课程的定位

在着手建设校本课程的时候，第一个遇到的问题，就是这一门校本课程的定位。简单地说，就是你这门校本课程在实现学校培养目标这一总目标中占据一个什么位置，起到一个什么作用。具体地说，就是你要找到这门课程在学校课程体系中的位置。大致上包括：

（1）培养目标的实现是由学习领域来承载的。该校本课程直接对应培养目标的哪个学习领域？有些课程可能跨学习领域，那么它跨哪些学习领域？

（2）该校本课程可能是直接属于某学习领域下面的一级课程，也可能是与其他课程一起组成课程板块，然后再隶属于某一学习领域。这两种情况下，该课程的板块结构分别是怎样的？

（3）该课程是属于选修课还是指定选修课？

（4）该课程是属于学科课程还是属于活动课程，或是综合性课程？

（5）该课程是补充性课程还是发展性课程？所谓补充性课程，是指弥补学生所短的课程；所谓发展性课程，是发扬学生所长的课程。

所谓课程定位，是指搞清楚以上几个问题。明确的课程定位，可以清晰地将该课程标识在全校的课程总表的恰当位置上，并清楚地标明与其他课程的关系。

2. 确定校本课程的主题

校本课程设计的第一步，就是选定课程主题。选定课程主题是一个逐步明确、清晰的过程。先确定这门课程的大方向，这个所谓大方向，就是我们在上面所说的定位，即这门课程在学校课程体系里占据什么位置？发挥什么作用？

在校本课程建设实践中，往往是教师有一个想法，或者自己有一个特长，然后再来看自己能开设一门什么课，然后再在学校课程体系里寻找自己可以开设的这门课的位置。这当然是可以的。只是，如果教师开设的这门课，与学校的培养目标关系不大，其实在学校课程体系里并没有位置，则需要果断舍弃。在校本课程建设中，因人设课是错误的，虽然许多学校不得已这样做，但肯定不是理想的状态。

（1）在学校课程体系指引下确定大方向。校本课程开发确定主题的理想的状态是：先研究学校的课程体系，然后对照教师的兴趣、意愿和特长，寻找教师可以开发的校本课程大方向。

（2）查漏补缺。在学校课程体系里查找到大方向后，下一步是看看学校已有的校本课程里，是否已经有了相应的课程？在同一大方向下，还缺什么课程？

（3）为课程命名。完成查漏补缺这一步，就可以为自己要开设的校本课程寻找主题词了。主题词直接确定课程的主题，划定课程的边界。最后为课程命名。校本课程的命名是非常重要的一个环节。要领有三点：一是要直接使用课程主题词，二是简洁，三是要直接揭示课程性质。

3. 课程资源的搜集

课程主题确定后，就要开始进入课程方案的编撰阶段。这个时候，有一个准备工作必不可少，那就是课程资源的搜集。

（1）本体知识的资源，即课程内容方面的知识性资源。例如，你准备开设唐诗鉴赏。那么你必须搜集一些合适的唐诗作品，还有关于鉴赏的一些具体含义的资料，因为唐诗鉴赏不同于唐诗阅读，其主题词不同，鉴赏更重在读的结果，阅读则重在读的过程。

（2）教学资源。你准备开设一门名称叫作"唐诗鉴赏"的课程，那么你首先应该看看你的同行们曾经是如何开设这门课程的。他们又是如何确定课程目标、确定课程内容、安排课程结构以及设计课程评价方式的。既然已有范例，为什么不看看他们是怎么做的。你要做的，一是吸收多家的所长，二是针对自己的情况、学生的情况，做出相应调整。

4. 课程方案的编撰

终于到最重要的一个环节了，那就是课程方案的编撰。所谓课程方案，就是你准备如何开展这一门校本课程的开发和实施。实际上，也就是把你上面要做的工作，以及你以后准备要做的工作，用书面形式表述出来。具体内容包括：

（1）课程主题。

（2）课程性质。确定是选修课还是指定选修课，是学科课程还是活动课程，或是综合课程。

（3）课程目标。

（4）课程内容与课程结构。这是重点，包括教学内容体系（三级目录）；需要使用到的资源名录；学生作业系统名录和学生活动项目名录；

（5）课程评价。明确对学生的评价方案的主体内容。

5. 课程申报

以上所有步骤都是教师的个人行为。下一步将开始进入学校层面。

根据学校课程管理的规定，教师填写校本课程申报表（格式见附件）。校本课程申报表包括以下内容：

（1）课程名称。

（2）申报者及简介（要反映开课者具有开设这门课程的学养和能力）。

（3）课程价值。简明阐述这门课程在学校课程体系中的地位和意义，以及为实现学校培养目标能起到的作用。

（4）课程性质。

（5）课程适用对象。这门课程是为哪一类学生开设的，适合哪一类学生选修。

（6）课程目标。

（7）课程内容及结构。

（8）教学计划。主要是教学时间安排。

（9）课程评价。

（10）开课所需要的条件。

6. 备课

等学校同意开设这门校本课程后，开课教师可以进入备课环节。从这一个环节开始，校本课程建设开始进入实施阶段。

备课不可能一次性全部备好。肯定是边上课边备课。备课除了备教案之外，还须包括作业设计和学生活动设计。备课对课程方案可以有修改。备课有一个逐步完善的过程。一般来说，两轮备课能成型，三轮备课可以比较完善。

7. 课程档案整理

校本课程建设，课程档案整理是非常重要的一个环节。现在很多学校不重视这一块，没有相应的规定，也没有相应的标准，有关的资料都散乱地、零星地储存在教师的电脑里，有些想法、经验，都没有留存下来，这样的学校，课程建设工作做了很多，没有积累。新的教师如果要开设校本课程，又从头开始摸索。课程档案，是学校基本学术建设的重要内容，必须引起高度重视。校本课程档案整理包括以下内容：

（1）课程方案。

（2）校本课程申报表。

（3）教学计划表。

（4）教案。

（5）学生作业和活动成果（作品）。

（6）学生修课名单、考勤表。

（7）考试试卷，或考核方案。

（8）学生成绩。

（9）课程总结。

（10）学校教学或课程管理部门的审核评语。

（三）校本课程管理规程

校本课程建设主要是讲教师要做的工作，校本课程管理主要是讲学校要做的工作。

规程包括流程和标准。校本课程管理规程与国家课程管理规程是不一样的。国家课程管理由政府相关组织做了一多半的工作。而校本课程，则需要由学校做完一门课程从创设到评价所有的流程。需要特别强调的是，课程管理的流程性，简单地说，就是一步也不能省。校本课程开发和实施的质量，其实都在这些流程里。

1. 发布校本课程需求书

在已经发布学校课程体系的基础上，每一学期结束之前，可以向全体教师甚至社会发布下学期校本课程建设需求书，包括学校课程体系里尚未建设好的课程，也包括已有但还需优化的课程。这个课程需求书相当于课程建设任务说明书，或者叫作招标书。主要内容包括：

（1）课程主题说明。

（2）课程性质说明。

（3）对任课教师的基本要求。

（4）开课对象。

（5）课时分配。

（6）备注，主要是关于学校有关设施设备的提示。

2. 审查校本课程申报表

在教师已经编撰好课程方案并提交了开课申请的基础上，学校应该及时组织校内外的教师、专家和学校教务管理部门的领导，组成学校课程委员会，审查课程申报表，并及时做出明确的批复，审查通过的同时通知教师开课计划。一旦批复并通知教师，则教务管理部门将这门校本课程编入学校课程计划，并排入课表。

3. 校本课程挂牌

这一个环节是面向家长和学生的，即向家长和学生推送学校的校本课程。现在许多学校有选课系统，学生和家长在寒假或暑假里，通过学校的选课系统选课，非常方便。挂牌内容包括：

（1）课程主题（名称）。

（2）收费标准（指收费课程）。

（3）适用对象。

（4）课程目标。

（5）课程内容简介。

（6）课程时间（开课时间及课时数）。

（7）该课程的评价标准。

（8）开课教师简介。

其中，是否收费、课程内容、评价标准和开课教师是重点。因为这四个信息决定家长和学生是否选修该课程。

4. 校本课程教学日志

学校设置校本课程教学日志簿，由选修该课程的学生中担任课代表的学生负责登记，内容包括上课时间、学生考勤和上课主题。

5. 组织校本课程考试或考核

学校应该在课程结束的时候，由学校组织校本课程考试或考核。由学校组织，即学校发出通知，由任课教师主持完成。如果选课人数较多，则是多班上课，还需要由学校组织其他教师共同参与。

6. 课程档案收集

课程结束，应由学校课程或教学管理部门通知收集课程档案并保存于学校。现在许多学校校本课程的有关资料，都保存在开课教师个人手中，这是不够的，学校必须同时留存一份。必须明确，校本课程的知识版权属于教师个人和学校共同所有。

7. 课程评估

（1）评估内容：课程是否按计划实施？是否达成课程的目的和标准？教师教学质量如何？这些是指对教师的教学评价。评估的目的是决定该校本课程是否达标并列入学校课程库名录，正式列入学校课程体系的正式课程。

（2）评估流程：学校课程委员会审阅课程档案；召开学生座谈会；召开家长座谈会（必要的话）。我校校本课程的评估指标见表6-5。

表6-5 学校校本课程的评估指标

评价指标	课程设计	实施情况	课程成果	学生评价
所占分值比例	20%	20%	35%	25%
总计20分	4分	4分	7分	5分
具体评价依据	课程申报时递交的课程方案	课程档案	学生作品、教材、课件等	学生评价表

（3）评估结果包括以下类型：停课，改进，达标并列入课程库名录和学校课程体系，精品课程。

学校课程作为学校为学生提供服务所使用的产品，无疑是办学校最重要的工作。课程作为学校最重要办学资源，所有学校都高度重视。但是，中华人民共和国成立以后，课程建设被认为是国家的事，政府的事，专家的事，所以研究界也不太重视课程理论的研究，更没有在中小学教师中普及课程理论。这一历史背景决定了我们中小学课程建设工作，就普通的情况而言，做得不够专业。我认为，这就是目前大多数中小学办学遇到的最大困境，实质性的困境。也或许是没有意识到的困境。这与许多学校还没有意识到学校课程其实是学校最重要、最基础的办学资源是联系在一起的。

附：校本课程申报表

××学校校本课程申报表

课程申报者情况						
基本信息	主持人姓名		职称		教学年限	
	参与者姓名		职称		教学年限	
	参与者姓名		职称		教学年限	
课程时间安排				周课时		
课程目标（你这门课想改变学生的什么素质？改变成什么样子？分条述说；内容有可操作性、可检测性）						
课程内容（教给学生哪些方面的知识、原理、事实、态度、方法、过程；用目录的形式陈述，需要详细目录，到第三级；第三级同时需注明实施时间和实施方式，包括：讲授、活动、参观、实验、写作、讨论、展示等）						

续 表

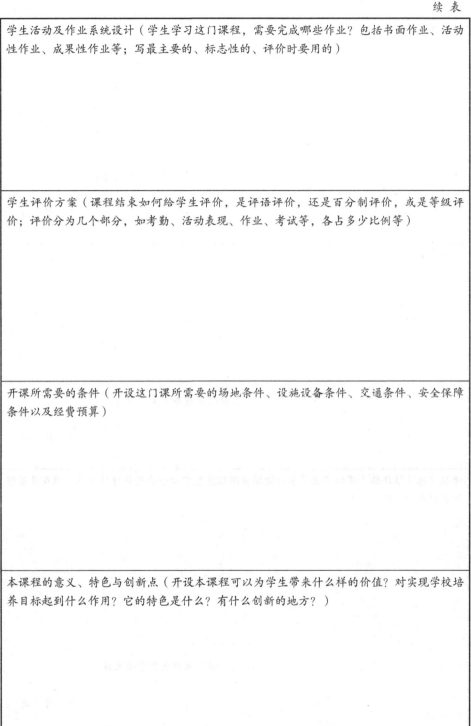

学生活动及作业系统设计（学生学习这门课程，需要完成哪些作业？包括书面作业、活动性作业、成果性作业等；写最主要的、标志性的、评价时要用的）

学生评价方案（课程结束如何给学生评价，是评语评价，还是百分制评价，或是等级评价；评价分为几个部分，如考勤、活动表现、作业、考试等，各占多少比例等）

开课所需要的条件（开设这门课所需要的场地条件、设施设备条件、交通条件、安全保障条件以及经费预算）

本课程的意义、特色与创新点（开设本课程可以为学生带来什么样的价值？对实现学校培养目标起到什么作用？它的特色是什么？有什么创新的地方？）

续　表

学部意见   　　　　　　　　　　　　学部主任签字： 　　　　　　　　　　　　　　　　　年　月　日
学校审查意见   　　　　　　　　　　课程发展中心主任签字： 　　　　　　　　　　　　　　　　年　月　日
课程实施终结评估（课程实施结束后由学校课程发展中心给出整体评估意见，以及是否继续在校内开设的意见）   　　　　　　　　　　学校课程发展中心主任 　　　　　　　　　　　　　　　　年　月　日

第七章

如何理解制度作为办学资源

学校制度其实是学校重要的办学资源，而且是学校最基础的办学资源。从这个意义来说，学校制度建设是学校最基本的建设。应该说，现在的学校都很重视制度建设，甚至是当作不可或缺的办学元素来对待。但是在一般的学校管理者心中，制度是用来保证学校秩序的，是学校办事的规矩，用来约束教职员工，是管人的工具。似乎很少有人从办学资源的角度来思考制度建设问题。

学校制度作为办学资源，其最大的特点不在于没有它不行，而在于有什么样的制度就能办成什么样的学校。实际上，在一所学校的办学历程中，会有一段时间没有严格的制度，至少是没有成文的制度的。学校制度是办学到了一定程度，学校事务复杂化，学校框架定型以后，为规范今后这个框架下的工作程序和标准而建立起来的。但是制度一旦建立，就全面地规定了学校的框架。一个学校的框架，逃不脱其制度所圈定的范围和概貌。如果一个学校的制度文本很完整，如果能仔细研究这个文本，其实就可以大概描述出这个学校的样子。

一、制度如何成为办学资源？

制度成为办学资源，很大一部分原因，是制度的产生过程对办学所产生的影响。

1. 制度的产生过程

很多人想象，学校制度建设其实是很简单的事。学校工作就那么几个方面，这些方面各需要什么样的制度，教科书上都写着，老早就有好事者编辑了很多大部的类似辞典的著作，各种制度的文本赫然罗列。学校想要什么制度，直接从上面照搬即可。如果学校制度建设就是这么容易的事，那么我们也的确没有必要费力来专题讨论了。

问题是，这个世界上根本不可能存在两所所有制度一模一样的学校。主要有两个原因。第一个原因，每一所学校的办学环境都不一样。包括所在地区的社会环境、经济环境、文化环境、交通环境，所在地区的教育发展状况和学校竞争程度，学校主办者的投入、意愿和追求，学校管理者、教职工的组成结构和来源，生源状况，等等。这些环境性因素完全一样的学校基本不可能。不同办学环境的学校，它们遇到的问题也不会完全一样，各种问题的紧迫性也不会完全一样，规划和事项、要求和标准也各不相同。总之，学校是一个个性化的事物，世界上不可能存在两所一模一样的学校。办学的个性化特征决定了学校制度的多样化、多元化。

第二的原因，制度如何产生？在办学实践中，不是先有制度然后才有办学行为的。这是一个普遍的误会，人们想当然地认为，学校制度这么重要，那么肯定是先制订好学校的制度，然后才能办学。实际上，学校制度的制订，有两个条件，一个条件是学校框架要先建立起来。学校制度其实是规范学校内部治理结构各个组成部分的权力和责任。如果学校框架尚未建立，学校制度根本就无从思考、确定，就根本谈不上如何来规范学校内部治理结构各个组成权力和责任。办学校，第一步，就是逐步建立学校内部治理结构，而这不是一蹴而就的事，它是一个逐步完善的过程。在这个内部治理结构尚未基本成型的时候，学校有关制度就无法正式确立。先建立学校内部治理结构，然后才有相关制度来规范各组成部分的权力和责任。第二步，学校的组成成员要基本到位。在办学初期，学校的各岗位的人员不可能一下子全部到位，甚至岗位的设置都是不能一下子全部到位的，所以这个时候即使有相关制度，也很难执行到位。只有学校各岗位的人员基本到位了，才有可能来分辨各种可能性，以及这些可能性之间可能出现的混乱，这个时候，才有可能来制订各项规章制度。

总之，第一，为学校搭好框架；第二，为学校配齐人员，这两件事基本做成型了，才有可能考虑制订什么样的制度，才可能形成制度的具体内容。而这两件事，其实就是办学最基本的事情。这就是我所谓的先有办学行为，然后才有制度的制订。

实际上，并不是这两件事基本到位就一定会有制度的产生。制度实际上着眼于解决问题。在办学实践中，学校出现了一些问题，遇到了一些混乱，或出现了一些不利于学校发展的倾向，学校管理者适时地提出一些保障学校正常运行的要求和规范，这个时候制度的制订应运而生。

这样制订出来的制度，有两个重要的特点：一是鲜明的针对性。制度的制订，总是针对办学实际中出现的问题。先有办学行为，然后遇到困难，或出现了问题，才有制订制度的需要。第二个特点，这个制度的制订，往往是学校管理者的一个痛点。许多时候，学校管理者在某些方面已经遇到了困难，甚至失败，有的甚至已经造成了一些后果，吸取教训，制订一年制度，防止今后再有类似的问题出现。这样制订出来的制度，往往就是办学者、学校管理者的一个痛点。这个痛点，往往会成为办学者、学校管理者，甚至全体教职工在办学中非常忌讳的事，大家都不能再犯这样的错误了，再犯这样的错误，大家要再经受一次痛苦。那么到底应该怎么办，什么事不能做，制度已经具体做了明确的规定。这样制订出来的制度，往往是执行得最好的制度，往往是大家认可度最高的制度。

2. 制度的产生过程对学校的塑形功能

学校制度产生过程决定了学校制度作为办学资源的特点，其背后有学校的记忆。它的产生过程就是办学实践过程的总结，正面或反面的总结。什么事情，应该怎么做？我们做的这件事，对学校的发展起到了重要的作用。我们用一个制度条文固定下来，作为大家都要做的事。什么事，我们没有做，或者我们没有做好，结果给学校的发展带来了意想不到的损害，甚至还带来了不可挽回的损害。我们吸取教训，我们用制度规定下来，今后在什么情况下，我们一定要做某件事，一定要做好某件事，一定要这样来做这件事。这种带有学校办学实际过程记忆的制度，我们称为学校文化DNA。

我之所以将学校的制度作为办学的重要资源，原因就在于此。学校的制度背后，有故事，有痛点，有失败的教训和成功的喜悦，它浸入学校主办者、管理者和当事人的情感和思想，所以它才能成为学校文化DNA。它在根子上决定了学校的文化发展方向，决定了学校的价值标准。它是学校以后产发出来的其他文化因素的根基和基本元素。从这个意义上来说，我们看一所学校，我们首先要看的是它的制度册，然后请这些制度的制订者来讲讲它们是怎么产生的，当时发生了什么事，有什么后果，当事人是怎么想的，大家是如何一起来总结经验教训，是怎样来讨论原因，是怎样来研究如何才能避免再一次出现类似的事情。我们听了这样的故事，我们再来看这些制度条文，就会发现，制度条文不再是冷冰冰的，而是有血有肉的。然后我们再来看这所学校呈现在我们面前的样子，看这所学校的教师的精神面貌，看校长的气质，看这所学校的学生的特点，看这所学校里的人办事的精神气，我们就知道，这些冷冰冰的制度，其实在很深的层次上为学校塑型。

我所谓的制度是办学的资源，说的就是这个意思。学校的制度，因为有了文化DNA的性质，所以它为学校定了基调，并且成为学校永不枯竭的思想源泉和工作支持系统。

二、"幸福教育概说"如何为学校塑形？

瑞安市新纪元实验学校有完整的学校制度。截至2018年，我们共有学校章程类3章，学校文化类2章，工作职责类52章，人力资源管理规程类113章，德育管理规程类29章，教学管理规程类43章，科研管理规程类12章，后勤管理规程类8章，卫生管理规程类8章，信息技术管理规程类10章，外国专家管理规程类3章，党建和工会管理规程类8章，学校档案管理规程类8章，共299章，合计约60万字。这是我校办学的最基本的资源。我们学校如果没有了这299章，合计约60万字的管理制度集，我们的学校就会坍塌，即使不坍塌，也不会是现在的学校。瑞安市新纪元实验学校，就是靠这凡299章、合计约60万字的制度规范着，稳稳地在我们的轨道上前行。

这些制度，当初它们产生的时候，是对我们的指引。当它已经成为大家遵守的基本准则的时候，它是我们的保护神。它塑造了我们学校，塑造了我们学校的每一个人，包括校长、教师、学生，甚至家长。

瑞安市新纪元实验学校最基本的制度，是两项。一项是我校的办学指导思想，一项是我校的行为准则。

1. "幸福教育概说"

"幸福教育概说"是学校的办学指导思想，是学校的根本大法。全文如下：

导言：

人类的发展史就是一部对幸福的追求史，就是通过对幸福追求而不断探究人的存在意义、存在方式和存在内容的反思史。

幸福是人们在一定物质生活和精神生活中，因感受或意识到自己已实现或正在接近自己预定的目标或理想而引起的一种内心的满足。

幸福需要教育。教育引领人们理解幸福，正确认识幸与不幸、现在幸福与未来幸福、个人幸福与社会幸福。

教育需要幸福，学生的幸福感是一种积极的、愉悦的心理感受，一切有利于学生身心健康成长的幸福感都会促进学生的情感、知识、技能的提高，唤醒学生感情上的敏锐性和注意力。

教育是创造幸福的工具。理想的教育可以使师生在学习和交流以及知识的获取过程中，达到心灵交融，获得愉悦的感受，这种心理的愉悦状态就是一种幸福感。充满幸福感的教育可以帮助学生形成和培养感知幸福、追求幸福的能力，为未来的生活做准备。

一、幸福教育

（一）以促进人的全面自由发展为宗旨，尊重规律，尊重差异，在公平民主的和谐氛围中，在教学相长的互动过程中，充分体验知识获得、经验习得、兴趣激发、能力提高、视野拓展、成长发展的愉悦感受，这种充满愉悦感受的教育就是幸福教育。

（二）尊重差异是幸福教育的道德基础。

（三）公平民主是幸福教育的和谐氛围。

（四）能力提升是幸福教育的育人目标。

（五）教学相长是幸福教育的实施原则。

（六）愉悦感受是幸福教育的过程体验。

二、幸福感的构成

（一）幸福感包括主观幸福感、心理幸福感和社会幸福感三种维度取向。

（二）主观幸福感主要由个体对生活的满意度、积极情感的体验和消极情感的缺乏所构成。主观幸福感包含更多的对情感和生活质量的整体评价。

（三）心理幸福感指人心理机能的良好状态，强调人的自我完善、自我实现、自我成就以及自我潜能的完美实现。心理幸福感注重对存在的挑战的主体感觉。

（四）社会幸福感指个人因自己目标的实现对他人或社会产生了意义或价值而升起的幸福感。社会幸福感关注自身对社会和他人的贡献。

（五）三个幸福感维度的关系。

1. 在三个幸福感维度中，主观幸福感是"幸福教育"的核心特征，主观幸福感规定了幸福感的基本面貌和实现程度；心理幸福感取决于自身的心理素质，与人际间的友好关系相关联；社会幸福感与社会现实、利他行为、社会认同以及社会和谐相关联。心理幸福感与主观幸福感密切相关，在一定程度上影响着幸福感的基本质量。

2. 三个幸福感之间存在着紧密的内在联系，三者之间既层层递进又逐渐深入，呈现出一种比较流畅的阶段式发展的整体态势，共同诠释了人类对幸福的感知过程，指明了人类幸福感的实际来源和获取路径。

三、提升幸福感的基本因素

提升幸福感的各种因素大致分为外部因素和内部因素两种。外部因素即环境因素，包含生活事件、家庭因素和人际关系因素（师生和同伴）等方面。内部因素即个体因素，包含自尊、人格和应对方式等方面。

（一）内部因素

1. 自尊是尊重的道德基础

尊重是人类最基本的道德价值，是全球的底线伦理原则。

自尊是指个体在社会化过程中所获得的有关自我价值的积极评价与体验，即对自身值得尊重的程度或重要性给出的综合性评价。青少年时期是个体个性发展的重要时期，自尊作为重要的个性变量，会影响儿童健康个性以及良好社会适应能力的形成。青少年自尊与其被他人接受、注意、关注、认可的程度密切相关。影响自我价值感形成的因素有能力感或效能感等内部因素以及来自他人的赞扬等外部因素。高自尊意味着个体对自己的能力和价值有积极而肯定的看法。高自尊可以帮助个体免受或少受抑郁和焦虑之苦，可以更好地应对生活中的挫折和打击，提高个人的幸福感。

自尊是获得自信的前提条件，有了自信就能更好地激发个体的积极情绪，充分认知和认同正能量，从而增强个体应对挑战时的心理承受力，为个体的心理健康和感知心理幸福奠定重要的基础。因此，以尊重为导向，以自尊的培养和强化为突破口，是提升个体主观幸福感和心理幸福感的重要途径。

2. 自尊的结构

青少年自尊结构包括社会认可、自我胜任感、外表感、归属感和重要感等五个方面。

（1）社会认可：社会认可是青少年在他人评价基础上进行自我评价而获得的。根据皮亚杰的道德发展理论，处于自律道德阶段的青少年已具备独立的自我评价，已经开始意识到社会赞许的重要性，渴望得到权威或同伴群体的认可。青少年时期已产生强烈的成人感，他们渴望独立与尊重，追求自我完善，非常注重他人对自己的看法，关注自己在他人心中的形象。由此可见，社会认可是青少年自尊结构的主要成分。因此，要尊重青少年，使其获得作为一个人应有的自我价值感。相反，如果青少年没有得到应有的尊重，其自尊受到了伤害，则往往表现出自暴自弃、妄自菲薄等消极悲观的情绪体验或不良的行为。

（2）自我胜任感：自我胜任感是青少年在各种活动中对其能力的感受。成就（能力）和从他人那里得到的赞许提供了自尊的基础，实际的成功和社会赞许导致了与自尊相关联的积极情绪。当儿童被教师或同伴注意、并得到肯定的评价后，他们会感到自己在教师心目中或在团体中是重要的，是有一定地位的。随着年龄的增长，青少年会把这种对自我的感受或评价逐渐转移到能力的实现上，即自我价值体现在成功的行为上。因此，注重培养青少年各方面的能力，这将有助于他们自尊水平的提高。

（3）外表感：外表感是指从身体外表方面获得的一种自我价值体验。对身体能力的满意和身体长相的接受会提高自我价值感。青少年非常注重自己的仪表和体态，注重服饰以及身体发育情况。身体外表不会对自尊产生直接的影响，但个体对其身体外表的感受则会影响他们的自尊，所以要积极的引导青少年使其能够正确地接纳自己。

（4）归属感：友谊的需要是青少年的首要需求，随着青少年学习压力的相对增加，生活中交织着优越感和自卑感、孤独感和依赖感，因此，他们需要从朋友关系中寻求安慰和调节，从而获得归属感。应创设宽松的、和谐的、健康的学校文化，使青少年有良好的集体认同感；鼓励青少年建立亲密的友谊关系，从而获得归属感。

（5）重要感：青少年期也叫作自我发现期，他们迫切地想要了解自己，追求理想的自我，认识到自身整体形象在社会生活中的重要性，开始关心和调整自己个性中的优点和缺点，通过各种方式来表现自我，渴望得到他人注意和接纳，即渴望获得重要感。希望通过自己的不断努力使自我得到发展，引起他人注意并获得肯定性评价，但绝大多数人又存在着自我评价的矛盾性，主要表现为理想我与现实我、主体我与社会我之间存在矛盾。因此，应帮助青少年正确地认识自己，避免过于自大和过于自卑。

（6）自尊结构五个维度的关系。自尊结构的五个维度具有密切联系。重要感是青少年自尊发展的基础，自我胜任感、外表感、归属感是自尊获得的重要途径，社会认可则是青少年自尊发展的最高表现形式。

（7）个体自尊与集体自尊。自尊是预测幸福感的最佳指标。自尊又可以分为两个方面，一方面来自对个人的评价，为个体自尊；另一方面来自对所属群体的评价，为集体自尊。社会认可和归属感就是集体自尊的重要来源。集体自尊对维持个体的幸福感起到非常重要的作用，它可以有效地预测个体的总体幸福感水平。集体自尊的增强可以有效地提升个体的自尊水平。

（8）自尊与幸福感的关系。自尊五个维度中的重要感影响着主观幸福感和心理幸福感；自我胜任感更多地影响着心理幸福感；外表感对心理幸福感起着潜移默化的作用；归属感直接影响社会幸福感；社会认可更多地表现为社会幸福感，同时对提升主观幸福感也起着重要的促进作用。

个体自尊的提升既可以增加生活满意度和积极情绪，也可以减少消极情绪。对于初中生而言，如何提升班级凝聚力，促进他们对班集体的认同和评价对于提升自我肯定以及进一步提升其主观幸福感非常关键。

3. 应对方式

应对方式和主观幸福感存在密切的关联，较多地使用解决问题和求助类应对方式的个体幸福感水平高，而较多地使用退避、不良情绪和发泄应对方式的个体幸福感水平低。

积极应对方式与高幸福感紧密相关，消极应对方式则对幸福感有消极影响作用，培养积极的应对方式可有助于幸福感提高。

初中生较多使用解决问题、求助和合理化等积极应对方式，不良情绪、退避和发泄类消极应对方式使用较少，女生在解决问题和合理化应对方式的使用多于男生。

4. 学业成绩

学业成绩的好坏也是成为影响主观生活满意度的一个主要因素，但其影响

主要表现在对总体满意度的综合影响。

学习困难的女生的总体幸福感显著低于男生，这可能是由于女生的性格导致。学习困难的女生比男生更自卑，更敏感，更在意他人的评价，从而更容易紧张、抑郁，感受到的压力更大，体验的幸福感与满意感相对就要少一些。

学习困难的学生的父母教养方式与主观幸福感密切相关，父母亲多理解、关心孩子，孩子对生活各方面的满意感就强，总体幸福感就高。相反，父亲和母亲对孩子放任不管或管教过于严厉苛刻，孩子体验到的幸福感则少。所以，父母对学习困难的孩子应给予情感上的关怀和理解，而不应该一味地惩罚和否定，否则只会形成恶性循环，不利于孩子的成长。

（二）外部因素

1. 家庭因素

家庭因素包括家庭气氛（家庭结构）、经济条件、父母教育程度、教养方式等。

（1）父母的养育方式。父母的养育方式与儿童主观生活满意程度有一定的关系，父母的理解关怀对子女的幸福感受有正面的影响作用，而拒绝、放任、严惩型等不良教养方式则起着负面的影响作用。

在小学阶段，母亲对儿童情感方面的理解、支持与关怀对儿童生活满意度的影响起着非常重要的作用，似乎超过了父亲的影响。父亲的教养方式对初中生的幸福感影响相当重要。造成这一差异的原因可能与初中生青春期心理、生理发育特点有关。

（2）父母受教育程度。父母受教育程度是影响亲子关系的重要因素。受教育程度高的父母与子女更容易交流，因而导致子女满意度增高。父亲的文化程度通过影响其采用的教养方式进而对高中生的主观幸福感产生重大影响。作为家庭中重要组成体的父亲应充分发挥自己在教育子女方面不可替代的作用，进而促进家庭和学校之间的沟通与交流，使之共同组成和谐的教育体系。母亲的受教育程度是一个显著影响儿童主观满意度的因素，母亲受教育程度高的儿童，对自己家庭和学校的生活更加满意。

（3）家庭氛围。家庭氛围也是影响中学生主观幸福感的重要因素，和睦家庭的学生比争吵家庭的学生体验到更多的生活满意度和积极情感。和睦家庭的学生拥有一种安全感，这有助于提高他们的家庭满意度，并且拥有更少的消极情感。家庭结构与家庭气氛相比，家庭气氛对学生的影响要大于家庭结构。

（4）家庭经济收入的高低制约着学生的消费水平和交友的范围，会间接地影响学生的主观幸福感。

2. 人际关系因素

（1）师生关系。师生关系既能提高自尊，又能降低自尊。当教师在教学中不仅重视学生技能的发展，而且重视学生的情感状态，特别是自尊的发展时，教学会更有效；教师期望对学生的学业成绩和自我价值观有直接的影响。研究发现，师生关系满意度的各维度与儿童的总体自尊都呈正相关，教师对学生的支持、关心、鼓励与期望有利于促进儿童自尊的发展。

教师还通过对同伴的影响间接影响个体自尊。教师作为课堂活动的组织者和管理者，会影响学生在同伴中的声望，影响学生同伴对他的认识，进而影响学生自尊。教师可以通过对学生良好行为的称赞或对不良行为的责备而影响学生在同伴心目中的形象。当学生得到教师的好评或认可时，有助于学生同伴关系的发展，进而使学生对自己产生积极的评价和情感，从而促进自尊的发展，享受幸福感的体验程度。

（2）同伴关系。同伴关系是指年龄相同或相近的儿童之间的一种共同活动并相互协作的人际关系。与同伴交往，青少年既可以实践从父母那里学会的社会技能，又可以学到一些在与成人交往中无法学到的新的社会技能。只有在这种同伴关系中，青少年才能学会与他人相处，学习基本的交往规则。因此，同伴关系是亲子关系和师生关系无法替代的，具有独特的性质和功能。

初中生处在一个从童年阶段过渡到青少年阶段的关键期，处于由家庭向同伴的人际转移特殊时期。其依恋关系也发生重大转移，父母的影响正在减弱，而同伴的影响正在增强。

3. 初二现象

从初一到初三学生的总体生活满意度呈逐渐下降趋势。其原因可能是初中生处于从童年期向青春期过渡的阶段，面临着青春期生理变化、学习、升学等各方面的压力和挑战需要去适应。

初二对于女生来说是更危险的时期，消极情绪从初二开始增加，女生与父母的依恋水平，女生的集体自尊，重要转折期都在初二。男生、女生的生活满意度从初二开始都不断下降，但不管哪个年级都是女生的生活满意度更低。初三没有明显改善，同时生活满意度持续下降。她们对于父母和同伴依恋关系的反应更为敏感。女生对于人际关系的投注和依赖较多，她们更易受到情感方面的伤害。

4. 父子、母子和同伴依恋关系

父子、母子和同伴依恋关系的相对影响力是不一样的。在生活满意度和消极情绪方面，母子关系最强，在积极情绪方面，同伴关系最强。可见，母亲作为孩子通常意义上的主要依恋对象，其主要影响即使在孩子进入青春期之后也是存在的，初中生与母亲的情感联结是其对生活现状是否满意的关键。而同伴依恋关系对初中生积极情绪的体验最强。对于进入青春期的学生来说，同伴还是他们快乐的主要源泉。父母尤其是母亲扮演的是一个安全岛的角色，而同伴的角色则在于促进他们有更多积极的情绪体验。

5. 个体、集体自尊与幸福感

个体自尊的提升既可以增加生活满意度和积极情绪，又可以减少消极情绪。集体自尊的主要作用在于促进初中生有更多的快乐。

亲子（父母）关系、同伴关系水平越高，初中生的集体自尊和个体自尊水平越高，其主观幸福感程度也越强。

影响初中生的主观幸福感的途径：各种依恋关系—集体自尊—主观幸福感。

具有良好同伴关系和师生关系的学生，其自尊水平也较高，这是因为自尊是个体对自己的情感和评价，是对自我价值的判断。教师和同伴作为青少年生活中的重要他人，影响着青少年自尊的发展。建立融洽同伴关系的学生会从中得到对自己价值的肯定的正面强化，从而促使自尊的健康发展。而和谐的师生关系，会使学生能够更多地参与到学习活动当中，因此获得教师更多的期望、支持和鼓励。

同伴关系直接对青少年自尊产生重要影响；师生关系也可对自尊直接产生影响，但更多的是通过同伴关系间接实现的，即同伴关系起到了中介作用。

对于初中生而言，如何提升班级凝聚力，促进他们对班集体的认同和评价对于提升自我肯定以及进一步提升其主观幸福感非常关键。

在中国文化下，要增强学生的主观幸福感，仅仅注重学生个体自尊的提升是不足够的，更关键的是，如何进行班级和学校的团体文化建设，促进初中生对所在集体的认同和归属感。

6.社会支持

社会支持是个人在社会中得到承认的重要体现，朋友、邻里、同事、配偶、父母的支持以及个体的团体参与程度能增加个体的正向情感（即积极情绪）；缺乏朋友、配偶和父母支持、遇到烦恼时不懂得利用社会支持的个体，会产生较多的负性情感；得到朋友、邻里、配偶、父母支持并主动参与团体活动的个体更经常体验到快乐感。这一结果也暗示我们，每一个人都是社会的人，他总是生活在一定的群体中，想得到群体的认可和支持更表明了个体的归属感，因此这种爱与被爱、支持与被支持的过程，使得每一个个体得到的正向情感多于负向情感，这是主观幸福感的重要情感指标。

四、"幸福教育"的实施

（一）"幸福教育"的实施策略

1.构建和谐的幸福校园

用幸福观构建学校办学理念，打造幸福校园和幸福课堂，拓宽师生体验幸福的空间，努力使每一个师生成为幸福者和幸福的创造者。

学校要成为师生幸福的乐园，不仅要以优美的自然环境承载校园，还要创造和谐的人文环境来熏陶校园，还要以多彩的校园文化浸润校园。和谐的校园，优良的校风，可以帮助培育师生的主体文化。在幸福的校园里师生之间、同学之间团结友爱、互相帮助、共同进步，让学生从书本走向生活，感受到科学的真、伦理的善、艺术的美、师生的爱。和谐的校园，可以让每个师生都有体验成功的机会，可以有助于师生理解幸福的真谛，提升体验幸福的能力，从中汲取积极进取的力量。

2.体验个性化的学习方式

个性化的学习方式，着眼于学生学习知识的主动性、独立性、独特性、体验性和问题性。它不仅最大限度地调动学生学习的积极性和参与度，有利于学习效能的提高，而且充分关注学生个体成长，尊重学生个体精神的自由，着眼于学习潜能的开发，促进学生的自主发展。个性化的学习方式激发了学生学习的主动性，使他们能够展示自己的才华，对自己的成功和收获产生满足感，从而增强了自信，提高了个体自尊水平，学生就会感受到快乐和幸福，并以更大的热情投入到创造体验这种成功和快乐的学习活动中。

3.实施多元的智力评价

实施多元智能评价是关注学生的现实幸福，对于多元智能、各有不同专长的人才给予客观的评价和开发，不仅能提升学生获得成就的幸福感，还能让学生真正享受到教育过程的幸福。

学生的满足感大多同其需要直接联系，例如学习的成功，独立地解决某一难题，都能获得成功的满足感；知识技能的获得，智力的提高，师生、同学、家庭关系的和谐等，都能有满足感的体验。

教育的公平性是满足学生幸福体验的基础，多元智能评价理论使具有每一种智能的学生都有施展才华的舞台，让他们相信自己身上蕴藏着无限的创造才能，自我价值得到充分的肯定，从而激发起他们无限的探索、追求的热情，不断地把探索、追求、提高视为人生的幸福，把每一次成功的愉悦化作新的探索和追求的动力，不断开发自己的潜能，逐步丰富自己的知识，提高自身的素质和能力，由学习的幸福者成为人生的幸福者。

4. 构建和谐的师生关系

幸福教育呼唤建立全面、平等、和谐的师生关系。要求教师以爱为基础，尊重、了解、关注每一个学生，使每一个学生都获得自我认同感、归属感、胜任感和使命感，让每个学生都能体味成功的愉悦。

建立全面、平等、和谐的师生关系，要求教师理解学生、赏识学生、具有民主意识。其中，理解学生，要建立在对学生的平等、信任和尊重的基础上，把每个学生都看作是独立意义的人，尊重人格、尊重差异。赏识学生，要善于发现学生的闪光点，相信学生、热爱学生，帮助学生树立自信心，保护学生的积极性，充分挖掘学生的潜力。民主意识，要有意识地让学生参与民主管理，充分调动学生参与的积极性，使学生在与教师的平等交流中学习，在接受教育和参与实践的过程中逐渐培养自信，把每次成功的体验和成就感都变成源源不断的动力。

和谐的师生关系，是师生共享幸福的体验。学生的幸福，就是教师的幸福；教师的幸福，就是教育的幸福。

5. 建立密切的家校合作

家校合作是指家庭与学校以沟通为基础，互相配合，合力育人，使学生受到来自两方面系统一致、各显特色、相辅相成的教育影响，形成多种终身受益的必要素质，使其更好的社会化。家校合作形成的家庭教育和学校教育优势互补的教育效应，有利于为受教育者提供一个更系统、更有效、更具信息量和针对性的教育环境。

苏霍姆林斯基说："教育的效果取决于学校和家庭教育影响的一致性。如果没有这种一致性，那么学校的教学和教育的过程就会像纸做的房子一样倒塌下来。"

家校合作可以帮助家长端正教育观念，明确教育目的，使家长在为子女前途着想的同时，能考虑到社会的要求和国家的需要，要遵循教育的规律和青少年身心发展的规律。

家长借助教师的专业辅导，扩大自己教育孩子的知识和技巧，成为有效能的家长。通过对学校教育的参与，家长在孩子整个求学期间甚至对孩子终生都会有重要影响。家长的参与对学生成绩的提高有积极的影响，和学校的教育质量之间有着密切的联系。

家校合作为教师的入职训练、在职发展提供了具体的方向，引领教师明确自己的角色要求，规范角色行为，获得有效的、更有针对性的教学策略，改进自己的教育教学能力和管理水平，从而迅速胜任教师角色。同时，因为家长的支持与关注，教师的教学信心和热情会得到提高，会有更多的勇气去接受新的挑战，从而会增强对自己工作的胜任感。

（二）幸福教育的实施要点

学校的工作包罗万象，由于部门性质和工作的不同，实施幸福教育的侧重点各有不同。

1. 学校管理：围绕一个"和"字

以营造和谐的学校制度环境为主线，提升社会幸福感，让教职工及学生关注自己对社会、学校和他人的贡献与融合，营造"关注别人优点""爱校义务奉献"的群体文化，弘扬正能量，营造充满幸福的学习和工作环境。

为教职工及学生的自我完善、自我实现、自我成就以及自我潜能的完美实现创设体验心理幸福感的条件和施展的平台。

以制度建设为基础，完善学校内部管理的三大机制和八个系统，让每一个人心平、气顺、劲足，让公平看得见，充分享受主观幸福感的正能量。

2. 党政工关系：讲究一个"合"字

党政工作的合力是学校党务公开和校务公开工作得以有效结合，顺利推进的关键。学校党政工以规章制度做保证，对学校中的权力运行起到了有效的约束和监督作用，在学校内逐渐形成良好的制度意识和制度氛围，让接受监督成为校领导的自觉，实施监督成为全体教工的当然权利。在健康、有序的监督环境中促进学校党政工合力的有效形成。制度保障促进合力形成，合力发挥完善制度建设，双向良性互动，推动学校可持续发展。

构建两个公开（党务、校务公开）、两个民主（党内民主、学校民主）一起推进的长效机制，不仅成为党员、教职工表达利益诉求、共享改革开放成果的渠道，还成为他们向学校献计献策、共谋发展的一方平台。

学校制度建设的逐步完善来自学校领导班子对民主管理的深刻认识和接受监督的高度自觉。学校的制度建设，校长是关键，党组织是核心，工会是保障，民心、民意是制度的导向，有序的广泛的民主参与是有效制度公正性的重要保证。

党务公开是保证学校权力运行民主化、科学化的重要举措，是促进党政合力形成的制度基础，党员"三先"是彰显基层党组织政治核心作用的重要保障。

校务公开民主管理工作是促进学校党政工形成合力的重要抓手。只有以党务公开带动校务公开，以党内民主引领学校民主，以教代会代表素质的提高有效提升工会在学校民主管理中的作用和地位，以学校的民主建设促进党政工形成合力，才能有序推进学校的民主管理，促进校园和谐。

3. 道德教育：贯穿一个"活"字

以主观幸福感的正能量为主攻方向，以学生个体自尊、自信的培养和强化为突破口，以鲜活的案例为活动内容，加强班主任队伍建设，提升德育工作的针对性和有效性。

基于社会幸福感的基本特征，营造班级、年级、学部良好的、公平的学习环境，为道德认知、道德实践和道德养成提供健康、真实的环境氛围，提高学生的集体自尊水平。

开展生动活泼、形式多样的社会实践活动，实践目标分层化、实践内容课程化、实践活动系列化。创设情境，激发兴趣，引导探究，加强合作，增进交流。在"人人为我，我为人人"的互动中充分感知、体验"社会幸福感"和创新的乐趣。

4.师生关系：渗透一个"亲"字

基于心理幸福感的基本特征，教师用平等的态度践行"亲其师，信其道"的育人之道，进一步改善和融洽师生关系。

学生信任建立在对教师的教学能力、守信可靠和友善关怀三方面的判断基础上；教师信任建立在对学生的学习潜力、诚实可靠和亲近教师三方面的判断基础上。

研究证明，师生之间的信任关系能转化为良好的成绩。因为信任教师的学生不想让教师失望，坚信在教师那儿可以学到更多的知识，所以他们会努力去学习，更主动地参与教学活动，同时也能够在课堂上感受到愉悦，增强幸福感。

教师要深入理解学生的心理发展规律，尊重规律、尊重差异，关注社会性别认同对学生成长的影响，关注性别差异和年级变化特点。完善心理干预工作，提高师生应对各种挑战的心理承受能力。

营造民主、公平的班级教育环境，为学生的道德认知、道德实践和道德养成提供健康、真实的环境氛围。

5.课程设置：体现一个"全"字

以改变学习方式为特点，从加强学力、促进发展、激励创新、重视实践的要求出发，设置课程结构。

整体规划，资源整合。国家课程的校本化；学校课程的特色化；课程资源的整合化；个性课程的全员化。

尊重差异，提供选择。依据培养目标和五种学习经历，确定中小学教育向学生提供八个学习领域的课程。引导和鼓励学生根据自己的能力、个性和发展方向，选择不同的学习内容，确定不同阶段的期望目标。

系统设计，循序渐进。分学段的系统设计，明晰的分段课程目标，完善三类课程的实施形态。

国家课程，校本实施。以国家课程为基础，采用弹性课时制，强调课内外的结合。

创设情境，实践体验。设置相应的特色选修、特色活动、体验活动、实践活动、专题拓展、社团活动等配套课程，通过特定情景中的体验活动，培养学生的知识运用能力和动手实践能力。积极开发以在线学习或移动学习为目的的微课程。

拓宽视野，激发兴趣。艺术课程，培养学生审美情趣，开拓国际视野，探索多元文化课程的理解与融合。

6. 课堂教学：聚焦一个"精"字

尊重差异，为学生制订适切的目标，用精细的教学过程帮助学生达成预期的目标，体验成功的感受，从而增强学生的自信心，提高学生的自尊水平，有效提升学生的主观幸福感。

学情分析：尊重差异，分层设标。

三题设计：精选例题，精编习题，精练试题。

教学过程：因材施教，循循善诱。

作业管理：紧扣例题，多样设计。

发展评价：多元发展，因人而异。

7. 教师发展：追求一个"新"字

用最新的研究成果指导我们的教师专业发展工作。以教兴研，以研促教。用创新的思路、创新的方法为教师专业发展提供自我实现、自我发展、自我成就的平台。增强教师的自信心和应对挑战的能力，提高个体自尊和集体自尊水平，激发积极情绪，有效提升教师的主观幸福感和心理幸福感。

以教师专业发展的自身需求来制定培训的内容是提高专业发展有效性的关键。学科知识、学科教学方法和学生评价以及特殊儿童教学和信息技术教学等内容是教师专业发展最迫切的需求。

合作学习和共同参与是确保教师专业发展有效的一个显著特征。备课组和教研组是教师专业提升的一个重要平台。提高观课、评课的有效性是我们的突破口。

教师专业发展应基于学校、基于日常教学工作。组织安排方法多样、形式灵活、贴近实际的教学研究、检查、视导、评价、反馈等。以日常教学中的问题和困惑作为研究的课题，以解决实际问题的研究促进教学质量的提高。为教师提供必要的学习时间和其他资源的支持。

完善教师专业发展的评价、反馈和激励机制，是提高专业发展效能的有效措施。同时，也有效地提升教师的主观幸福感和心理幸福感。

8. 后勤保障：强调一个"实"字

优化岗位设置，本着"精简高效"的原则，因事设岗，以岗定人，以事定量，以量定酬，条线分明，统筹协调。

明确岗位责任，本着职责对等的原则，以职定岗，以岗定责，以责定质，以质定绩。

细化工作流程，本着细节至上的原则，细化流程，完善细节，明确规范，消除空白，理清交叉，严密衔接。

落实绩效标准，本着奖罚分明的原则，标准清晰，有责必考，责利相配，奖勤罚懒。

9. 家校合作：突出一个"近"字

家校合作贴近学生实际、贴近家庭实际、贴近社区实际。协调社会教育、家庭教育和学校教育的关系，营造和谐的社会环境氛围，提升学校和师生的社会幸福感。具体表现为六个领域：

（1）亲子教育，学校通过家长学校，帮助家长了解孩子成长的规律，心理发展的阶段性特点，提升家长的亲子能力，增强家庭幸福感。

（2）建立家校沟通机制，密切家长和教师之间的良性沟通。

（3）家长辅导子女在家学习，家长要知晓子女在学校所学，配合学校教育，辅导子女的在家学习，为达成学习目标提供有效的支持。

（4）家长无偿参与学校的义务工作，有条件的家长应该力所能及的参与子女所在学校的义务工作。拓展学校学校教育的课程资源。

（5）家长参与学校的校政决策，更好的理解和支持学校的教育。

（6）学校与社区建立协助关系，随着家校合作的发展，逐步推广到社区教育中间去，形成家庭、学校和社区教育的良性互动。

2. 作为指导思想的"幸福教育概说"

"幸福教育概说"阐释了我校的基本教育观：教育不仅仅是为了追求未来的幸福，教育本身就是享受幸福的一种方式。所以，我校的一切设计、活动、课程、管理和行为准则，都要立足于让师生享受教育本身的美好。"幸福教育"是我校的总的教育宗旨，是我校的办学思想资源。它对学校的塑形作用，主要体现在以下五个方面：

（1）尊重差异是幸福教育的道德基础。

（2）公平民主是幸福教育的和谐氛围。

（3）能力提升是幸福教育的育人目标。

（4）教学相长是幸福教育的实施原则。

（5）愉悦感受是幸福教育的过程体验。

上述五个方面是我校的五个基本的办学原则，是所有决定的出发点。

我校特别重视家长的培训。因为我们坚信，学生的幸福感的获得与其家庭教养是密不可分的。良好的家庭气氛能让学生获得安全感、价值观，内心充满平静甜美的感受。我们花费了很大的精力用在对全体家长的培训上，我校设置家庭教育研究院，开设家长学校，制订严格的制度，设计系统的家庭教育课程。事实证明，这些都对学生的在校学习生活产生了良好的影响。

我校特别重视教育学生处理好个人与集体的关系。我们知道，学生的自尊是学生获得幸福感的关键，但除了个人自尊之外，还存在一种集体自尊，即个体对所属群体的评价。一个人对自我的评价高，但对所属的群体评价低，他仍然得不到幸福感。所以真正的幸福感的获得，一定是个人自尊和集体自尊都得到了满足的结果。

我校非常重视学生学业成绩的提高。因为我们知道，学生在学校学习，学习成绩是他们的自我满足感的主要来源，学生在良好的成绩中得到了巨大的满足和自我肯定。我们的责任是使用一切可能的办法，帮助学生获得学业成就，从而帮助学生获得自我的肯定。

我校非常注意为学生开设丰富多彩的课程。因为我们坚信，每个学生都是不一样的，有些学生可能非常善于应对考试科目的学习，所以他们会在考试成绩上获得自我肯定，从而获得幸福感，但是有些学生恰好在应对考试科目不擅长。但是这些学生，在非考虑科目上却恰好有所长。这部分学生，他们也应该在学校获得自我肯定，他们所擅长的非考试科目，在他们今后的人生道路上，跟考试科目一样，发挥着巨大的作用，甚至正是他们今后人生走向成功的所在。我们的责任，就是要为学生开通学习的通道，搭建展示才华的舞台。

我校在学校管理上特别强调自主管理。因为我们觉得不管是教师还是学生，如果没有了自主能动性的管理，即使管理效果很好，也不会有被尊重感，也就没有幸福感的获得。自主管理的前提是各项规章制度的到位，以及规章制度被广大教职工及学生所知晓，所接受。所以任何一个新进教职工，所有的新生，进学校的第一件事，都是组织他们认真学习学校的各项规章制度，在充分知晓学校的规章制度的前提下，围绕共同的目标，每一个人自主决定的自己的学习和工作事务。

我校特别重视教师专业发展工作。我们不是简单地把师训工作当作一项人事工作，而是当作一项幸福工程来实施的。因为教师作为专业人员，最大的幸福感来源于他们的事业成就，来源于他们的专业自尊和专业自信。我们帮助教师实现专业发展，就是帮助教师获得专业成就。教师有了专业成就，才会热爱自己的工作，热爱自己的学科，才会把这种热爱传递给学生，帮助学生热爱学习，并在学校享受到学习的快乐和幸福。

三、《瑞安市新纪元教育发展50条》如何规范我们的行为准则

《瑞安市新纪元教育发展50条》，是瑞安新纪元实验学校20年办学经验的理性结晶。其中的每一条，每一款，都有其产生的过程，都在过去20年的办学历程中的某一阶段、某些方面发生过重要的作用。或者是我们曾在某一阶段、某些方面，忽视了它们，曾给我们的工作和学校发展带来过这样或那样的影响。我们痛感这些经验是宝贵，教训是深刻的。所以我们将我校办学历史上的这些经验教训，总结成文，用以规范我校未来的发展和日常工作。

1.《瑞安市新纪元教育发展50条》

《瑞安市新纪元教育发展50条》是我校全体教职工的行为准则，也是我校的文化宣言。它是我校文化的重要组成部分。全文如下：

引言：

我们能否在错综复杂的环境中建立竞争优势，关键在于能否建设一支适应竞争的队伍，特别是能否建设一支瑞安市新纪元的管理干部队伍。在总结我们管理方法和经验基础上，依据成功企业的经验和现代管理工具，制订《瑞安市新纪元总校教育行动大纲》。该文件用于指导瑞安市新纪元教育发展，故又称为《瑞安市新纪元教育发展50条》。

从价值文化、人力资源、业务市场、组织协调、管理控制等五个方面编写的《瑞安市新纪元教育行动大纲》，是瑞安市新纪元教育管理的指导思想，是处理对立统一关系的尺度，也是瑞安市新纪元教育战略、政策、制度的依据。其目的是指导瑞安市新纪元教育发展，培养管理干部。高、中级干部必须认真学习《瑞安市新纪元教育行动大纲》，领会其精神实质，掌握其思想方法，应用于工作实践。

根据瑞安市新纪元教育发展的实际情况和干部队伍的认识水平，《瑞安市

新纪元教育行动大纲》可以由高层管理干部提议进行修订。修订的过程贯彻从贤不从众的原则，主要由瑞安市新纪元教育的中坚人士讨论决定。

第一章　价值文化

第一条　理想

瑞安市新纪元教育的理想：聚集人才，做大道学校。遵循教育教学规律，全面贯彻党的教育方针；遵循市场规律，在机遇与挑战中寻求发展。努力建设一个"守住宁静的心家，经营温馨的小家，融入和谐的大家，奉献伟大的国家"的同事群体组成的大家庭，与教职工及学生共同成长；支持弱势群体教育，履行社会责任担当。

第二条　愿景

瑞安市新纪元教育希望依靠锲而不舍的努力，实现持续、健康的发展，成为受社会尊敬的上海新纪元教育集团旗下的标杆学校。

第三条　使命

构建现代学校制度，创办优质民办教育，开创教育的新纪元。

第四条　核心价值观

师生共创教育幸福。

第五条　校训

修身、伟志、博学、创新。

第六条　三风

校风：团结、唯实、开拓、进取。

教风：爱岗、敬业、博学、方正。

学风：善思、笃行、活泼、求真。

第七条　办学理念

幸福教育。

第八条　幸福双十条

幸福学校十条：瑞安市新纪元实验学校是社会诚信的单位；

瑞安市新纪元实验学校是家长满意的学校；

瑞安市新纪元实验学校是学生成才的乐园；

瑞安市新纪元实验学校是教师发展的营地；

瑞安市新纪元实验学校是幼小衔接的伙伴；

瑞安市新纪元实验学校是中小衔接的挚友；

瑞安市新纪元实验学校是素质教育的基地；

瑞安市新纪元实验学校是教育创新的良田；

瑞安市新纪元实验学校是对外交流的窗口；

瑞安市新纪元实验学校是特色示范的品牌。

幸福教师十条：我的加盟是学校的一种荣耀；我的成长是学校的一笔财富；

我的人格是学生的一股力量；我的沟通是家长的一份信任；

我的相处是他人的一缕温馨；我的创新是学校的一个亮点；

我的教学是学生的一脉甘泉；我的追求是学生的一生需求；

我的合作是团队的一次跨越；我的幸福是教育的一番成功。

第九条　学校精神

精诚团结的协作精神，奋发向上的进取精神，克难攻坚的拼搏精神，敢于开拓的创新精神。

第十条　管理机制

面对市场，机动灵活。与创造价值的人分享价值，通过"六四"杠杆原理，让奉献者得到合理的回报。把教职工的发展与组织的进步有机地结合起来，给志在有所作为的人才营造机会和舞台。

第十一条　工作准则及策略

工作准则：明晰标准，严格程序，注重细节，追求卓越。

工作策略：用行政干部的人格力量凝聚人心，用日新月异的事业发展激励人心，用管理者的模范行为赢得人心，用团结和谐的人际关系稳定人心，用多做实事的真情温暖人心。

第十二条　"三心"原则

有责任心的人能共事，有上进心的人能培养，有事业心的人能成为核心。

第十三条　发展策略

"五个引领"：引领学校进入创新状态；引领教师进入研究状态；引领学生进入自主状态；引领员工进入自律状态；引领家长进入共导状态。

"三个转变"：管理方式由制度管理向制度管理与人文管理相结合转变；教学方式由讲授式向启发式转变；学习方式由被动接受向主动学习转变。

"两个幸福"：创新适合教师发展的幸福学校；创新适合学生发展的幸福

教育。

第十四条　新纪元教职工形象设计

开放：封闭保守使人狭隘，开放包容才有境界。打破狭隘的禁锢，无边界地进行开放的内外学习、沟通与合作，分享智慧和资源，提高做事本领，提升做人境界。

坦诚：提倡坦诚精神，在内部沟通中，说简单的真话。坦诚可以加快速度，简单可以节约成本。提倡透明的人事关系，有问题放在桌面上讨论。

激情：一分的成功靠运气，十分的成功靠努力，伟大的成功靠激情。激情就像闪闪红星，照耀我们乐观进取。通过制度安排，集体奋斗，让认同于使命、激情于工作的人成为主流。

第十五条　学生形象设计

文明儒雅，心胸宽广，珍惜生命，奋发图强，修身伟志，不负厚望，独立自主，责任担当。

第十六条　教学理念

尊重差异，关注全体，因材施教。

第十七条　管理理念

管理即服务，树立五大服务观：服务创新观，服务细节观，服务超前观，服务内控观，服务协作观。

第十八条　学习理念

立足岗位，自主学习，资源共享，提升境界。

第十九条　用人理念

德看主流，才重一技；用人不疑，疑人也用；扬人所长，补人所短。

第二十条　育人理念

用优质幸福教育开启学生成功人生。

第二章　人力资源

第二十一条　人力资源工作

瑞安市新纪元教育的健康与可持续发展，从根本上靠的是队伍建设和文化建设。因此，人力资源管理的任务是建立一支有做事本领和做人境界的队伍，并有效地传递新纪元教育的愿景和价值观，在宽松平等的氛围中促进优秀人才脱颖而出，为快速发展和高效运作提供保障。

人力资源管理不只是人力资源管理部门的工作，同时是全体管理者的职责。实践是最好的培训，新纪元教育努力实现学习与工作的融合，为教职工搭建实现人生价值的平台，建设学习型组织。

第二十二条　教职工

瑞安市新纪元教育需要敬业精神、专业能力和团队意识的教职工。视教职工为合作伙伴，尊重人、关心人、培养人；倡导员工的主人翁意识与行为；鼓励教职工以各种方式积极地参与到组织的发展之中；支持教职工在紧急情况下相机行事，以把握机会或规避风险。

优点突出的人往往缺点也很明显，用人不求全责备，以没有品德缺陷，能完成事业目标为主。能力和潜力比学历和资历更重要。否定无组织、无纪律的个人主义行为。

第二十三条　管理者

瑞安市新纪元教育需要了解西方管理思想并且掌握中国实际经营环境的管理者。管理者应当做到：建设能完成预期任务的团队和氛围；指导、激励并合理评价下属，帮助下属成长；举荐并与优秀人才合作；善于横向无边界协作；善于学习和总结。

下属的问题也是管理者的问题，管理者对下属可以批评，但不可以抱怨。在处理横向和纵向关系时，管理者应以服务和帮助为主，以管理和控制为辅。明哲保身、心胸狭隘的人浪费组织的机会和资源，应离开管理岗位。

第二十四条　高层管理者

瑞安市新纪元教育需要在心态上完成职业经理人向企业家跨越的高层管理者。高层管理者应当做到：保持强烈的进取精神和忧患意识，居安思危，居危思变；坚持整体利益高于部门利益和个人利益；有自知之明和知人之智，善于团结优秀人才。

领导与模范区别于尽贤与尽力，高层领导在敬业尽力的同时，还应是尽贤的典范，胸怀坦荡，海纳百川。仅仅使自己优秀是远远不够的，还必须举荐和培养优秀人才。要善于把握各种机会和资源，调动各种可能性来促进事业的发展。

第二十五条　考核评价的考虑因素

建立"以结果为导向"的工作标准。教职工考评体系的建立依据下述假设：绝大多数教职工是有强烈成就欲望的；金无足赤，人无完人；工作态度和工作能力应当体现在工作绩效上；失败铺就成功，但不应重犯同样的错误，不可犯品德缺失的错误；教职工未能达到考评标准要求，也有管理者的责任。

第二十六条　评价沟通

考评是按明确的目标和要求，对工作绩效、工作态度与工作能力的一种例行性的考核与评价。管理者要善于评估和沟通，在上下级之间建立定期述职制度。内部矛盾绝大多数是因为误会造成的，同事之间必须实现良好的沟通，以加强相互的理解和信任。同时警惕只会处世不会做事的人受到重用。

第二十七条　晋升与淘汰

坚决推行能上能下的干部制度，让最有责任心的明白人担任重要的责任。不拘泥于资历与级别，按组织目标与事业机会的要求，对有突出才干和突出贡献者实施破格晋升。同时，对违反纪律和长期在考核中处于末位的员工，根据有关制度予以辞退和淘汰。

条二十八条　内部调整

建立无边界的内部流动调整机制，在人力资源管理中引入竞争和选择机制。通过内部人才的流通和外部人才市场的置换，实现人力资源的合理配置，促进优秀人才的脱颖而出。同时克服职业倦怠，激活沉淀层，岗适其人，人适其事。

第二十九条　分配机制

有效的激励可以促进绩效的提升。分配的依据是工作绩效、工作能力和工作态度进行差别考评的结果。形成让认同集体、创造价值的人来分享利益的合理制度，是我们不断探索的工作。建立客观公正的价值体系是人力资源管理的长期任务。

第三章　业务市场

第三十条　业务定位

我们在市场需求，团队能力和教育资源的交集中设计可行业务。做教育要坚持两手抓，一方面我们要做好教育的内涵、教育的质量、教育的标准和教育的复制工作；另一方面我们要积极拓展业务空间，抓住外在机遇，实现我们跨越性发展，从而形成我们"内要保障，外要扩张"的发展优势。

面对外部过多的发展机遇，我们一定要做到两手抓，两手都要硬——内部强化质量，搭建标准，培育队伍，打造核心竞争力，拥有教育话语权，树立品牌影响力；外部抢占机遇，引领变化，提供平台，整合资源，为总校的长远发展提供持续动力。顺应市场趋势，发挥资源优势，并努力规避大的风险。

第三十一条　业务发展

我们要在总体上保持高于行业平均的增长速度，以增强活力，吸引优势人才，实现条件资源的高效配置。发展的雄心是我们勃勃生机的种子，要么成为领先者，要么被淘汰。

积极争取托管业务，实现民校托管薄弱的公办校，积极开拓国际教育市场；积极延伸幼儿教育及中职教育。

第三十二条　规模增长

通过已有业务的增长、新业务的创设及外部并购等三种方式实现规模增长。

第三十三条　发展牵引

市场需求是指引我们方向的灯塔。在行动中体会变革，在变革中感悟机会。市场机会、优秀人才、产品服务是新纪元发展的主要牵引力。让这三种力量相互作用，牵引发展。

第三十四条　发展管理

瑞安市新纪元的高层领导必须警惕快速增长可能造成的问题，在尽快形成一个有规模组织的同时，付出更大的努力，使管理灵活有效，保持做快与做实、做大与做强的协调。

第三十五条　市场

能为客户服务是瑞安市新纪元教育存在的理由，客户满意是衡量我们工作的准绳。市场是我们的生命线，不在市场中发展，就在市场中灭亡。瑞安市新纪元教育必须建设成为直面市场竞争的组织，并通过直接的市场压力传递，使内部机制处于激活状态。

第三十六条　核心竞争力

瑞安市新纪元的核心竞争力应是思想力、文化力、学习力、创新力。就当前来说，要把品牌、质量、特色作为学校核心竞争力来打造。充分利用集团现有资产及投融资优势、分配机制优势、发展战略优势、管理优势、成本优势，进行顶层设计。

第三十七条　执行力

瑞安市新纪元教育从五个方面建设执行力：一是建设执行力文化；二是将薪酬与绩效挂钩；三是将战略、人员、运营三个核心要素紧密相连；四是推行

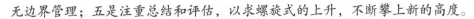

无边界管理；五是注重总结和评估，以求螺旋式的上升，不断攀上新的高度。

第三十八条　知行合一

在瑞安市新纪元工作的知识分子要有执行能力，贴近客户、感悟市场。弯得下腰来、耐得住寂寞，不空谈泛论、不怨天尤人，做理想的现实主人，做现实的理想主义者。

第四章　组织协调

第三十九条　管理特质

看别人看不到的问题；想别人想不到的联系；抓别人抓不到的关键；做别人做不到的细节。新纪元组织的建立和健全，要有利于强化责任，确保目标和战略的实现；有利于简化流程，快速响应总校的发展；有利于提高协作的效率，降低综合成本；有利于信息的交流，促进创新和优秀人才的脱颖而出。

第四十条　组织演变

组织架构的演变具有阶段性。组织架构在一定时期内的动态稳定，是稳定政策、稳定干部队伍和提高管理水平的条件。具有战略意义的关键业务和新事业生长点，应当在组织中有一个明确的负责单位。

第四十一条　组织扩张

组织成长的愿望和经营多元化的现实必然要求向外扩张。能否抓住机遇进行扩张，取决于我们的干部队伍素质和管理控制能力。当扩张无效时，要果断地进行必要调整。

第四十二条　对象专业化的后勤服务公司

按总校发展之需而建立的温州恒洋贸易有限公司，既充分授权，又加强监督，使之具备开展独立经营所需的必要职能和权限。

对于具有相对独立的市场，经营已达到一定规模，相对独立运作更有利于扩张和强化责任的服务领域，应及时选择更利于其发展的组织形式。

第五章　管理控制

第四十三条　管理控制目的

通过动态的、与学校规模和经营习性相一致的管理控制体系建设，确保瑞安市新纪元战略、政策和文化的统一性。在此基础上对各级管理人员充分授权，形成一种既有目标牵引和利益驱动，又有程序可依和制度保证的活跃、高效、稳定的局面。

管理是为学校发展服务的，谨防出现管理看似井然有序，学校却实质滑坡的局面。消灭那些不能促进学校发展的管理思维和行为。

第四十四条　管理控制办法

中坚控制：不断地让最有责任心和才能的人进入中坚层，与中坚层结成的情感、事业、价值共同体，并使中坚力量保持对组织的有效控制。

例外控制：经常重复性质的例常工作，应制订出规则和程序，授权下级处理，上级主要控制例外事件。

分类控制：对管理干部和业务人员实行目标责任制，对职能和行政人员实行任务责任制。

第四十五条　制度流程控制

制订制度流程的目的是，更敏捷地响应市场需求，扩大例行管理，减少例外管理，提高效率，堵塞漏洞。通过对各部门和各种职位的职责准确定位，不断缩小审批数量，优化和缩短流程。

提高制度流程管理的程序化和信息集成化水平，不断适应市场变化和事业拓展的需求，制订简单清晰、操作性强的制度流程、是我们的长期任务。

第四十六条　全面预算控制

全面预算是瑞安市新纪元年度全部经营活动的依据，是我们驾驭外部环境的不确定性，减少决策的盲目性和随意性，提高整体绩效和管理水平的重要途径。全面预算应该利用优化整体资源配置；能确定各学部，各个板块的管理与经营责任；为控制成本和评价绩效提供依据。

瑞安市新纪元实行统一的财务资产管理，在总体上努力实现量入为出，厉行节约的原则，设立各级预算控制体系，各校、各部门的一切收支都应纳入预算。

第四十七条　结果导向

以结果为导向，给予大家做事的平台与机制，让大家担当起来，以这样的文化去引领，对我们的干部进行考核。我们的管理方式要把所有的人都调动起来，为此，第一要建立动力机制；第二要创导相互尊重的管理方式；第三要放权；第四要给予能力，加强系统培训；第五要给予做事平台，我们在业务拓展过程中，实际上就是培养一批干部去担当，给予他们这样一个做事平台。

瑞安市新纪元主张强化管理控制，同时也认识到，偏离预算（或标准）的行动未必一定是错误的，单纯节约开支的办法不一定是好办法。瑞安新纪元鼓

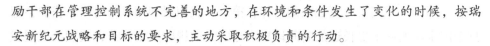

励干部在管理控制系统不完善的地方，在环境和条件发生了变化的时候，按瑞安新纪元战略和目标的要求，主动采取积极负责的行动。

第四十八条　资源分配

对人、财、物这三种关键资源的分配，首先是对优秀人才的分配，其次是财务的分配。我们的方针是使最优秀的人才拥有充分的职权和必要的资源去完成任务。

第四十九条　鼓励尝试

经过共同研究，周密策划的项目，因客观环境因素在实施过程中受到挫折，发生的失败不应受到指责，不甘平庸就要积极尝试，即便失败在所难免；但要避免发生致命的失败。

第五十条　危机管理

危机管理的目标是变危机为机遇，使我们越过险境进入新的发展阶段。新纪元的中坚力量应有较强的危机意识，敏感地预测和感知由管理漏洞、市场竞争、政策法规等因素造成的细微但重大的变化，处理好突发危机事件。

2. 作为学校行为准则的《瑞安市新纪元教育发展50条》

《瑞安市新纪元教育发展50条》是在实践中逐步形成的。作为成型的新纪元人的行为准则，它实际上已经成为我校的办学支持系统。它是新纪元大厦的支撑柱。其中最核心的支撑柱包括以下几条：

（1）贯彻从贤不从众的原则。决策所需要的是对办学环境的全面掌握，对教育政策的准确理解，对形势发展的准确判断以及对学校发展的预判力、对于决策责任的担当意识。作为普通教职工，这些素养并不是他们做好工作的条件，他们欠缺这些素养，并不影响他们做一个优秀员工。一般来说，他们也并不擅长做这些工作。另外，学校决策的目的，是发展学校，不是追求决策权的公平普惠。把学校的决策权普惠到全体教职工，对教职工及学生没有意义，对学校发展也没有意义。学校发展决策，贯彻从贤不从众的原则，既是实事求是的，又是对科学决策的追求。

（2）做大道学校。办学校，关键在格局。办学校的困难，有的时候看似在一件件具体的事情，一个个具体的问题。但所有这些困难、问题，背后都有一个笼罩着它们的整体性的背景，那就是办学者和管理者的格局。做大道学校，就是要极度地扩大这个背景，把我们这所学校，放到一个更大、更远的背景下来看。第一，我们会有更远大的目标；第二，我们遇到困难的时候，我们会把这个困难放大一个更长远的时间段里、更宏大的视野里来看待，我们会发现我们就有了更长远的打算，更持之以恒的精神。

（3）员工是合作伙伴。学校的教职工，尤其民办学校的教职工，最容易有雇佣意识，我只是被雇佣者，我跟学校的关系，就是雇佣者与被雇佣者的关系。一所学校的教职工，如果有很多这样的教职工，这所学校的风气就变了。过去，我们总是想如何通过思想教育，让教职工放弃这样的思想。实际上，问题的解决，关键靠制度，靠教职工与学校的利益关系。所谓合作伙伴，核心就是分享学校发展的利益，保证教职工的权益。我们学校通过薪酬制度和奖励制度，保证了全体教职工对学校发展利益的分享。

（4）用人不求全责备，用其所长，帮其所短，用人不疑，疑人也用。学校用人，最容易犯的错误就是求全责备。学校是干事业的地方，学校并不是改造人的地方，学校并不是要按照一定的标准，把人改造成为主事者认为的合格的人，不管是对教职工，还是对学生，学校都不是改造人的地方，学校本质上是师生成长的舞台。对于教职工而言，学校的关键是发挥他们的所长为学校所用。其短处，可以帮助他们改善，最终没有改善也不影响他们继续在学校发挥作用，关键是能否把他们的所长发挥到极致。有些教职工，由于能力或性格有这样或那样的缺陷，并不为主事者所喜欢，即所谓疑人，只要不涉及严重的道德问题，不影响到学校的风气，我们仍坚持使用。其目的，就是最大限度地聚集人才，聚集各方力量，为学校提供源源不绝的动力。同时，也使学校全体教职工的思想，都集中到学校的发展上，集中到学校的事业上，不把过多的精力，放到对人物的臧否上。

（5）对下属可以批评，但不可以抱怨。什么叫抱怨？抱怨与批评有什么区别？抱怨和批评都有否定的意思，但批评是否定+期待，之所以批评，就是为了你改正错误，争取进步，在今后吸取教训不再犯同样的错误，总之，是为了你好，是为了推进工作。而抱怨是否定+沮丧，是为了发泄不满的情绪，是表达对你的失望，其实际后果是被抱怨者感到被冷落、被放弃。这种情绪，不管是对哪一方都是负面的，于工作没有半点益处。

（6）领导与模范区别于尽贤与尽力，高层领导在敬业尽力的同时，还应是尽贤的典范，胸怀坦荡，海纳百川。什么叫尽贤？一是智慧，二是善良。领导既要尽力又要尽贤，两相比照，尽贤更重要。领导头脑要清楚，要懂得事物的要害，这就是智慧。最糟糕的领导是不清楚形势，抓工作不得要领，这就是愚蠢。领导要大公无私，胸怀坦荡，与人为善，这就是善良，最不受欢迎的领导是自私、狭隘，不能容人，这就是不善良。

（7）以结果为导向。学校工作要强调以结果为导向。学校的工作出现任何问题，都是可以找到理由的。现在很多学校工作出现任何问题，很容易被归结为学生不努力，生源质量差。因为我们的工作对象是学生，而学生是千差万别的，所以在学校工作出了问题，比其他行业更容易找到理由。问题是，如果真的是学生不努力，但教师的工作职责不正是要促进学生努力学习的吗？生源质量不高，但针对质量不高的学生，教师不正是要改变自己的教育教学方法，因材施教的吗？所以找出来的理由其实算不上理由，是无效理由。学校工作就是要以结果为导向。我校办学20年，一开始就强调教师工作以结果为导向，应该说是紧紧把握了学校工作的特点的。

（8）下属的问题也是管理者的问题。为什么下属的问题也是管理者的问题？第一，下属有问题具体表现在工作上出的问题，那么管理者第一个要想的是，当初自己的工作安排是否充分考虑了教职工与这份工作是否相适应？第二，下属的工作出了问题，管理者为什么没有预见到？或者预见到了为什么没有采取相应的预防措施？第三，下属的能力有缺陷的话，管理者是否起到了培训师的作用，是否具体指导了工作的要领？强调下属的问题也是管理者的问题，是不是会削弱教职工的责任心，纵容教职工推诿责任？这是两回事，教职工的责任由制度本身来界定，但管理者在态度上必须勇于承担责任，在方法上要站在教职工的角度来考虑。

（9）内部矛盾绝大多数是因为误会造成的，同事之间必须实现良好的沟通，以加强相互的理解和信任。学校每天的工作千头万绪，矛盾随时发生。学校有矛盾并不可怕，可怕的是矛盾的积累长期得不到解决。这只有一种可能，那就是没有沟通。一般来说，学校的矛盾并不存在根本的利益冲突，如果确实存在，那就要在制度上化解。学校的矛盾，大部分都是不同位置的人，参考自己的经验，从自己的角度来理解事情所产生的误会。这种误会又会带来情绪上的对立。沟通的作用有两个：一是预防误解，二是化解情绪。再好的制度也会有盲区，再详细的制度也不可能做到事无巨细都预先一一安排妥当。在学校具体工作事务中，最重要的是沟通的及时和顺畅。在学校具体工作，事务性的工作中，有的时候，沟通比制度更管用。

（10）形成让认同集体、创造价值的人来分享利益的合理制度。学校利益分配的原则是分享。因为学校的利益是集团创造的。其中，认同集体的人，为集体创造价值的人，他们的贡献更大，他们更有权利来分享学校利益。利益分享制度，更科学，也更有提高学校效率的作用。

（11）推行无边界管理。无边界管理是近年来出现在企业管理中的概念，即在企业管理中要打破部门和级别的界限，按照市场的要求，将静态管理变为动态的管理。换句话说就是打破原有的企业中森严的等级，以及沟通与交流的各种边界，依靠一种扁平化的组织模式和无边界的沟通方式，走上了灵活主动、不拘一格的发展之路。学校要有制度来规范管理权限和流程。但是学校面对着的不是一成不变的事物，而是千差万别的学生和家长，同时，教育竞争的激烈也使学校这样一个稳定的组织在应对的时候捉襟见肘。所以学校在按制度办事的同时，又要允许变通，尤其在管理权限方面，要有授权机制，要有以结果论英雄的机制和文化。

（12）应及时选择更利于其发展的组织形式。学校的组织形式是为学校发展服务的。学校的组织形式本身并没有绝对的意义。学校的组织好不好，关键是看它是否适应学校发展的需要。适应学校发展需要的，就是好的组织形式，就要坚持，不适应学校发展需要的，就要果断选择更利于其发展的组织形式，就要果断地打破既有的组织结构和权力结构，包括学校机构的设置、机构的治理权限、管理人员之间的关系等。只要不符合学校发展需要，就要随时进行调整。最糟糕的情况是，学校事务受某种特定的组织形式所累久矣，管理者却怯于改动，任由这种状态继续下去。

（13）全面预算。学校是要用钱的。学校的钱怎么用才叫用好了？是不是多用就一定能促进工作？少用就一定不利于工作？不一定。学校的钱用得好不好，关键看用钱的量、用钱在什么地方、怎么用钱这些问题，与学校的发展是不是相适应。与学校发展相适应的，用再多的钱也是必要的，是正确的，与学校发展不相适应，多用一块钱也是不妥的、不值的。在学校发展历程中，有些阶段，就是要用更多的钱，有些阶段，相对用钱就是比较少。这是由学校发展的阶段性决定的。那么，学校的用钱如何得到科学的调控呢？预算制是目前最合理的方式。预算不等于控制，控制是压项目、压资材，是管控，预算是事先的分析和预先的安排。分析就是看这些钱的使用是不是符合学校发展的需要，预先的安排就是提前保证符合学校发展需要的资金按时到位。这就是全面预算的含义。

（14）管理是为学校发展服务的，谨防出现管理看似井然有序，学校却实质滑坡的局面，消灭那些不能促进学校发展的管理思维和行为。管理的目的是要效益，管理的目的不是管理本身。事实上，好的管理并不一定是井然有序，好的管理是恰当地配置资源，达到效益最大化。有的时候，为实现效益最大化，就是要放松管控，以充分发挥每一个个体的主观能动性。我们平时在管理工作中，看一个管理行为、管理措施是不是正确的，关键就是看管理是不是有利工作的质量、工作的效率。工作质量、工作效率是管理的本质。这一点在任何时候都不能忘记。

（15）经常重复性质的例常工作，应制订出规则和程序，授权下级处理，上级主要控制例外事件。在学校治理结构上，上级和下级，首先不是一个权限大小的问题，而是各自负责事务链上的哪一个环节的分工的问题。简单地说，他们的区别，其实是做的事不一样。有的学校，要求教师要做的事，各级管理人员也一定要做，这既不合理也不可能，对提高工作效率其实并无益处。实际上，例常工作，每一位员工按岗位职责，以结果为导向，以制度为保证，自主处理。上级的责任，是监督和评价。例外事件的研判和处理，才是上级有责而下级无责的事务范围。当然，上级的处理也有一定的规程和职责划分，这是另外一回事，与上下级的职位无关。

（16）扩大例行管理，减少例外管理。管理的目标，就是尽可能地扩大例行管理的范围，减少例外管理的范围。例行管理的范围越广，例外管理的范围越小，说明管理的科学化程度越高，反之，说明管理的科学化程度越低。越是科学的管理，管理人员越来越少，就是这个原理。

（17）经过共同研究，周密策划的项目，因客观环境因素在实施过程中受到挫折，发生的失败不应受到指责。在学校工作中，有许多失败的事情并不是工作人员不努力，也不是能力缺陷所致，确实存在大量由于客观外在办学环境、政策环境的突然变化所导致的失败。这种失败情形必须明确责任不在具体的工作人员，也不是决策人员的不负责任或预测不准。这是教育这个行当的特殊性之所在。因为在中国，教育这个行当，更多是受政策影响的，而有些政策的出台，确实带有突然性，非个中人是无法准确预测的。如果把这一部分失败的责任也推给具体的负责人或执行者，将导致学校没有人敢于创新工作，勇于承担责任，对学校来说那才是真正的巨大的损失。

学校制度为学校的发展提供了强大的支持。不管是在制度产生的过程中，还是在制度形成之后，都是如此。当学校发展到一定程度的时候，学校的制度一定会有一个颓化的问题，即形势发生了变化，需要新的制度，这个时候，学校管理者要勇于打破既有的制度框架，创造新的制度。学校管理人要谨记，制度是人创造的，是人根据需要创造出来的，那么如果形势发生了变化，学校有了新的发展需要，那就意味着，制度要重新创造。制度本身不是目的之所在，制度本身是办学的资源。学校发展需要新的资源，那就要创造新的制度资源。这正如，资源本身不是目的，资源是用来办学的。

第八章

学校后勤资源的优化

办学校是要有物质保障的。这一点估计没有人有疑义。物质资源是办学校第一要解决的。就重要性而言，我们当然要说教师、学生和课程是办学校最重要的三要素，但是从时间先后来说，则肯定是先有物质资源，然后才可能有教师来，有学生来，然后才有课程建设。所以说，物质资源是办学校最先到场的资源。

一、学校物质资源的特殊性

做任何事情都是需要物质保障的。但是办学物质资源，有其特殊性。这个特殊性主要体现两点：一是它的教育性，一是它的阶段性。

（一）学校物质资源的教育性

学校里的物质，有两个作用。一个作用是物质本身的功能，如椅子是用来坐的，书架是用来放置书籍的。除了这个人所共知的功能作用外，学校里的物质，还有另一个作用，这就是它的教育作用。简单地说，学校的物质，一草一木，除了它原本就有的功能作用外，还对学生的成长发生这样或那样的促进或阻碍作用。例如，椅子是用来坐的，要考虑椅子是不是牢固，椅子坐着是不是舒服。但是这把椅子放教室里，除此之外，它可能还被用来作为培养孩子的某种良好习惯的工具。如果只考虑牢固不牢固，那可以用铁质椅，如果只考虑舒服不舒服，完全可以用沙发。但是铁质椅，表达了一种冷冰冰的教育法则，一种强制性的态度，不适合培养学生主动的、自律的人格；沙发则不利于培养孩子端正坐姿的培养，不利于学生坐如钟的习惯的养成。

所以，学校的物质资源，比我们想象得要复杂。远不是有钱就可以办好的。如果说，着眼于物质的功能作用，也许是有钱就可以办好的，但是，着眼于其教育功能，则要深入教育的本质，深入孩子的人格成长，涉及教育的规则，涉及学校的培养目标。所以，学校后勤工作人员，远不是人们想象的，是不需要教育观念的，是不接触学校的本质内容的。远不是这样，学校后勤工作人员，也是教育人员，也需要有教育的知识，教育的追求。

1. 后勤人员是教育活动的主动参与者

学校后勤服务既是一种动态的物化的过程，也是一种潜在的校园文化形态，是校园环境的重要组成部分。与广大的教师一样，后勤人员的言谈举止对学生起着潜移默化的作用，是一种很有影响力的教育力量。后勤服务也是通过后勤员工与学生之间的人际交往实现的，后勤员工高尚的人格、文明的修养、丰富的知识、娴熟的技能同样能唤醒学生的良知，给学生以如何做人、如何做事、如何回报社会的启迪，激发学生的求知欲望，培养学生正确的人生观和成就观。提高后勤员工的思想意识和服务品位是发挥后勤服务教育功能的先决条件。为此，我们着力抓了两件事：

（1）建设学习型的后勤队伍。学校是一个以文化知识为影响力的特殊群体，教师是这一群体的核心部分，有着不可替代的主导地位。传统观念中，学校后勤员工被定位于从属、服务的层面，后勤员工的工作评价也常常以他们提供的具体的物化的服务为依据，忽视了他们对学生素质发展尤其是人格完善的潜在影响力。究其原因，是学校师生传统观念中强烈的知识本位意识和后勤员工自身轻知识理论、重服务技能的思想在起作用。更新后勤员工的思想观念，大力倡导学习之风，建设学习型的后勤队伍，是提高后勤员工在师生心目中的地位，改变形象，真正发挥后勤服务育人功能的首要举措。在后勤人员中增强一个意识：服务育人的意识；加强"二为"学习：为教学服务，为师生生活服务；提高两项能力：业务能力和教育能力。工会通过开展一些活动，增加后勤队伍的凝聚力。后勤部规范各岗位的工作流程，提高后勤保障力。通过开展"优秀员工"评选活动，调动广大后勤员工的积极性，促进后勤部门的发展。通过学习与交流，使后勤员工认识到"服务无小事，事事皆育人"，认识到他们的服务既是对实施学科课程和综合实践活动课程的支持，又是校园环境的再建设。加强后勤员工的学习，有利于直接提高服务的质量与品位，更有利于向教师提供课程活动所必需的前沿知识和先进技术支持，使课程活动更具生活性、科学性、时代性。

（2）不断提升后勤服务的品位。高品位的后勤服务不仅仅是对教育教学的物质支持，更是一种优秀的校园文化，同样会散发出人文关怀的魅力，放射出科学与艺术的智慧光芒，对学生素质的提高起到熏陶作用。提升后勤服务的品位，一是后勤服务要适应社会的发展，适应新一代的心理需求，与时俱进，把现代理念和先进技术融入服务之中，让学生从细微之处触摸到时代的脉搏，感受到时代的气息。例如图书管理，不再局限于对图书资料进行分门别类的编号整理，向师生提供图书资料，更要充分运用现代网络技术与资源，让师生能够更快速、准确地获取所需的信息。二是实施文明服务。树立后勤员工优秀形象，以文明的语言、得体的举止、真诚的微笑、规范整洁的穿着，尤其是一丝不苟的敬业精神去感染学生，影响学生，让文明与修养渗透学生的幼小心田里。例如食堂，我们加强食堂管理，提高服务质量。做好食堂人员的思想工作和培训工作，规范食堂的各项规章制度，试行考核制度，严格把关食品的购买渠道，严控食品加工过程，严格执行食品卫生、食品安全的有关法规、制度和教育局、卫生防疫部门的安全检查意见，不断改善食堂的基本设施条件，从根本上提高食堂食品安全管理水平。建立食堂的监督检查机制，规范过程管理，强化责任管理，严格落实定点采购制度、餐前检查制度，做好每日入、出库记录和餐具消毒情况记录，定期进行安全检查，杜绝意外事故发生。建立食堂管理考核制度等，将食堂食品安全的源头管理落到实处。在始终绷紧饮食卫生安全弦的同时，多方听取师生用餐食品的意见的建议，不断提高食堂的服务意识和服务水平，提高服务质量和饭菜质量，以师生的满意度为追求的目标。又如医务室、小卖部等服务窗口，以关心学生的身心健康出发，切实做好各项有关工作，真心为学生服务，以自己的良好形象去熏陶学生。

2. 后勤资源为教育活动的开展提供有力支撑

对于一线的教师而言，后勤员工在课程实施的过程中，属于支撑力量。他们虽然不能直接左右课程实施的内容，却能影响课程实施的进程、方式和效果。新课程背景下，学校后勤发挥课程支撑作用的新途径主要有两条：

（1）提供辅助信息和时空保障。新课程理念下的课程教育，不再是过去以知识为本位的教育，强调的是学生学习方式的变革，注重的是学生获取知识、形成技能的过程与方法，突出的是学生创新精神和实践能力的培养。新课程的实施，立足课堂，走向生活，延伸到社会。课程实施途径的多样性，实施时空的宽泛与灵活性，要求后勤部门既要提供充分的物质保障，又要提供准确的辅助信息，拓展学生活动的时空，满足课程活动的需要。例如，在学校"家校共导"教育实践活动过程中，许多活动小组开展与食物有关的活动，如包饺子，这要求后勤部门为学生的活动提供便利，为学生提供各种器具，甚至为学生帮忙，这增加了餐厅工作人员的负担，但他们克服了活动中师生难以摆脱的时空限制，提供了丰富的信息材料，又突出了学生的主体感受，实现了综合实践活动的预期目标。

（2）发挥技术技能优势。新课程理念下的教育教学活动，注重与实际生活的联系，注重学生的感性操作，需要一定的技术技能手段作为活动的支撑。受各种因素的制约，教师和学生不可能对所有的技术技能都十分熟悉，需要外来的技术技能的支持。学校后勤员工由于岗位的特点和长期的实践，具备相关的技术经验和技能，可以充分发挥其优势，弥补师生的技术缺憾，保证教育教学活动的顺利开展。例如，在学生做水果拼盘的过程中，我们的后勤人员如厨师，充当起学生雕刻水果的师傅，一个苹果，在他的手下三雕五刻，立刻成了学生眼中的稀罕物。这些技术指导，优化了活动的过程，提高了活动的质量。

3. 后勤资源的开拓往往就是教育活动的开拓

学校后勤工作内容是重要的课程资源和教育活动的有机组成部分。学校后勤工作承担着服务育人、劳动育人、管理育人、网络育人、环境育人等任务。校园环境是隐性课程，是活的教科书；校园环境的设计、建设、管理过程都是育人的过程。校本课程的开发与实施离不开后勤工作，综合实践活动课程的许多内容是由后勤工作者协调实施的。

（1）活化校园物态环境。校园内的建筑物具有相当的稳定性和静止性，可以对学生进行长期的环境熏陶。但从另一种意义上讲，也因其没有变化，容易使学生产生心理疲劳，削弱它的教育功能。静中求动，大不变中求小变，让校园物态环境活化起来，创设流动变化的校园风景线，是拓展、激活校本课程资源的重要手段。在实践中，我们从墙体、花坛、展览阵地等小处着手，不断地赋予它们新的面孔，以吸引学生，熏陶学生。学校应该让每一堵墙会说话。将师生的爱生格言、尊师格言挂在墙上与名人名言同辉，全校学生自由参与，让师生自由表达，尽情表现，定期更替。同时，我们积极改造校园各种设施，变更校园文化的呈现方式，盘活了有限校园中的无限资源。

（2）优化社区课程资源。一所学校所处的社区中，有许多潜在的课程资源。受思维或客观条件的制约，这些资源没有得到开发、利用学校后勤部门可以发挥与社区群众直接交往多的优势，及时捕捉课程资源信息，优化社区教育资源，拓宽学生活动的空间。为了深化新课程的实施，后勤服务部主动牵线，认真配合，让学生走出教室，走出校园，走进社会，走向更广阔的生活天地。建设了学生实践教育活动基地，让全体学生积极参与，学生兴趣盎然，不仅学到了课堂里学不到的知识，锻炼了动手实践能力，获得了生活的乐趣，体味到合作探究的快乐，更有了创造的成功体验。

（二）学校物质资源的阶段性

在学校的不同发展阶段，物质资源的作用、标准是不一样的。

根据学校物质资源的作用大小和标准变异，我们把学校发展分为两个阶段：建设阶段和成形阶段。所谓建设阶段，是指学校还在解决有与没有的问题的阶段。所谓成形阶段，是指学校基本建设阶段已经结束，物质资源已经解决有与没有的问题，学校在物质资源方面该有的都有了，学校后勤工作主要是解决是优不优的问题。

1. 建设阶段

办学校，第一步，肯定是基本建设。但学校的基本建设，不是一个一蹴而就的过程，而是一个逐步完善的过程。如果学校的后勤工作，整体来说还处在基本建设阶段，还有重要的项目尚未到位，我们就称为建设阶段。这个阶段，有以下几个特征：

（1）学校物质资源对学校发展的作用，是一个正向作用。即学校物质资源越丰富、越高级，学校发展就越快；学校物质资源丰富到什么程度，高级到什么程度，学校就发展到了什么程度。

（2）学校物质资源建设，具有不可或缺性。缺了，将直接导致某一种或多种教育教学活动无法开展，或者师生在学校无法生活或工作。例如，学校有没有实验室，那就直接导致师生能否上实验课；有化学实验室，但没有生物实验室，那就意味着师生只能做化学实验，但不能做生物实验；没有体育馆，那就意味着学生所有室内的运动如体操，就不能上。

（3）主要着眼于物质功能作用。没有消防设备，那就必须安装。安装消防设备的时候，主要是着眼于消防设备的防火灭火的作用，主要不是考虑消防设备对学生的教育教学作用。没有校车，就购置校车，购置校车的目的，主要考虑解决师生的交通问题，主要不是考虑校车对学生的教育教学作用。

2. 成形阶段

当一所学校的物质资源，该有的都有了，也就是说，作为一所学校必须配置的建筑、设施、设备、材料、工具都有了，学校的教育教学活动和师生的生活、工作条件都有了充分的保障，总之，这个时候，师生并不感到还缺什么，学校就进入了成形阶段。这正如建房子，土木工程结束，水电工程结束，装修工程结束，家具和设施设备到位，这个房子就可以使用了，这个房子也就成形了。

但是，这并不意味着学校后勤工作就结束了。学校后勤工作这个时候进入了一个优不优的阶段。显然，优不优的问题，也不是一个一蹴而就的事情，而是一个长期优化、不断优化的事情，所以学校后勤工作永远都在路上。这时，学校的后勤工作有以下特点：

（1）当学校的物质资源基本具备以后，或者说，学校的物质资源配置达到一定程度后，学校的物质资源工作的重要性开始下降。当然，这并不意味着学校的后勤作用下降，而是指，这时学校的物质资源对学校发展没有绝对对应的作用。不是物质资源越多，学校的发展就越快，不是物质资源越高级、档次越好，学校就发展越好。例如，我们有了校车，就能保证师生的交通，但并不是一定说，校车的标准越高级，师生的交通就越能得到保障；师生的交通能不能得到保障，这个时候可能更多的是后勤管理，而不是校车本身的标准配置高不高。

（2）这个时候，某些物质资源，并不具有不可或缺性。也许能改善一下舒适度，没有也不会影响师生的学习、教育教学和生活。例如，四到五层的教学楼配置了宽敞的楼梯，就能保证师生在教学楼流通的需要，为了改善一下流通的舒服度，也可以配备电梯，但没有电梯，也并不一定意味着就不能流通。有的时候，甚至都不能说，配备电梯，这种流通就更顺畅。有的时候电梯的集中人流，反面阻碍师生的流通。总之，这个时候的物质资源的配置，并不具有不可或缺性。

（3）这个时候，物质资源的配置，可能既考虑物质本身的功能作用，又考虑物质资源的教育教学作用。完全没有直接的教育教学作用的物质资源，甚至都不会进入考虑的范围内。如果在对学生在学习、品德修养等方面教育教学有负面作用，即使有一些功能作用，也不在考虑之列。例如，学生宿舍过于豪华的装修和设施，则不会出现在学校，因为这会诱使学生把时间和精力放在享受豪华的设施设备上面而耽误学习。又如，中小学校一般会对网络的使用有所控制，以免中小学生沉溺于网络。总之，当学校的物质条件达到一定程度后，过于追求大、洋、新、高，会对学生的成长造成一些负面影响。这也就是学校基本建设和装修，人们普遍反对豪华富丽的原因。

二、学校后勤管理的本质是用好资源

学校后勤到底是干什么？学校后勤部门的领导和职工，总是学校最忙的人群之一，他们每天干的事，能不能给予一个内涵性质的界定呢？我们平时说的后勤工作人员在采购，在搬运，在维修，在食堂炒菜、煮饭，在种树，要维护草坪……这都是关于后勤员工工作的外延分类描述，这些工作的实质又是什么？

这个问题，在一般学校工作视角下，确实是多余的，甚至不是一个问题，人们也不会生出这样一个问题来。但是从办学资源的视角看来，这不但是一个问题，而且还是一个关键的问题。

在办学资源的意义上，所谓后勤工作，主要就是资源的筹措和资源的使用。所谓后勤管理工作，本质上就是为了用好资源。

（一）物质资源的筹措

学校每天都在运转，可以说，每一分每一秒都在消耗物质资源。学校在消耗什么物质资源，消耗多少，哪些是必须的，一刻也不能停止供给的，即所谓支撑性资源；哪些是支持性资源，即支持教育教学活动提高资质和效率的资源，这些都要预先有情况收集、基本判断、预备到位和监控、管理的。这些活动，我们统称为筹措。

1. 物质资源的规划

在学校物质资源的筹措中，有一些是常规性的、固定要用的，如校服、办公用品、食材、绿化等，这些资源我们称为支撑性资源，后勤管理的任务是选择，即选择哪些具体的品种。有一些资源，并不是不可或缺，但对教育教学有促进作用，是优化效率、提高档次的需要，这些资源我们称为支持性资源，后勤管理的任务就不是选择，而是设计。

选择的准则。所谓选择，是指选择的对象已经清楚，只是落实具体的实物。我们需要什么，已经清楚，甚至是每到这个时候都需要的，我们的任务是哪一家商户、哪一个品牌、哪一价位。这些考量，都有学校的明确的规章制度，这些制度的目的，一是优质，二是价廉。学校编制有物资采购制度，包括采购审批程序、组织采购、验收和建档四个环节。严格遵守制度即可。

2. 设计的准则

选择是以要选择什么已经清楚为前提的。但那些预先并没有确定选择什么，甚至连到底要不要现在一定采购的资源，则先要讨论采购什么；在采购什么之前，还要讨论、掂量，现在装备某物质资源，是不是最佳时候，是不是价值最大化的时候。这一类支持性资源的筹措，极其复杂。

后勤管理的程序，比选择类的资源筹措要提前。

第一步，观察、研究教育教学工作的改革目标、发展目标。

第二步，分析、讨论教育教学改革和发展需要什么样的物质资源。

第三步，预测、预判物质资源筹措的提前量。

做完这三步，才进入到选择的程序，即按照采购审批、组织采购、验收和建档操作，可以统称为第四步。

第五步，评估，即对资源的配置是否达到预先的目标。支持类的资源筹措，要完成选择程序后，还有一个同样重要的程序，就是这一类资源筹措的效益跟踪评估。支持类资源筹措都是带有试验性的资源配置，因为相对学校已有的经验来说，它们都是新的工作，都是过去没有做过的工作。支撑类资源配置是做过无数遍的，是每年都重复做的，其效益是被反复证明、已有定论的。但支持类资源配置，是否真的需要配置，具体类型的资源是否真有效果、有什么效果、效果是否达到预期、是否还有比它更好的效果，这些问题，事先都只是预测、预判，整个工作都带有试验性质，一切都是有待验证的、随时准备纠偏的。这个验证的过程，从采购到位的第一天就已经开始，越早越好，越详细越好，一旦确认预判有误，应该果断中止或修订计划。

（二）物质资源的分配与使用

用好资源，关键在于用。现在许多学校非常重视保管，如果将保管定义在

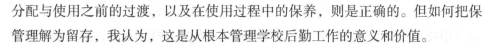

分配与使用之前的过渡，以及在使用过程中的保养，则是正确的。但如何把保管理解为留存，我认为，这是从根本管理学校后勤工作的意义和价值。

1. 后勤工作的目标不是"物质留存"

应该明确，学校后勤工作，从表现形态来说，就是分配与使用资源。如果后勤工作采购了物质，然后留存，但不使用，则后勤工作的意义等于零。例如，有一所学校，重金购置了一架三角钢琴，因为这架钢琴过于昂贵，学校轻易不用。为了能保管好这架钢琴，特地将这架钢琴放置在顶楼的一个房间里，为了防止学生随意进去触动，大门上还加锁一把大铁锁。又如，图书馆配置了大量图书，为了防止图书流失，特意设置了非常严格的借阅制度，由于过于严格，以致许多学生畏难而放弃借阅。这都是后勤工作方针出了问题的例子。学校后勤工作应以此为鉴。

2. 非消耗物质重配置更重维修

学校物质资源有两种，一种是消耗性的，即一旦使用就会消失不可再用，如洗涤用品，使用完即会消失。还有一种是非消耗性的，即不是一次性使用即形态消失，如体育器材、家具、实验仪器、教室常规配置、建筑装修等，这些学生常用到的设施、设备，其损害速度和程度远高于一般机构。学校当然要加强管理，尽量减少损害速度和程度，但是必须明确，这些设施设备，因为是由学生这个群体使用，其损害速度和程度要大于一般机构，也是必然的。因为这些设施设备，不仅有使用功能，还有教学功能，换一句话说，它们不但在使用，还在教不会使用的人使用。任何学生都有一个从会使用到学习使用的过程，任何设施设备都被用来教学生学习如何使用。所以对于学校而言，设施设备的维修，应该列入预算，作为后勤部门的一个常规工作加以落实。

3. 学校资源的使用者

学校的资源还有一个使用者的问题。现在有的学校存在一种称为"替代使用"的现象，就是由后勤或管理部门的人，代替教师、学生来使用资源，或者由教师来替代学生使用。尤其是一些贵重资源、易损坏的资源。例如，学校会场的音响设备、学校信息技术设备等，一般都不允许学生使用，都是由专门的工作人员来操作。

应该说，这种替代使用对物质资源的维护是有意义的，但它往往是以剥夺学生的受到更多、更优质的训练为代价的。例如学校会场音响设备规定学生不能碰，学生会因此失去很多使用音响设备开展活动的机会，也因此失去学会音响使用技术的机会。如果学生不能自由使用学校信息技术设备，就在很大程度上限制了学生在学习活动中自如地运用信息技术，会对学生的学习造成一定的困惑。应该明确，替代使用是不得已的办法。一般情况下，应该尽量减少这种替代使用学校设施设备的情形，应该允许学校设施设备有合理的损耗。

三、后勤的精细化管理与服务性质

"天下难事，必作于易；天下大事，必作于细。"老子的这名言告诉我们大境界、大事业都是由易事、小事累积而成，它们的成败往往是由细节所决定的。也就是说，无论做什么事精细的态度和方法是成功的前提和保证。精细化管理是新时期社会赋予学校管理的新理念，是提升学校后勤服务质量和管理水平的迫切的要求。在学校后勤管理工作中要坚持以细化、务实、精致为基本原则，要做到精心管理、贴心服务、用心育人，不断提高管理水平，优化服务质量，让后勤管理与服务逐步走上规范化、高产能的轨道。

学校后勤工作是教育工作的重要组成部分，是学校教育教学工作得以顺利进行的基础，也是实现学校工作管理育人、服务育人的重要方面。抓好后勤管理与服务工作，对推进学校的发展具有重要意义和作用。随着社会的发展和教育改革的深入，师生对后勤服务的要求不断提高，越来越关注服务态度、服务内容、服务细节等。因此，后勤管理也要逐渐由传统经验管理向科学化管理转变。推行细节服务，实行精细管理，是新形势下提升学校后勤服务质量和管理水平的必然要求。

（一）后勤管理制度的精细化

后勤规章制度要力求精密细致，抓住要害，便于实施。"细"必须健全管理制度。做任何事都必须行之有据，按章办事，有规可依，俗话说"不怕做不到就怕想不到。"只有想得细、想得全，才能做得到位。我校后勤班子成员做到了认真思考，反复研究，形成了一整套的后勤管理制度，内容涵盖了学校后勤管理的全过程，涉及校产、校舍管理制度、财务制度、食堂管理制度、校园安全及门卫管理制度、校园环境卫生制度、维修制度等。

后勤的管理规章已成为我校后勤工作的行为准则，为学校后勤工作的规范化、制度化、科学化提供了坚实的保障。例如，实行后勤员工签到制度，认真落实员工月考核制度，细化各环节的考核标准，完善考核评比条例；做到分工具体，职责明确，考核有标准，确保后勤服务工作做到优劣有别，奖罚分明，激励先进，鞭策后进。又如，实行了总务人员每日巡查制度，校园安全巡查制度，总务人员夜间轮值制度等。再如，健全的食堂管理规章制度，是实施科学管理的基础，食堂管理严格执行《中华人民共和国食品卫生法》《学校卫生工作条例》等法律法规，在此基础上，学校制定了《食品卫生安全管理制度》以及《食物中毒应急预案》建立健全各岗位职责，各岗位管理制度，后勤部门还根据学校后勤的实际情况完善了《食堂员工岗位流程》和《食堂员工月考核办法》，进一步明确了岗位职责和食品卫生操作规程，对环境卫生、食品卫生和个人卫生都做出了详细的规定，做到食品卫生管理有章可循，有规可依。

（二）后勤队伍建设的精细化

后勤部门通过平时培训来提高员工的业务素质和服务意识，后勤部要定期组织员工培训，坚持开好每月一次全体员工会议和每周一次总务人员及部门主管会议。培训会后勤主管要求后勤人员做到"五个要"：①要用心做事，做好事，做优事，有创新的精神。②要团结协作。一切从大局出发，思想统一。③要爱校如家，有一定的责任感。办事热心、细心、耐心，勇于坚持原则；有敏锐的洞察力，超前的思想意识；有以不便应万变的技能。④要工作扎实，勤勤恳恳，兢兢业业，吃苦耐劳，任劳任怨，不计较个人得失，甘当无名英雄。⑤要大公无私，廉洁奉公。

（三）后勤安全管理的精细化

1. 切实加强食品安全的防范工作

（1）严格用工制度。食堂从业人员与学校签订用工合同，明确了甲乙双方的权利和义务以及工资待遇等，在选聘员工时，学校注重思想政治素质，业务技术能力，事业责任心，组成一支具有较强凝聚力和勤业的食堂饮食从业人员队伍。利用暑期，后勤部组织所有食堂人员参加体检及卫生知识培训，办理了食堂员工新的健康证，不会影响食堂工作，每位食堂员工持证上岗。

（2）把好食品安全卫生关。一是进货关。我校食堂主要原料、辅料均采用定点、合同制进货，合同中有明确的质量要求，食堂进货必须由食堂验收，并做好进货入库登记。建立了购物索证、报告资料。二是加工严格按操作规程关。每天使用的蔬菜要入水浸泡半小时以上，去除残留农药或菜虫等，加工时不重复使用油料，加工储藏场所无关人员不得进出，做好菜样留样，餐具消毒记录。三是食品卫生安全关。严格要求做到食品"三防"，即一防食物酸变，腐烂，变质及污染食品；二防他人污染，在食品卫生管理中，食堂管理人员对各个环节的有效监督，严禁非操作人员进入食堂，从时间上和空间上拒绝了污染事件的发生；三防疾病流行传染，坚持每餐餐具专人操作，采用蒸汽消毒，并做好餐具的保洁工作，防止交叉污染。定期做好灭蝇、灭蚊、灭蟑螂、灭鼠的工作，切断传染源，保证师生健康。杜绝采购无商标、无生产日期、无生产厂家的"三无"物品及腐烂变质物品入库。同时，在食用前，要求司务长、卫生监督员及厨师认真层层检验食品，杜绝使用"三无"和感观现状异常的物品，从根本上保证了师生的饮食安全，确保师生健康。

（3）建立监督机制。学校为后勤部专配后勤部副主任负责食堂日常管理工作，平时后勤部干部做好食堂工作的检查、监督、试尝、留样、消毒、进出货、成本、报表及档案等工作。为了加大对食堂食品卫生监督力度，学校成立了管理机构，组建了学校食堂管理委员会，食管会成员不定期对食堂工作情况进行抽查，还在师生中开展民议测评和调查，发现问题及时解决，不定期请防疫部门对食堂进行检查指导，形成了管理部门、教师、学生对学校食堂管理的全方位监督，起到了积极作用。

2. 做好设施安全保障，确保校园安全

在校园安全工作方面，我们配合学校领导找差距、查隐患、订措施，使校园事故发生率为零，确保了校园平安。后勤工作人员坚持做好校园内每日一查，每大周一大查，每月一全面查，并认真做好记录，及时如实上报集团后勤服务中心和市教育局综治办。同时，就检查到不合格、不安全、不规范的设施设备及时进行整改，将一切安全隐患消灭在萌芽状态。

3. 切实加强宿舍管理

为学生营造舒适安全的生活环境。要求宿舍值班人员悉心关心每一个学生，让家长放心，让社会满意。认真值守每一个夜晚，不得早于学生睡觉，早于班主任离开寝室。宿舍管理员责任重大，要本着替学校、替学生、替家长高度负责的态度，管理好宿舍纪律，搞好环境卫生整理，按时上下班，下班之前确保卫生、环境、安全、物品等万无一失。宿舍管理员要时刻保持宿舍环境卫生常态化。

4. 消防安全的精细化

后勤部要做好每月一次消防安全大检查，发现不符合要求的消防器材应及时予以更换，检查消防设施，合理安排灭火器存放位置，对消防设施、设备。组织人员对教职工宿舍里的家用电器进行检查，发现功率大于400瓦以上的电器统一收管并要求限期处理。巡查学生公寓热水器的使用情况，发现使用不当的，与政教育处协同教育使用人。重点巡查女生寝室自带电吹风机，发现有自带吹风机现象，立即收缴送到政教处，由政教处统一处理。检查中发现的安全消防隐患都得到了及时彻底的处理，建立了安全监控制度，保证校园消防无隐患。另外，后勤部配合校办组织师生参加有关消防安全培训和逃生演练等工作。

（四）后勤成本管理的精细化

1. 物品领用的精细化

后勤部做好《物品领用制度》和《物品领用流程图》等制度的落实工作，仓库管理常规物品按制度领用，非常规的物品由后勤部主任把关，大宗物品由校长把关。这样规范了学校物品领用制度，同时避免了不必要的浪费。

2. 管好食品采购

（1）着重做好物品采购工作，进一步规范进货程序和渠道，每月进行一次市场价格调查，实行定点采购，索取所有供货点的物品生产许可证、营业执照、卫生许可证、从业人员的健康证等相关证件，结合商家其价格、服务态度和信誉等情况达成供货协议。食堂食品采购方式是定点送货到校，大部分食品是定点采购，少部分食品是随机采购，如紫菜、当归、干辣椒等。同时，严格物品的入库手续，相互制约、相互监督，对于购回的食品，要求由采购员、司务长与验收保管员共同过秤验收入库。食堂食品采购流程：食管会成员及食堂主要人员会议讨论确定本轮次的菜单—司务长开出菜谱—填写食堂物资采购信息清单—食堂主管、采购员、司务长确定菜价并进行成本核算—后勤部主任审核签字—采购员按需通知供货商—供货商按需按时送到校—采购员、验收员过秤并验收—司务长监督—合格入库。平时采用定期与不定期人员到市场进行物价调查，实行市场食品物价动态管控。

（2）认真做好成本核算。成本核算是学校伙食管理工作的核心，是降低办学成本、提高管理效益的重要内容和手段，是稳定饭菜质量的基础工作。我校食堂目前实行的是全成本核算，即除房屋建筑和学校投入的房屋维修、炊事用具的维修费、劳保用品、办公用品外其余均要进入伙食成本核算。例如，米、面主食和荤菜、蔬菜、油盐酱醋、味精、料酒等各种辅料，还有水电、燃料、大型固定资产和炊事用具折旧、人员工资等以上各种费用都以一定的比例进入伙食成本核算。后勤部通过对原材料统一定点采购、规范加工流程、减员增效、日清月结、成本分析等一系列办法加强成本管理。

3. 物资采购管理的精细化

抓好购物管理，本着对学校负责的态度，在各方面管好用好每一笔钱，凡是购物尽可能做到货比三家，做好预算，尽量以低价进行批发采购，努力做到在保质保量的前提下尽可能地降低办学成本。后勤部还组织有关人员，定期或不定期地对市场进行调查，做到了市场物品价格动态合理化的管控。学校购买办公用品和生活用品等常用物资，学校规定每月只能购买一次，月初仓库管理员，经过认真计划同进根据上月末盘点及使用情况，填写申购单提出申购，按流程办理相关手续。平时学校教学所需物品均做到手续齐全，程序规范，有效地杜绝了各种浪费现象，也提高了办事效率。学校采购物资（3000元以下）流程：申购人填写物品申购单—申购人所在部门主管审核签字—后勤部主任审核签字—校长审核签字—申购单交给采购员—采购员按学校采购规定进行采购—凭申购单和发票到仓库入库—申购人按"物品领用流程"领取物品—采购员或供应商凭申购单核销。

4. 废旧物品集中处理，启用了废品出门单

后勤部在管理好学校资产外，还集中处理学校的废旧物品。首先在全体教职工大会上宣布了有关学校废旧物品处理的若干规定，然后不折不扣执行规定。规定如下：学校废旧物品（废纸、纸盒、饮料瓶、旧水龙头、废铁等等）处理权（回收卖出）属于学校后勤部，由后勤部指定两位或两位以上人员负责，资产管理员为主要负责人，任何人不得以任何借口卖出废品，或运出废品。学校废旧物品处理流程：学校需处理的废品由后勤人员或学生收集到绿色回收站—后勤部负责废品处理的人员通知回收商家到校—分类称量—填写废品出门单—凭废品出门单出门—保安核对并收回废品出门单—保安上交废品出门单到财务室—后勤部负责废品处理的人员到财务室核对废品出门单上合计金额并按数上交（月结或双月结）—出纳开具收入发票。

5. 不折不扣执行票据和价格浮动审核流程

（1）票据审核流程。供货商送货到校验收合格过秤后开具票据—送货人确认签字—验收员汇总好当天的食品上报后勤部和校长室—后勤部按汇总表输入3—验收员签字—采购员签字—司务长签字—后勤部主任上K3审核签字—会计上K3审核签字—校长审核签字—出纳审核划款。

（2）价格浮动审核流程。食品价格上浮需供货商提出申请—后勤部组织人员进行市场调查—上报校长审核—通知采购人员、验收员及供货商。

（五）校产管理的精细化

1. 后勤部首先要制订校产管理制度及流程，成立校产管理领导小组，召开有关校产管理的专题培训会议，明确了各级校产管理和使用人的职责。学期初，后勤部根据自身的实际情况进行实物盘点，及时掌握资产损盈情况，准确反映固定资产实际情况，并对班级、宿舍、功能室、办公室等资产进行登记、清点，同时与各学部签订保管和使用协议，责任落实，建立各类台账。平时，使用人损坏校产实行了赔偿制，期中、期末两次进行验收，真正做到固定资产的家底清、账实相符。

2. 完善校产管理责任制、财物制度和损坏赔偿制度。保管员对学校财产负总责，对各部门财产建立分账，做到账物相符，账账相符。每学期初，后勤部与各部门负责人员签订财产保管与使用协议书，部门负责人与各年级主任、班主任签订财产保管与使用责任书，财产一包到底，在使用过程中，损坏丢失都由班主任或生活教师追究赔偿。各处、室、组财产损坏或丢失由各负责人追究责任，并修复赔偿。切实落实损坏赔偿制度，对班级财产管理加强考核，坚持巡查，末汇总，将检查结果报政教处纳入班级考核及作为评先评优重要依据。有效地促进班级财产管理。我校后勤部努力管好用好固定资产，使其保值、增值，发挥其最大的使用效益。

（六）后勤常规工作的精细化

后勤工作量大面广，头绪多，层次多，而人员少。工作内容上对基建维修、水电、绿化、伙食等样样要管，后勤部要根据后勤烦琐的、临时性、突发性、任务多的特点，尽力做好服务工作。

在平时，围绕学校中心工作后勤部门主要做好以下服务工作：

1. 保证教育教学需要，及时供应各部门所需办公用品和学习教学用品器具。

2. 学校的教研活动，如公开课，优质课，家长会，文艺演出，期中、末考试，检查验收等中心活动，后勤人员全力以赴，全方位提供优质服务，保证各类活动正常有序进行。

3. 积极配合校长室做好校园的安全工作，落实了安全工作责任。工作人员坚持做好校园内每日一查，每大周一大查，每月一全面查，并认真做好记录，及时如实上报集团后勤服务中心和市教育局综治办。同时，就检查到不合格、不安全、不规范的设施设备及时进行整改，将一切安全隐患消灭在萌芽状态。

4. 及时修理门窗、门锁、课桌凳椅和水电，做到随叫随到，发现故障，及时处理。平时定期与不定期对学校电器线路及大型机器进行安全检查，并将检查记录进行汇总，发现问题及时维修。

5. 做好教职工和学生的生活服务工作。

6. 坚持每天督促检查清洁工人及时打扫卫生和清理垃圾，发现问题及时整改，做到学校环境卫生整洁。

7. 坚持每天校园巡查，与浪费、破坏等不良行为作斗争。

学校的后勤工作是学校一切工作的基础，贯穿于教育教学的每一个环节。因此，一所学校要发展，学校后勤的管理必须要精细化。

四、后勤管理工作的十大要领

学校后勤管理的特点，就是管理好人、财、物，为校园提供稳定有序的物质基础保障，确保学校教育教学秩序的顺利开展。这项工作在寄宿制学校里，显得尤其重要，其分量占据了师生在校生活的半壁江山。为此，后勤管理过程中，我们要想师生之所想，急师生之所急，要千方百计为教育教学、生活提供方便。例如，不断改善办学条件，管好各类财产，做到物尽其用；主动热情地搞好生活服务，解除师生后顾之忧；加强财务监督，努力美化学校环境，确保学校安全。在管理过程中，我们围绕"学、巡、查、经、营、服、务、管、理、做"大做文章，为践行学校"幸福教育"理念做好服务工作。

（一）学：学习是做好后勤工作的前提

寄宿制学校后勤工作的重要性对后勤管理干部提出了更高的要求。在管理过程中，除了管理者转变管理观念，健全规章制度，提高工作的执行力度，建立监督考核机制，不断提高后勤管理水平外，后勤管理干部还要不断加强学

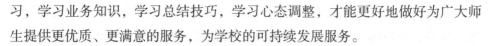

习，学习业务知识，学习总结技巧，学习心态调整，才能更好地做好为广大师生提供更优质、更满意的服务，为学校的可持续发展服务。

1. 学习业务知识

后勤管理是一个庞大的体系，牵涉面广，包括财务管理（财务计划管理、预算外资金管理、财务活动分析与财务监督）、财产物资管理（固定资产管理、材料及低值易耗品的管理、招投标管理）、基本建设管理（计划管理、设计管理、施工前准备、施工组织管理、竣工验收与结算）、房产管理及维修（房屋使用管理、师生宿舍分配管理、房屋及附属设备维修管理）、水暖电气管理（供用电管理、给水与排水管理、燃气管理）、餐饮管理（伙食成本管理、伙食服务管理、伙食经济管理）、医疗卫生管理（医疗质量管理，医疗卫生经济管理）、其他服务管理（生活服务管理等）以及后勤服务经营实体（小卖部）管理。所以，作为后勤部管理者，要不断地丰富自己的业务知识。

2. 学会总结工作技巧

这也是作为一名后勤管理者所必备的能力。做工作不是蛮干，而是巧干。后勤工作面广量多，修修补补，机械重复，日复一日，难免会让人感到疲乏。作为后勤管理者，必须要思考自己在工作过程中是不是只是忙于结束工作而不是总结工作经验？通过在管理过程中不断向自身犯过的错误、取得的成就学习；通过工作过程向身旁有经验的同事学习，并定期将心得记录在本子上，时不时拿出来研读一番，对于管理者而言可谓是事半功倍。

3. 学会调节好自己的工作心态

后勤管理过程中，后勤人员面临年龄偏大、学历偏低等问题，管理者要面对形形色色的人员，没有一个好心态是做不好工作的。在工作过程中若是遇到了困扰、麻烦，不应将消极心态带到工作中影响工作质量，而应该学会自我调节，用积极、阳光、乐观的心态来面对工作中遇到的困难和挑战。

总而言之，后勤要学的东西有很多，要做一流的管理者，必须把大把的时间投入到学习中去。

（二）巡：巡查是后勤工作精细化管理

学校后勤管理，坐在办公室里无法完成任务，必须要深入到各个角落：教学楼、寝室、餐厅、校园周边……及时发现问题，实行现场管理。要实现及时发现问题的目标，后勤管理要加强校园巡查，实施走动式管理。在巡查过程中，要做到以下几方面：学会倾听，后勤管理要把倾听作为"走动式管理"的第一要务，听听师生的心声，听听师生的需求，吸纳各方意见，不断改进工作；沟通从心开始，站在服务师生的高度，与师生真诚沟通，面对师生提出的问题，虚心接受并深入调查，能解决的当场给予解决；树立服务意识，要真心实意地为师生提供必要的服务；走动要有较高频率，要做到"一日三巡"，深入校园，走一走，看一看，摸一摸，聊一聊，哪里脏了，哪里坏了，哪里存在安全隐患，要在心里记得一清二楚。巡，更主要的是体现出一种认真负责的工作态度，通过亲自调查，管理者更能胸有成竹地处理解决。

（三）查：排查是安全工作的保障

查，就是排查问题，排查安全隐患。在管理过程中，我们提出"一天一小查，一周一中查，一月一大查"的排查要求，排查过程中做到地毯式检查，这是平安校园的需要，也是师生在校安全所在。

1. 校园安全，警钟长鸣

学校建立安全常规制度，确保权责明确。在安全隐患的排查中，学校实施交换检查制，工作人员每人都有其负责的领域，并且有分责小组长对其进行监督，保证每一个项目都不仅仅是一个人在检查，而是至少要查三遍。

2. 财产安全，贯穿始终

学校的财产因为老化、损坏、锈蚀等原因，关系着师生的安全，后勤管理必须要加大检查力度。加大检查是为了确保加强校产管理。在原有校产登记管理基础上进一步完善具有寄宿制学校特色的公物赔偿制度，在学期初同各负责人员签订责任状，对因自然损坏的物资经实地核查，该修的修，该换的换，同时对库存物品定期检查，翻晒整理，分类存放，账物相符，确保安全。

3. 加强基建维修管理

开学初，对大型物资的添置、校产校具的维修等群众敏感性的工程项目，实行办事公开化制度，切实做好招标投标议标，搞好开工前的预算，施工工程中的监督和完工后的财务决算批报，自觉接受监督。本着对集体财产高度负责的精神，节约开支，减少浪费，做到长远规划，克服短期行为避免重复性，浪费性建设，真正地把有限的资金用到刀刃上。

（四）经：经济是后勤管理的命脉

后勤管理，包含了对钱的管理，要确保学校经费正常运转，加强财务管理尤其重要，这就要求后勤管理者要有经济头脑，要有成本意识，既会算大账，又会算小账。

1. 所谓大账，即这一个月或者一年的后勤收入支出分别是多少？与去年相比今年的支出有什么特点？大部分的资金花在了哪里？对于这些，管理者必须心里有数。

2. 所谓小账，即管理者需要明确在一个时间段的支出中，哪些是必须支出哪些可以减免一些。在经济管理方面必须秉持勤俭节约原则，将钱花在刀刃上。

3. 完善财务制度，经费的领取，支付等工作，都应按程序进行，严格财务审查和复核；实行会计报账制度，用款人办理报销必须持有有效凭据，严控审批范围，严格履行开支单据与物品入库签字手续。

（五）营：运营是节约型后勤管理的要求

营，即运营客户，经营人心。学校的水、电、煤、油要建立定额制度。俗话说得好，"没有规矩不成方圆"。在这里所制定的定额制度，绝对不是单纯为了削减支出而胡乱进行的定额，而是秉持着勤俭节约原则，根据近几年各项支出水平，制定相应的消费指标。但是这个消费指标不是一个定量值，为了避免特殊情况下手足无措，消费指标应该是一个范围，只要每个月的消费指标在这个范围内即可。如果出现更加特殊的情况急需加量，则需要向管理者请示批准，保证账目清晰。

（六）服：服务是做好后勤管理的力量源泉

服，即后勤部长要有两把刷子，有一技之长，要有把"小事做细，细事做精"的能力，要让人心服口服。

1. 作为一名管理者，不可避免地会受到别人的质疑，质疑工作能力、质疑工作态度、质疑工作热情。每当这时，再多的辩解都是无用，最好的办法便是通过证明自己的能力，让身边的质疑声消失。这也符合前面我们所提到的第一点"学"，不仅要学习理论知识，更要学习工作技巧，处事技巧，让自己成为工作中的战士。

2. 后勤工作繁杂琐碎，或不为人知，或不为人愿为，其价值、绩效难以量化。在工作过程中有时会难免让工作人员手足无措。每当这时，管理者要变指责为指导，凝聚人心，以情感人，激发团队合力。关心、支持、尊重、信任和理解工作人员，替他们分忧解难，为他们服务，变指责为指导，帮助他们消除可能产生的低人一等的自卑感，以期他们在工作时多些自豪，少点悲壮，乐于用自己的辛苦程度换取师生的幸福指数，真正体现幸福教育。

（七）务：务实是做好后勤管理的基础

务，即为学校发展服务，为师生服务，为教育教学服务，为后勤质量服务。向服务要质量，向管理要质量。这种服务是发自内心的，走进学生心灵的，让家长、学生都感受得到的，温暖人心的，并且一定要做到务本、务实。寄宿制学校后勤管理与一般的后勤管理有所不同，它所面对的对象是学校，是师生，因此管理者一定要秉持着对于教育事业的本心，只有务本，才能真正放下心来为师生办实事，解疑难。而作为管理者来说，更加重要的是不空喊口号，应抓实干，办实事，将师生利益，学校利益放在第一位。

（八）管：敢管是后勤管理者的基本素养

管，即后勤主任要大胆管、细心管，要亲力亲为，要为校长做第一道防线。学校里的教师来自大江南北，生活习性难免有所不同，在用电、私人物品等问题上难免出现安全隐患，或者浪费水电等现象。后勤主任就要该管则管，关键时刻必须站出来，不能磨不开面子，草草了事，应付过去。寄宿制学校后勤管理的责任与义务要比普通的后勤管理大得多，片刻都不能掉以轻心。在后勤管理中最容易出现的问题就是在一些情况下，管理者不好意思挑出被管理者的毛病，或碍于身份，或碍于面子，总觉得这次过去了就过去了，敷衍了事也不会有什么问题。殊不知灾难总是在一瞬间发生，更经常在被忽视的时候发生。对待任何一名犯错者的容忍就是对待自己、对待学校、对待师生的不负责任。因此，在后勤管理过程中，管理者一定要不怕麻烦，不怕墨迹，不怕惹人烦，将工作一一落到实处，真正管理起每一个项目，保证师生生命财产安全。

（九）理：理清思路是后勤管理顺利完成的保障

理，即梳理事情，理清思路，在这过程中一定要有主有次。有主无次会加大管理者的负担，让其无从下手；有次无主会让管理者失去工作方向，事倍功半。对于后勤管理者而言，理是极其重要的。

后勤的工作，有重要的、紧急的，也有紧急而不重要的，重要而不紧急的，不重要也不紧急的。面对不同种类的问题，不同的处理方式体现出管理者不同的管理理念以及管理方法，同样会导致不同的管理后果。

做事必须要善于理，每天晚上回到办公室要梳理一下，今天我做了什么？做得怎么样？可以给自己打多少分？还有没有什么可以改进的地方？如果我换一个角度来思考或者换一种方法来解决会不会有不一样的效果？长期的反思有利于管理者发现自身在工作过程中的不足，理清头绪，以便在日后的工作开展中取得更大的进步与成功。对于初级管理者来说，每晚的定期梳理或许是茫然的、心烦的，但是只要坚持反思，坚持理清每日工作，养成习惯后，管理者会从中受益良多。

（十）实：实干是后勤管理发展的根基

学校工作是"做"的学问，后勤工作则更要强调"做"。这里的"做"，是指要做好管理工作、做好管理人员、做好管理服务。三者看似类似，却各有不同。

1. 做好管理工作，是将一切核心放在工作上，保证工作时间充足，工作质量高效，工作水平优秀，是第一层次。

2. 做好管理人员，是在管理过程中加入人性化的理念，将"管事"与"管人"相结合。以管事为途径来管人；以管人为策略带动管事。通过这种途径，后勤管理者将冰冷的"管理"二字加入了更多的人性化的补充，使其更贴近师生生活，是第二层次。

3. 做好管理服务，是彻底将管理理念转变为服务理念，真正站在师生的角度，站在学校的角度来进行讨论与思考，将师生与学校利益放在首位，保证其得到最满意的服务与保护，这是第三层次。

三个层次依次递增，体现了后勤管理者在管理的过程中不断地专业化、理性化、服务化。只有秉持着层次递进，终身学习，踏实进取，不断进步的精神，才能真正将后勤工作做起来、做得好、做得满意。

俗话说，"兵马未动，粮草先行"。学校提出了让学生"吃好饭，睡好觉，锻好炼，不受伤，不得病，养习惯，抓质量"的21字工作目标，其中有关后勤管理的内容占了15个字，后勤工作就是要紧紧围绕这十几个字的目标，秉持着"服务人先，服务德先，服务优先"的原则，脚踏实地将工作做好，做实。努力探索适合我校特点的后勤保障体系，力争为学校提供一流的后勤保障，让学校领导更加放心，让教职工及学生更加满意。

学校后勤资源的优化，主要体现在两方面：一是资源设计、筹措的优化，即用什么资源的优化，基本准则就是把资源用在刀刃上。二是如何用资源，本质上就是把资源的功能发挥到极致。这两个方面，构成学校后勤工作的核心理念。学校后勤工作，看似千头万绪，但其实质，就这两点。学校后勤工作，抓住了这两点，就相当于抓住了"牛鼻子"。

第九章

学校品牌资源与公共资源

毋庸讳言，办学校其实一直存在竞争，有的时候还存在激烈的竞争。不管是公办学校还是民办学校，都是如此。过去是这样，现在是这样，今后估计也是这样。而且站在客观的立场来看，至少在现在，这种学校与学校之间、不同办学主体和管理者之间所存在的竞争，对不断提升办学质量、推进教育事业的发展，是有好处的。有的时候，还是区域教育持续发展、协调发展、优质发展的一种重要机制。

那么，学校与学校之间的竞争是在竞争什么？

第一，争家长（学生）的认同。

第二，争公共机构（政府和社会其他机构）的支持。

第三，争教师的归属。

简单地说，是争办学资源，而且是争最重要的办学资源。

这种学校之间的竞争，最后会在整个社会中沉淀下一个总的认识和评价。这种总的认识和评价的形象化的结果，就是学校品牌。这个学校品牌赋予学校在家长、学生、政府部门、公共机构、教师同行和专业同行中的知名度、信誉度和美誉度，它作为竞争的成果，反过来支撑学校在下一轮竞争上获得更大的办学优势资源。正是在这个意义上，良好的学校品牌本身也是办学的资源之一，甚至可以说是资源中的资源。

一、学校品牌的资源性意义

学校品牌的研究，有两个问题至关重要：一是学校品牌的内涵和外延，以及由此决定的学校品牌的形成过程，二是已经形成的品牌又是如何在办学中发挥作用。为了叙述方便，我们从第二个问题讲起，我称为"学校品牌的资源性意义"。

学校品牌在办学中发挥作用，对不同的主体，发生作用的内容和方式都是不一样的。研究学校品牌如何对不同主体发生吸引效应、支持效应、认同效应、向往效应，既是学校品牌研究的重要内容，也是学校品牌作为办学资源的重要的证明。

（一）口碑：学校品牌如何对家长（学生）发生效应

"金碑银碑，不如家长的口碑。"这一句话把学校品牌对家长和学生发生的效应，说得很透彻。家长和学生对学校教育教学质量、课程、教师能力和师德，以及学校各方面的口口相传，是学校品牌最重要的表现，也是学校品牌最重要的保证。

1. 升学率的重要性不容置疑

那么又是什么决定了家长对学校的口口相传呢？第一个要素，也是最重要的要素，是学生的出口，即我们大家都说滥了的升学率。

教育是一个专业性很强的工作。在学校的日常工作中，哪一个教育教学活动、哪一个环节、哪一个方面做得好还是不好，其实非专业的人员是无权评价也无从评价的。再加上，学校的直接的消费者是学生，学生的未成年性质决定了学生即使有对学校的评价也不具有权威性。总之，直接对学校的品牌起决定性作用的，是学生的出口，即升学率，以及附属于升学率的各种平均分、优秀率等。另外，追求这些数据后面所代表的权益，本来就是家长把学生送进学校的根本目的。升学率是确定无疑的铁证，证明学校在何种程度、何种数量级上实现了家长的愿望。把升学率作为学校品牌第一位的要素，这是家长的自然选择，既正当又合理。我们在否定学校片面追求升学率的大前提下，也必须肯定这个要素从根本上正面响应了家长的教育需求。

2. 全面发展、特色发展的重要意义

随着社会生活品质的全面提升，人们开始对什么才是人的真正价值和幸福有了更科学的、全面的认识。正是在这样的大背景下，人们越来越对学校有了更丰富的要求。现在家长和学生口口相传的品牌学校，已不只抓升学率这一项内容了。如果没有升学率的保证，则一定不能让家长口口相传，但只有升学率这一项，也很难让家长口口相传了。人们逐步接受了这样一个观念，一个学校，不仅要有升学率，同时，也要给我的孩子一个好的道德品质，一个健康的身体，一个良好的心理情绪，最好还要让我的孩子有一点特长。尤其是在学生的心理健康方面，越来越受到家长的重视。部分家长甚至以这一点作为评价学校的主要依据。这是一种新的动向，而且越来越明显，尤其值得我校的管理者注意。

3. 学校教育教学的人性化过程

与第二点相对应，现在越来越多的家长对学校的教育过程的人性化表现出高度关注。"我想让我孩子在学校长大成才，你们用什么办法我不懂也不关心"，这样的时代一去不复返了。现在的家长不但要最终的出口，最后的结果，同时也要这个教育教学的过程必须是以不伤害孩子的心理健康为前提的。如果伤害到孩子的自尊和健康心理，则即使有好的结果也不会接受。这样的想法越来越普遍。当然，在这一点上，家长的认识与在第一点甚至第二点的认识不同，在第一点甚至第二点上，家长的认识普遍是一致的，但在第三点上，并不完全统一。但是这种不统一，是程度的不统一。有的家长还是愿意接受给学生一定的压力，给学校一定的处罚权力，有的家长则完全不能接受。这一点其实也成为学校在办学过程中一个很困惑的事情。

4. 教师的整体人格状态

在办学过程中，校长的重要性不言而喻。但是，真正与家长和学生联系最多的，与家长和学生直接接触的，还是教师。教师与家长、学生在人际交往，有许多是非专业的领域。例如，当学生犯错误的时候，不同的教师教育学生的方式方法不同，手段、方式、判断标准、力度、角度都是不一样。这些都是教师个人的一些因素在起作用。又如，每一位教师都要与家长发生这样或那样的联系，这里就有一个交往姿态、交往方式甚至说话的用词、语气这些很细小的问题。这里面确实有很多教师个人化的因素在起着很大的作用。这样就让家长和学生对教师整个人格状态有一个总的印象。这种对教师人格的总的印象，也是家长和学生对学校口口相传的重要内容。我们经常听见家长说，某某学校的教师还比较温和，或者说某某学校的教师不太负责任，这些，其实都是家长和学生在对教师的整体人格状态作出评论。这些评价构成学校品牌非常重要的内容。

5.学校环境

近年，学校环境越来越多地成为家长学生口口相传的重要的内容。往往以"学校环境不错"或"学校硬件很好"的形式表达。但是学校环境作为口碑的一个内容，有以下几个特点。第一，并不是硬件条件越好口碑越好。在一个地区的学校普遍硬件条件不太好的时候，谁的硬件条件好一些，口碑好的可能性非常大。但一个地区的学校硬件条件都不错，这一点进入口碑内容的可能性就普遍降低。当一所学校的硬件条件较差的时候，其硬件条件改善后，成为好口碑的内容的可能性要大一些。但是当这所学校的硬件条件已经达到一定标准后，再进一步改善，家长和学生对此的关注度并没有同步增长。所以学校环境成为口碑的内容有一个度。基本达标以上，它的重要性就降低，成为口碑内容的可能性就降低。但是如果条件太差，就会成为负面口碑内容。

（二）信托：学校品牌如何对政府和公共机构发生效应

信托是一种金融制度，是委托人基于对受托人的信任，将其财产权委托给受托人，由受托人按委托人的意愿以自己的名义，为受益人的利益或特定目的，进行管理和处分的行为。我在本书中借用这个金融和法律概念，来表达学校品牌对政府和公共机构发生的效应。

不管是政府还是其他公共机构，他们都更愿意将资金、土地、房屋、信息数据、优惠政策等办学资源，投入到品牌学校。在这里，政府和公共机构相当于委托人，学校相当于受托人，而受益人当然就是学生。当政府和其他公共机构持有资金、土地、房屋及其他办学资源，而且必须使用这些资源的时候，他们更倾向于将这些资源信托给品牌学校。

这种品牌学校信托的形式，目前已经有法律依据，包括《中华人民共和国民办教育促进法》《中华人民共和国建筑法》《中华人民共和国担保法》《国务院关于创新重点领域投融资机制鼓励社会投资的指导意见》（国发〔2014〕60号）；包括《中华人民共和国政府采购法》《中华人民共和国招标投标法》《中华人民共和国合同法》；还包括许多地方性法规和政策文件。内容涉及办学资金筹措、土地供给、政策扶持、人事支持等。

瑞安市新纪元实验学校从几百人发展到现在的几千人，由一个学部发展成为小学、初中、高中三个学部，由一个校区发展到三个校区，每一步都离不开政府和公共机构的支持，包括土地供给、财政支持、招生政策、人事支持等。

现在，瑞安市新纪元实验学校在以下项目中享受与公办学校一样的政策和金融支持。

（1）中小学学杂费减免享有同等待遇。

（2）教师评先评优评职称与公办学校同等待遇。

（3）用水用电价格与公办学校同等待遇。

（4）学生在困难补助费方面与公办学校同等待遇。

（5）享受奖补资金与政府购买服务资金。

（6）在融资过程中可以用收费权或教学之外设施设备作抵押。

可以说，没有公共资源的支持，学校就发展不到今天。在学校的发展过程中，我们的体会主要有以下几方面。

1. 学校品牌是获得公共资源支持的最重要的原因

公共资源追求民生利益，而教育是最大的民生，是老百姓最关心的公共事业。本着专业的事情让专业的人来做的宗旨，将公共资源信托给品牌学校来主持运营，最大限度地保证了老百姓的利益，最大限度地发挥了公共资源的效益，是一件政府及其他公共机构、百姓、学校三方受益的事。其重要的基础是学校品牌被当地老百姓认可的程度。只要老百姓认可的品牌学校，公共资源最终都会倾向于给予充分的支持。

2. 遵守国家的法律和法规

公共资源是否认可学校品牌，与家长口碑内容还是有所不同的。其最大的不同是政府等公共机构非常看重学校是否遵守国家的法律法规，以及当地政府的有关行政规定。公共机构有一个重要的职责，就是维护社会秩序。教育涉及千家万户，是最受老百姓关心的事情，在这方面有任何不正常的异动，将会直接影响社会秩序和人心。作为政府和公共机构，他们在充分考虑学校的质量和百姓口碑的同时，也同样非常关心学校在维护社会秩序方面是否与政府和公共机构站在同一方阵。学校必须把自己也当作一个公共机构，与其他公共机构一起，以社会稳定、百姓满意为第一准则。只有这样，我们才能获得政府和公共机构的大力的支持。换一句话，在政府及公共机构那里，是否遵守国家法律法规，以及当地政府的行政规范，也是学校品牌重要的一个衡量指标。有的时候，还是最重要的指标。

（三）专业认可：学校品牌如何对同行发生效应

学校品牌有一个很重要的参照系，就是同行认可。同是办学校，个中艰苦，个中难处，体会得更深，了解得更透彻。但是他们做到了我们做不到的，或者我们也做到了，但在他们那里做得更地道，更专业，甚至更轻松，就会从内心佩服，甚至景仰，就是服气得很；就会自觉或不自觉地向他学习，模仿他，赶超他。可以这样说，只有家长口碑，政府和其他公共机构也信任，但同行并不认账的品牌学校，这个学校品牌的含金量是不高的，是会大打折扣的。有的时候，甚至会带来区域教育生态的破坏。

1. 同行认可是最专业的品牌效应

学校品牌最核心的要素是学生的考试成绩。但是，这个学生的考试成绩是不是百分之百是由学校的办学质量决定的，是由学校的管理、教师的水平决定的。外行人看热闹，内行人看门道。有的时候，学校可以动用某些极端的、违背教育规律的措施，也可以在短期内达到提高学生的考试成绩的目的。例如，违规招生，使用收买等办法将本地的优质生源一网打尽；不惜严重损害学生的身体健康，最大限度压缩学生睡眠和休息时间，无限制加班加点；采取驱赶考试成绩不好的学生离校，以抬高平均成绩和升学率；等等。这些手段，也可以短期内提高学生的升学率，但这是对学生、对教育、对国家和对社会的不负责任，是有违教育良知的做法。这些手段、做法，外行人看不出来，但同行却一目了然。所以，让同行认可的品牌学校，才是真正的品牌学校，是最不容易的品牌学校。

既然是竞争，就会有相互的比较、追赶，从目的上来说，就是通过各种办法，将对手比下去。既然是竞争，就会有竞争的手段，就会有各种措施。但是，任何学校在任何时候都不能忘记，这种学校之间的竞争的根本目的，是通过竞争这种方式，提高自己，提高区域内的所有学校的办学水平。如果你使用的竞争手段，不是有利于自己和区域内所有的学校的办学水平提高，而是以破坏其他学校的办学质量和声誉为代价，这就是一个校格的问题。这里的界线是"不主动损害其他学校"。这是一个底线，一个不可逾越的底线。凡是逾越这条底线的学校，就是没有校格的学校。这样的学校通过竞争所获得的"品牌"，肯定无法得到同行的认可。所以看一个学校的品牌是不是有含金量的品牌，参考同行的评价，是一个最专业的办法。

2. 同行认可是最持久的品牌效应

事实证明，凡是频繁使用不正当手段来获得竞争利益的学校，凡是损害学生的长远发展利益的学校，他们获得的声誉都是短暂的。一方面是因为家长、政府等公共机构有一个逐步认识的过程，另一方面，同行公愤的力量是巨大的，成为众矢之的的学校，会逐步影响社会舆论，从而使这些学校获得的声誉毁于一旦。

我想特别强调的是，同行不认可的所谓品牌学校，对区域内的教育生态是一种破坏。这种以极端手段获得办学声誉的所谓品牌学校，属于教育生态系统中的"野蛮人"。这种"野蛮人"学校，会带来区域内的劣胜优汰。这是一种非常恶劣的教育生态，会使区域内的教育发生所谓的恶性循环。这种恶性循环会导致到区域内学校系统的崩溃。这个时候，整体教育系统会被迫发动重新洗牌的调整。首当其冲的，肯定是这些靠不正常手段发家的所谓品牌学校。

从教育生态平衡的角度来说，各地政府和公共机构，在认定学校品牌的时候，高度重视同行认可，是对区域教育生态的保护。

（四）归属感：学校品牌如何对教师发生效应

一个地区，一所学校是不是品牌学校，或者说，这个学校是不是形成学校品牌，还有一个重要的指标，就是看学校对从业者是不是有吸引力。具体地说，外校的教师，是不是想到这个学校来，已经在这所学校的教师，是不是有归属感。

教师的归属感，来自以下几个方面：一是待遇；二是校中的人际关系；三是教师的劳动强度；四是教师的专业自主权；五是教师的专业素养；六是学校的物质环境；七是学校的硬件建设；八是教师职业的稳定感和安全感；九是教师职业的社会声望；十是生源质量；十一是对教师的评价；十二是学校制度；十三是学校的声誉；十四是社会期望；十五是教材质量；十六是课程资源可开发和可利用的程度；十七是教师的健康。

以上17个方面，有一些是学校知名度、信誉度和美誉度的直接表现，如社会期望、学校的声誉、生源质量等；有些是学校办学质量的条件性因素，如课程资源可开发和可利用的程度、教材质量、学校制度、学校的硬件条件、物质条件、教师的专业素养、劳动强度、专业自主权、学校人际关系，还有待遇等。从业人员是直接用脚来对一所学校是不是好学校作出清楚明白的判断和选择。因为他们是从业人员，他们最了解一所学校的好坏差异。所以看一所学校的教师是不是有归属感，是判断一所学校是不是品牌学校的重要参考。由于这是学校内部人员发出的信息，所以具有特殊参考意义。

学校品牌主要通过家长、学生的选择，政府及其他公共机构的支持，同行的认可和教师的归属来得到确证，进而产生办学资源的功效，推动学校的发展。

二、学校品牌形成的过程及要点

学校品牌如何形成？总体来说，分为两步，第一步是把学校办好，第二步是对品牌本身进行提炼、推广和维护。这两步皆不可缺。其中，第一步是基础，是前提，第二步是结果，是功效发挥。如果只有第一步没有第二步，品牌效应出不来。如果只有第二步没有第一步，则这一步实际上是空中楼阁，即使有短暂效应，也不会长久。现在有的学校抓品牌建设，忽视第一点，专注于第二步，这就是花架子，是绝对出不了效果的，是品牌建设的歪路子。也许看上去又是专家论证，又是专业公司出面操作，但都是空的。

但是也有另一种情况，学校办学质量其实是不错的，但学校管理者没有品牌意识，不善于利用品牌的力量来发展壮大学校。这一种情况现在还相当普遍。究其根源，还是因为没有从办学资源意义来理解学校品牌的意义，还是因为学校主办者、管理者的头脑中没有资源第一的意识。

下面我择这两步中的一些重要的点加以阐述。

（一）在学校品牌建设范畴内如何抓教学质量？

学校品牌建设与教学质量是密切相关的。学校教学质量没有上去，学校品牌建设就是一句空话。但是，也确实有学校教学质量不错，但学校品牌并没有形成。有的学校，教学质量好到9分，但品牌形象却只有5分、6分。这说明学校品牌建设以教学质量为前提条件，没有教学质量，就不可能有学校品牌。但是，教学质量与学校品牌，又是相互不可以替代的，它们之间既有一个数量的差异，又有一个时间上的差异。

1. 学校品牌建设视角下的教学质量

学生的学业成绩，是办学质量最简明扼要、最不可或缺的标志，也是学校品牌最重要、最直接的基础。

但是，任何学校的学生学业成绩，都是相对的。说得直接点，学生的考试分数没有绝对意义，任何一所学校的学生成绩到底好不好，好到什么程度，都只是相对这所学校的竞争对手的学生考试成绩而言的。只有在比较的时候，学生的考试成绩对学校的办学质量、对学校的品牌，才有意义。

从学校品牌建设的意义上，学生的学业成绩，只要在"比别的学校普遍要好"的意义上，才是办学质量的标志。某个学校的学生考试成绩平均分是99分，这并没有意义，有意义的是：某个学校的学生考试成绩平均分是99分，比第二名高出11分。有意义的并不是"99"，有意义的是"比第二名高出11分"。

所以，从学校品牌建设出发，抓学生的成绩，关键是如何让你的学生比你的竞争对手学校（我们称为"标杆学校"）的学生获得更高分。

中小学校是一个服务机构。这个服务机构有一个特点，其服务对象相对是区域性的，而且这个区域还不能太大，学校离服务对象所住地不能太远。这就决定了，学校的竞争对手也在一个区域内，区域外的学校一般很难成为竞争对手。所以，学校的竞争对手往往是明摆着的，而且相对是固定的、有限的。一个区域内，如在一个县里、市里，学校的竞争对手一目了然，而且就是那么一两家，或者几家。

从学校品牌建设的角度来设计，抓学生的学业成绩，直接的出发点，就是学生学业成绩高于你的竞争对手——标杆学校。

我们的工作流程：

（1）比较我们与标杆学校在办学质量方面的差距，力争罗列全面，数据准确。

（2）研讨标杆学校取得相对我们比较优势的具体原因，要真实准确。

（3）寻找我们在这些方面（标杆学校有优势的工作）的具体工作差距，要一一对应，要有具体的事实和数据。

（4）计划在这些方面如何改进，设计好改进的目标和标准，责任到人、到时间。

2. "追赶标兵"实施方案

从学校品牌角度来设计学校工作，我称为"追赶标兵"。以下是我校两个"追赶标兵"实施方案的目录。

第一个追赶标兵实施方案：

一、新纪元高中的办学基础

（一）生源质量

（二）教师队伍

（三）办学条件

（四）机制优势

（五）高考招生制度改革的机遇

二、标兵学校分析与研究——××中学

三、工作目标：承认差距，寻求突破

（一）尖子生培养

（二）高考一段上线率

（三）高考本科率

四、工作措施：多管齐下，优化有效

（一）优化生源结构

（二）优化师资结构

（三）优化教育教学

1.夯实教育教学常规

2.深化课堂变革实验

3.强化教育教学质量管理

（四）优化管理文化

1.浓厚高考文化

（1）成立校高考指导工作室

（2）组织架构

（3）负责研讨项目

2.加强过程管理

3.落实教学常规

（1）开好调研会

（2）检查评比

（3）督促指导

（4）严格常规管理

4.德育为首，管理先行

（五）优化培优补短工作

1.分层承包，责任到人

2.学生情况分析及对策

3.营造良好的学习氛围

（六）优化班主任工作

1.要求班主任工作做到"五要"

2.强化班主任与任课教师的合作

（七）优化奖励制度：个人与集体相结合，明确职责，责任到人

1.教师与大型检测成绩奖励细则

2.教师与备课组捆绑式奖励细则

3.教师与班级捆绑式奖励细则

第二个追赶标兵实施方案：

一、背景分析

（一）学校优势

（二）学校弱势

（三）竞争对手简析

1.备课组分工合作、群策群力，发挥作用大

2.重视教师命题能力提升

二、指导思想

三、工作目标

1.绿色质量目标

2.学生发展目标

3.安全工作目标

四、工作措施

（一）确立共同愿景，落实目标责任制

（二）把发动机装在学生身上，让学生站在教室的正中央

1.优化师资队伍建设，以专业水平和敬业精神，实现自我超越

2.不断完善教师引进、培养、使用机制，发挥学校教师专业成长"大熔

炉"的作用

3. 强化教研组、备课组建设，发挥学科组的战斗堡垒作用

4. 以命题能力撬动教师专业水平的提升

5. 借力名师工作室，促进青年教师专业成长

（四）优化内部管理，充分发挥机制优势，用机制实现自我超越

1. 优化组织架构，让管理更加有效

2. 优化时间管理，让学习更有效

3. 优化资源管理，打造线上线下学习平台

（五）重视教学常规建设，强化教学过程管理

1. 规范教师教学行为

2. 细化教学常规要求

3. 实施精细化管理

（1）教学工作计划要精细化

（2）教学检查要精细化

（3）教学工作月例会要精细化

4. 提高教师的命题能力

5. 提高考试的精准度与效度

（六）实施状元工程，全力打造中考状元

1. 汇聚各方力量，形成教育合力

2. 加大研究力度，把准中考方向

3. 加大考情研究的力度，重视九年级毕业班复习信息搜集工作

4. 优化班风、学风，营造浓厚的学习氛围

类似这样的工作方案，是在非常明确的指导思想下制订出来的。出发点为树立学校品牌；目的都在积极参与区域教育竞争；它们都直接针对标杆学校，目标都是在若干指标上超越对手；其具体的措施都是学习对手的长处，弥补自己的短处。

这就是我所说的学校品牌建设视角下的抓教学质量。实际上，学校品牌建设视角下的抓教学质量，就是本着教学竞争，旨在超越对手的一种工作方式。需要特别说明的是，这种以教学竞争抓教学质量的方式，只是一种手段，其根本目的还是提高学校的教学质量。但我们要有一个工作抓手，这个抓手就是参

与教学竞争。从根本上来说，竞争是手段，超越标杆学校是手段，提高教学质量才是目的。如果把手段当作了目的，把竞争当作了目的，把挤兑竞争对手当作了目的，则是歪门斜路。所以在这个竞争过程中，手段具有特殊重要的意义。手段不正，即使在竞争中取胜，也没有任何意义。而且最后一定是搬起石头砸自己的脚。这是要特别引起学校主办者、管理者的警惕的。

（二）品牌学生、品牌教师、品牌学科

品牌学校的建设，是要有载体的。这个载体不是别的，就是品牌学生、品牌教师和品牌学科。

1. 品牌学生

所谓品牌学生，就是最能体现、最能代表学校的办学成就的学生。简单地说，就是优秀学生。一个学校的教学质量，即体现在平均分、升学率这些指标上，也体现在优秀率这一个指标上。有的时候，这个指标还具有特殊意义。

一般来说，一所学校的平均分、升学率指标，确实就已经能表现出这所学校的办学水平和教学质量了。一所学校少培养了几个北大清华的学生，就说这所学校办学质量不高、教学质量不行吗？这从教育教学的内涵上讲，确实是讲不通的。我们首先必须承认这一点。不承认这一点，不是真正的教育人。现在有许多学校，忽视了大部分学生的教育教学，集中大部分力量抓"清北工程"，确实是短视的。

但是，从学校品牌建设的角度，在面向全体学生抓质量的同时，也抽出人力来培养优秀学生，品牌学生，却又是必要的。但是，这个必要性，仅限于学校品牌建设工作。我这句话的意思是说，培养了几位清华北大学校，不一定说明你的教学质量高；如果你的大部分学生都没有培养成才的话。如果你没有培养出北大清华的学生，但是你的大部分学生，都培养成为有出息的人才，这仍然说明你的教学质量非常高。

理由是什么？理由其实只有一个，学校出几个北大清华的学生，在很大程度上具有偶然性。

对于学生而言，考试成绩不是偶然的，成绩好一定是有理由的。但是，考试成绩多几分，少几分，却有很大的偶然性；但在中国，多几分少几分，可不是小事，有时候甚至有天壤之别。

对于学校而言，招生能不能招到好学生，这不是偶然的，这是学校办学

质量是否得到家长和学生的认可的表现，是学校品牌是否得到认可的表现。但是，是不是会遇到少数几个超级优秀的学生，则可能是由偶然因素决定的。例如家长工作调动，学校离家近，上一次考试失误，特别喜欢的一位教师在这个学校等。这些偶然性因素其实是很常见的。

我的总结是：

出了几个北大清华的学生，要高兴，但我们自己心里要清楚，这并不直接代表我们的教学质量就一定高，我们还是要紧紧抓住大部分学生，把更多的学生培养成才。

另外，我们从学校品牌建设的角度来说，又不能忽视优秀学生，如北大清华学生的培养。因为这一个事在学校品牌建设过程中，具有里程碑的作用。这个里程碑的作用，就是产生轰动效应，标志效应。

这是学校品牌建设中的一个不可或缺的环节，一个具有特别效果的环节。甚至可以说，这是学校品牌建设过程中不可或缺的环节。学校主办者、管理者，要有这个意识，要有意识地制造这样的环节。这是由品牌建设的特殊性客观地决定的，不以人的意志为转移的。

可能听说制造轰动效应，教育界的同仁就有意见。其实在企业界，制造轰动效应以强化品牌效应，是经常会使用到而且有效的营销方式。这里的关键是制造不等于假造。制造与假造的区别是：制造是真实发生了；制造与"自然而然产生的事件"的区别是：制造是有意图的，"自然而然产生的事件"是无意图的。但不管它是有意图的还是无意图，它都真实发生了。在这一点上它们与假造区别开来，假造是没有真实发生，是说假话。教育上的任何事情只要它曾经真实地发生过，就会对学生发生真实的作用，不管它是有意图的还是无意图的。实际上，教育本身就是"有意图"的事。它的重要特点就是"有意图"。所以有意图还是无意图，这个区别对于学生来说，对于教育来说，并没有本质的区别。

所以，为产生轰动效应，标志性事件效应，我们有意图地培养"品牌学生"，以推进学校品牌工作，是学校品牌建设的题中之意。

2. 品牌教师

学校的办学成果，也体现在出优秀教师。教育有一个规律，如果有优秀教师一定会出优秀的学校，优秀的学生；优秀的学校，优秀的学生，其背后一定

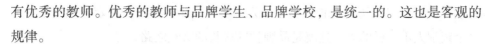

有优秀的教师。优秀的教师与品牌学生、品牌学校，是统一的。这也是客观的规律。

品牌教师有以下一些特征：

（1）突出的教学成果是品牌教师的核心标志。所谓教学成果，主要是学生。从教师的角度来说，学生就是他的产品。品牌教师一定有品牌学生。从一所学校来说，培养多少品牌学生有偶然的因素在起作用，但从一个教师的角度来说，他培养出一个品牌学生却在更大程度上是必然。有太多的教师把一个本来可以成为品牌学生的人最终培养成一个普通学生。而一个教师遇到有这样资质的学生，他知道这个学生有这样的潜质，然后重新确认自己的培养目标，调整自己的教育教学方法，针对学生的具体情况来培养他，就凭这一点，就可以有资格成为品牌教师。当教师最难做到的就是根据学生的具体情况来调整自己。一个教师只要有这一点境界，就有了成为品牌教师的可能。

品牌教师的教学成果的第二个方面，是教学专业建设。所谓教学专业建设，是指支撑他开展教学的丰富的学术材料。这些学术材料达到一定程度，并且经过教师的整理成为系统的、结构的资料库，就变成了教师个人的教学专业建设成果。这些成果包括千锤百炼的教案，具有独特训练价值、教学价值的练习题库，经过这名教师分析过、总结过的中考高考试题，这名教师收集的、钻研过的所教学科知识范围的最新研究成果，教师个人的各个主题的总结文章，教师收集的、所教学科所有主题的优秀教学案例，等等。这些在教学过程中逐步完善、成熟的资源，对于一个品牌教师是不可缺的。有的品牌教师，甚至存在一种可以称为秘籍的东西，这种东西实际上是存在的。这种东西之所以是秘籍，就是因为它是这位教师亲自钻研过、使用过、验证过，并且发生过实际的作用。因为唯我独有，所以堪称秘籍。

（2）品牌教师有一个明显的特征，就是差异化的发展。简单地说，他一定跟其他教师有不同。要么是研究领域有所不同，要么是某一领域发展的层次有不同，要么是他的思维方式跟其他同事有所不同，要么是他的教育教学方法有特别的地方。总之，品牌教师其实是一眼就可以分辨出来的。实际上，品牌教师的这个特征是完全符合专业人员的成长规律的。专业人员的超常规发展，一定是因为在做了别人不做的事，一定是读了别人不读的书，一定是想了别人想不到的问题，一定是经历了别人没有经历的经验，一定是有别人没有的导师、

225

有别人没有学习经历。这种他做了而别人多半没做的事情，决定了他终于成为一个跟别人不一样的人。这就是品牌教师成长的必经之路。

（3）品牌教师一定是全人格成长的教师。品牌教师不仅是在教学上有一套，在专业上有自己的想法、做法，而且还有独特的人格魅力。品牌教师不仅专业好，而且人品好，这是品牌教师共同的特征。这是由教师的职业特殊性决定的。教师的工作对象是学生，教师是以生命影响生命的职业。如果说，品牌教师最终是通过品牌学生来证明的，那么一个品牌学生的产生，是全人格的教育的成果。从学生的角度来说，他一定要真心地敬佩一位教师，才能真心实意跟随教师学习和成长，才能最终成长成为最优秀的人才。品牌教师既以专业的精湛成就学生，更以人格魅力影响学生。品牌教师都是有独特人格魅力的教师。

3. 品牌学科

品牌学校一定有品牌学科。品牌学校是在长期发展过程中形成的，从来没有一个学校的品牌是一蹴而就的。在长期的发展过程中，这个学校逐步积淀了一些有特色的做法，这些有特色的做法代代相传，其间又不断地被新加进来的教师改造加工，丰富成一个成体系的教学系统，这个时候，品牌学科就必然产生。

（1）品牌学科是品牌学校最牢固的基础。实际上，一所学校，仅仅只有几个拔尖教师，还是远远不够的。这几个拔尖教师离职或退休，一个学科就坍塌，这样的品牌学校是不牢固的。一所学校，有一些拔尖教师，要千方百计将这些拔尖教师发展成为拔尖学科。

第一步，要布局学科内的四梁八柱；第二步，要确定每一位教师的主攻方向；第三步，要向外逐步打开局面，在一定区域范围内拥有话语权。于是一个拔尖教师就发展成为一个品牌学科。品牌学科不会因为一个两个拔尖教师的离职或退休而坍塌，因为品牌学科内部已经结构化，它主要靠这种结构化在发挥作用，它已经生成一种培养人才的机制，已经梯队化。照我看来，这种已经结构化、已经生成人才培养机制、梯队化的学科，是最稳定的，它是学校办学质量的压仓石。

（2）品牌学科是逐渐形成的。甚至需要一个相当长的时间。企图花大本钱，一下子建立一个品牌学科，这是不可能的。主要还不是人才难得，更重要的是，真正的人才，是具有独特个性的，不同个性的人才聚集在一起，磨合起来是相当困难的。有的时候，甚至越是有能力、有见识的人才，磨合越难。花大本钱招来好多位拔尖人才，集中到一起，很有可能1+1<2，因为容易发生内耗。以一位、两位拔尖人才为中心，在他们周围，逐渐以师带徒的方式或同道相悦的方式组成一个团队，自然而然地形成梯队，自然而然地形成一种人才结构，这个过程，需要时间。所以品牌建设，一要有这个意识，二要有耐心，三要有恒心，持之以恒，方得始终。

（3）品牌学科是体系性的。所谓体系性的，一是全面。以语文学科为例，作为一个品牌学科，要在阅读教学、写作教学、口语交际教学、文言文教学、文学作品教学、写字教学、语文实践活动教学等方面，都有核心竞争力。如果阅读教学不错，但写作教学却一般，这就很难称为品牌学科。二是立体。作为一个学科，第一个层次是课程建设，作为品牌学科，最起码的，既要有国家课程又要有校本课程。国家课程这一块要有严格执行的校本化实施方案，要有教学资源库，要有作业与学生活动系统，要有试题库，要有自己专用的补充教材，等等。校本课程建设这一块，要有精品课程，课程要素齐全，对学生要有影响力。第二层次是教学建设。教学常规要到位，教学质量保障体系齐全。备课、上课、作业布置与批阅、辅导学生和考试五环节清晰，扎实。要有自己独特的教学模式。这一切，都不会因为某人、某时的变化而变化，都已经相对固定。

（4）品牌学科是可以传承的。品牌学科的一大优势是可以传承。单个教师的经验最大的不足是传承困难。有时，一个优秀教师的退休，就让一个学科失去一大半质量保障，这是学科建设中最遗憾的事。但品牌学科是有内部机制的。品牌学科是"高结构""低控制"的。它很难靠强势控制形成，它是自然而然生成的。但是它一定是"高结构"的，它主要是靠学科内部的合理布局而带来效益。例如，它内部的人才布局比较合理，相互影响，相互补缺；它内部的人才层次是有梯次的，是逐层递进的，人才不会断档；不同教师之间的智力特征是不一样的，有互补效应。总之，"高结构化"会出现"东边不亮西边亮"的效果，而品牌学科是一种结构优化的效果。

（5）品牌学科要有专业认可。学校某一个学科是不是形成品牌学科，不是由学校内部说了算，而是由大家公认的。而且这个"大家"还不是指人数多，而是指专业认可。能不能成为品牌学科，我列出以下标准：

全国要有声音：在全国范围内，要能听到本校本学科成员在学科课程建设和教学质量提升方面，有声音，有发言权。

全省要有影响：在全省范围内，对省级教育行政部门和教研部门出台教学政策要有影响力，有参与度。对省级教学评价有参与权，如参与全省考试命题工作、高考出题或审题工作；参与省级课程建设，如参与教材、教参编写；积极介入学科研究，要全省范围内有影响，在主流学术研讨会上发表有影响力的学术演讲；参与省级教师培训工作，有省级工作室或培训基地；等等。参与全省范围内的这些工作，最终获得一定程度的话语权，其标志就是能在一些方面确定或建议确定工作主题。

在市级范围内有教学问题决断权。教学与研究不同的地方是，研究可以讨论，但不必有决断，但教学的问题有的时候必须决断，如教学进度、教材使用、考试范围、评价标准，这个时候没有定论，工作将无法开展。这个时候就需要有权威的人出来决断。当然这个决断不同于行政决断，而是一种学术的专业的决断。但它至少给了行政决断以专业信心和依据。

在县范围内是教学问题的终极解决者。简单地说，这个问题，老是不能解决，品牌学校的品牌学科出面主持一个项目，实际操作一个项目，最终解决这个问题。以语文为例，全县各级各类学校的写作教学就是不行，中考高考数据分析，这一项的得分、高分普遍低于其他县。这意味着，全县范围内，写作力量不行，对写作没有研究，写作教学不成系统，质量不高。这个时候，就需要品牌学校、品牌学科出面来解决这个问题。这个学校这个学科的教师集体承担重任，主持或开展工作：现状调查、找到原因、制订方案、实践探索、培训教师、开展教研、现场指导、编写教材、评价教师、效果评议等。经过两到三年的努力，全县写作教学的局面发生了变化。这样的学科，就是品牌学科。

（三）理念化：没有理念化的办学无以成品牌

品牌学校建设当然不只包括上面讲到的抓教学质量和品牌学生、品牌教师和品牌学科建设这两项工作。由于篇幅原因，我只择其要而述之。可以肯定地说，这两项工作都是非常重要的。下面我们进入品牌提炼、推广和维护的叙述。

如果说，前面我们讲到的两项工作，即使不做学校品牌建设，这两项工作也要抓的。教学质量肯定要抓，优秀学生培养要抓，优秀老师培养要抓，学科建设要抓。这两项工作并不是专门为学校品牌建设专门开展的工作。但它们是学校品牌建设工作的基础。

下面讲到的两项工作，却是专门为学校品牌建设而做的工作。换一句话说，如果你不准备做学校品牌建设工作，这两项工作可以不必开展。实际上，也确实有许多学校没有考虑做这几项工作。而反过来说，如果你准备开展学校品牌建设工作，以下两项工作是你必须要做的事。

第一项就是：你要把你做的这些工作，提炼出你的办学理念。简单地说，你要回答一个问题：你为什么要做这些事？你为什么要这样地做这些事？

1. 理念是做事的出发点

不同的学校，也许存在这样的情况：他们在做同样的事，但出发点却不一样。有的时候，区别一所学校，不仅看他们在做什么，还要看他们为什么要做这件事。

例如，两所学校都在大力推进教育信息化，A学校的目的是：教育信息化可以改进教与学的方式，提升教学效果；B学校的目的是：教育信息化可以有效地促进学生开展自主学习和研究性学习，从而提升学生的研究意识和探索精神。

就工作本身而言，这两所学校所做的工作并没有什么不同，但是，从办学品质的角度来说，B学校的定位要高得多。A学校把信息技术放在一个教学手段的层次上来认识教育信息化工作，而B学校却是把信息技术放在一个新的培养目标上来认识教学信息化。

2. 理念一定要提炼成主题词

理念是一个复杂的系统，每一所学校的办学理念都有成套的阐释。这套理念阐释其实是给专业人员看的，给自己学校的教师看的，用以规范学校的文化。但作为学校品牌建设工作，理念不仅是给专业人员看的，给本校教师看的，它还是给公众看的，给外界看的。所以它一定要提炼成主题词，一目了然，朗朗上口，以便于迅速传播。

（1）成功教育案例。例如，上海有一所学校，他们认为，任何一个学生，都蕴含着成功欲望和发展潜能，只是某些学生这种欲望被多次失败体验所窒息，其潜能也被不当的教育方法所压抑罢了。所以，要使全体学生在进德修业中不断进步，就必须采取"以长扬长"的策略，努力发现、赏识或培养每一个学生的兴趣、优点和特长，着眼于他们先从这些方面实现成功突破，由此尝到成功喜悦，发现自我价值，激发起追求更多更大成功的热情和自信心。

于是，他们大力推行环境催发，致力于营造追求成功的校园文化；大力优化主体性班级教育，为学生进取提供内动力；全面建立成功教学系统，注重因材施教和潜能开发。经过20多年的努力，建立了一整套促进普通学生走向进步、走向成功的办学系统。

然后，在适当的时候，他们及时提出了"成功教育"的口号，并做出规范的定义：

"成功教育"以激励全体师生追求并获得成功为价值为定向，以培养师生成功心理为突破口，以开发师生主体潜能为着力点，变外压式、训诫式班级管理为主体参与式班级管理，变传统经验型教师管理为科学型教师管理，变以教师为中心、只强调应试知识传授和应试技能传承的应试教学模式为强调因材施教和主体参与、注重开发学生潜能的成功教学模式，借以激励和引导师生把追求成功的过程与道德养成、知识内化、潜能开发的过程结合起来，通过不断获得成功体验而形成源源不绝的内动力，从而使他们各自都在原有基础上获得多方面的成功，并培养起有利于终生发展的自我增值能力。

"成功教育"的提炼，简单明了，但内涵丰富。这一办学理念的提炼，高度张扬了这一办学理念的概括力和内涵力，有效地传播了学校的办学理念，迅速地提升了学校的知名度、信誉度和美誉度，有力地促进了学校品牌的形成。

（2）"幸福教育"案例。瑞安市新纪元实验学校有自己的办学理念，我们认为，教育是创造幸福的体验过程。理想的教育可以使师生在学习和交流以及知识的获取过程中，达到心灵交融，获得愉悦的感受，这种心理的愉悦状态就是一种幸福感。充满幸福感的教育可以帮助学生形成和培养感知幸福、追求幸福的能力，为未来的生活做准备。我们在办学实践中，逐步形成了以尊重差异作为教育的道德基础，以公平民主作为教育的和谐氛围，以能力提升作为教育的育人目标，以教学相长作为教育的实施原则，以愉悦感受作为教育的过程体验的教育系统。我们把我们这一理念和办学实践，提炼成为"幸福教育"。

将自己多年的教育追求和办学实践提炼成朗朗上口的教育主题词，这不仅仅是一种概括能力，而是对自己坚持的教育理念的深刻理解和透彻把握的结果。在学校品牌建设工作中，这一环节具有不可替代的作用。

（四）形象可识别系统的构建

形象可识别系统的概念是借用企业形象识别系统（Corporate Identity System，CIS）是指企业有意识、有计划地将企业的各种特征向社会公众主动地展示与传播，使公众在市场环境中对某一个特定的企业有一个标准化、差别化的印象和认识，以便更好地识别并留下良好的印象。CIS一般分为三个方面，即企业的理念识别（Mind Identity，MI）、行为识别（Behavior Identity，BI）和视觉识别（Visual Identity，VI）。办学校，建设学校品牌，完全可以借用企业成功的经验，大力推进学校形象可识别系统的构建。

1. 理念识别：学校办学理念的设计与解读

现在许多学校都有自己的办学理念设计与解读系统。问题有两个，一是质量不高。具体表现在内涵淡薄，没有焦点。例如：

校训：诚实、勇敢、团结、活泼

校风：明德、求真、务实、创新

教风：敬业、严谨、爱生、民主

学风：勤学、善思、好问、求精

这种大白话式的学校办学理念，缺乏厚度，缺乏人文气息，类似大街上的怀旧口号，严重缺乏辨识度。而且各组成部分的内涵也不统一，简单地说，是没有中心思想，没有聚焦效应，不能给人留下深刻印象。

二是与学校办学实际不符。简单地说，理念是理念，办学是办学，完全是两回事。

下面我列举一个学校的校训和办学宗旨及标准解读：

校训：平正达礼、和善励新

解读：平正者，整齐而不歪斜也。教育，应以平等公正、平实正直为求；而礼，即为学生行为准则和道德规范的至高境界。平实正直，提升道德水准。和善者，温和而善良也。为学为人，当胸襟宽阔，兼容并包，进止平静，从善如流。而鼓励创新，实践创造，应是教育永远的追求。和睦善良，发展创新能力。

办学宗旨：平而不庸、和而不同

解读：平，乃平实也，包含了平正、平等。平而不庸是宽容和豁达，淡泊和宁静，是一种智慧和力量。平而不庸是在平实的基础上追求多彩的人生境界。和，乃和谐也，包含了和善、祥和。和而不同的前提是"和"，是能兼容不同；是集众芳以为美，而达到新的和谐。和而不同是在和谐的前提下倡导多元的文化景象。

"平而不庸、和而不同"的校园文化，是希冀学校中人人在以诚互待、平和处事的同时，亦能积极进取，努力创新。

"平而不庸、和而不同"，简明扼要，又博大深沉。确实做到了要言不烦，十分利于理念的理解和传播。难得的是，校训和办学宗旨，内部又高度统一，主旨突出。

2. 行为识别：教职工及学生的行为规范设计及落实

再也没有哪一个方面比教职工及学生的行为规范更能帮助他人识别这所学校与其他学校的不同了。如果给你五分钟，让你走进一所学校，然后你走出学校，让你谈谈对这所学校的感受，如果你能谈出来的话，那一定是这所学校的教职工及学生的言谈举止和精神风貌给你留下的印象。

（1）学校内部行为规范，包括学校领导与教职工之间的交往行为、师生之间的交往行为、教学人员与后勤人员之间的交往行为等。其中，最重要的是师生之间的交往行为。既要看教师对学生的言行和态度，也看学生对教师的言行态度。一所好的学校，师生之间的交往特征是非常打动人的，他们之间是亲切、随和、有度的。这种亲切、随和而有度的交往行为，会传递出学校的一种文化风貌和人际规则。它无疑是学校品牌的重要的一个组成部分。

（2）学校外部行为规范，包括学校与家长之间的交往行为、学校与同行之间的交往行为、学校与社区的交往行为、学校的公共行为（面对公众的行为）等。其中，最重要的是学校与家长之间的交往行为。学校与家长是最大的利益共同体，他们拥有共同的利益追求，那就是学生的成长。所以家长与学校应该是同伴关系。但是现在许多学校对家长，要么趾高气扬，要么低声下气，这都有损于学校品牌的内涵。学校与家长之间的交往行为，应该是专业而温和、理性而贴近的，这种交往行为恰当地表现出学校作为一个专业机构的大气、睿智和书香品质。

3. 视觉识别：学校视觉形象设计与传播

学校理念系统和行为系统，通过视觉艺术传播的形式，即学校视觉识别。学校视觉识别，包括校园设计、校服、LOGO、校旗、校徽、办公用品的统一样式、学校标准色、标准字等。其中最重要的是校园设计和校服设计。

（1）校园设计，包括校园分区设计、校园建筑设计和校园环境设计三个部分。现在的校园分区设计普遍都是功能设计，即将学校分为教学区、办公区、生活区和运动区。这种分区设计有一定的合理性。但是现在有一种新的分区设计理念，即按师生日常生活流动规律来设计分区，这一理念值得我们关注。校园建筑设计包括外立面设计和建筑空间设计。现在学校都非常重视外立面设计，但对于建筑空间的立体化、功能化和多元空间设计重视不够。校园环境设计现在大多偏向于欧洲园林风格，即整齐划一、气势宏伟、左右对称、线条分明，这种环境设计的好处是一目了然，方便实用。但根据不同的地理条件，也可以多探索一下中国园林的模式，即分散设置、移步换景的风格。

（2）校服设计。再也没有哪一种视觉形式像校服一样简明直接、赏心悦目地传达出学校的精神风貌的了。校服是一种特殊的服装。它除了有服装的一般要求之外，如美观、实用、健康之外，还有学校品牌符号的作用。校服作为学校品牌符号，它是一种诉说着一种可以称为集体化审美志趣的品质。所谓集体化审美志趣包括以下几个意思："同属一个集团并以此为荣"的宣示，即同穿一样的校服，就是对外宣示，我们同属一个学校，我们以此为荣。"受共同行为方式的约束"的宣示，即校服其实是对着装者的一种约束，着同一校服，是表明我们以一套共同的行为式对自己加以约束。"我们有共同的审美标准"的宣示，即校服是有审美标准的，我们穿着同一校服，就是以校服所代表的审美理念为统一的审美追求。校服在默默地传递着学校的一些深层次的精神追求。重视学校品牌建设的学校，无不重视校服的选择和穿着规范。

学校品牌既是办学的成果，也是办学的资源。这个观念，尚未深入人心。如果我们有了办学资源第一的观念，我们有了办学资源的意识，我们一定不会错过学校品牌这个宝库。

学校品牌是学校办学成果的最直接、最动人的部分，也是学校差异化发展到极致的一种承载和体现。

学校品牌常常是学校主办者和管理者竭尽毕生精力、甚至通过几代人的努力，不惜代价去追寻的办学理想。

学校品牌是学校主办者和管理者对自身发展历程的深刻认知和反省的成果，是学校DAN的结晶。

　　品牌学校主要看它的学生和教师的身心发展水平，一所学校的学生与其他学校的学生没什么两样，就称不上品牌学校；一所学校的教师跟其他学校的教师没什么区别，就称不上品牌学校。

　　学校品牌的内涵核心是学校的文化品位，培植独特的学校文化的过程也就是创建学校品牌建设的过程。

　　学校品牌，是学校的核心竞争力！

后 记

近年来，有许多同行挚友对我说：瑞安市新纪元实验学校建校20年，跨入全国十大品牌民办学校行列。《中国教育报》、《中小学管理研究》、浙江教育电视台等权威媒体争相采访，深入报道。瑞安市新纪元实验学校被教育专家、同行，誉名为状元的摇篮、教育的圣地。这样的锐气从何而来？能不能出一本专著与我们分享？领导、同行挚友、专家们的肯定与鼓励，既是压力又是动力，给了我出书的勇气与信心。于是，我花了一年多的时间，终于编撰成书。

一本书，珍藏的是一路探索、实践的记忆！

正如本书的出版，不是一个设计创造的过程，而是一个采撷整理的过程。从"入书"到"亲书"，再到"出书"，并非曲径通幽，每一处留下的都是行走、品味、感悟的坚实足迹，点化我幸福人生的轨迹。20多年的校长生涯，无论是在办学理念的确立，还是在教育实践过程中，都深感资源的利用与管理之重要。为了构建学校教育资源管理效能框架体系，必须依托自己对资源管理应用的体会，赋予学校资源的明确定位，并以资源为线索，形成学校资源利用的逻辑结构。前言部分我完整地阐述了我对教育资源的理解与认识。需要特别说明的是，这既是我从实践中领悟到的，也是我从前辈的一些零星论述中归纳总结出来的。

2018年的暑假，我终于按照这个思路，结合自己30多年的教育资源设计与开发项目实践成果，完稿一本能体现瑞安市新纪元实验学校本土特色、强调实务操作性的书，力求与您共享"手捧一卷，心驰八极，神游万仞"的畅快，共品"半亩方塘一鉴开，天光云影共徘徊。问渠那得清如许？为有源头活水来。"的玄机。

现就本书的撰写做如下说明：

历时20年，我带领全体教职工一路奔跑，一路收获，一路欢笑。从最初的蹒跚学步，到快乐成长，再到如今的壮大，深入人心，凝聚了新纪元人的心血。在这个幸福的摇篮里，我倾情追寻教育梦想，教育资源意识不断增强，资源设计不断创新，资源内涵不断丰富，资源配置科学合理，资源功能发挥极致，幸福指数不断提高。这幸福来源于本书，这也是我对20多年办学实践的思考和成功经验的一次梳理。

1. 吸收了瑞安市新纪元实验学校办学20年的精神文化，以一主题一章的形式展示。例如，第一章　办学理念是最深层的办学资源；第二章　校长是学校最重要的资源……第九章　学校品牌资源与公共资源。这九章，可以说就是我这20年的办学的精神提升。

2. 撷取了瑞安市新纪元实验学校办学20年的经典案例的精髓，有关于办学物质资源的研究，也有关于办学制度资源的研究，还有关于办学社会资源的思考等。这些论题，统一在资源的层面展开讨论。总之，力图为读者奉上一道丰盛的教育资源管理大餐。

3. 本书开口很小，论题集中且系统。只讲在办学过程中的资源的开发和利用。这个论题，国内的研究还比较单薄，也不系统。我在我的办学经验中，只采撷这一个论题，一方面是觉得办学校，资源的开发与使用的确是一个贯彻始终的大问题，另一方面，也的确想在学校资源学领域做一点基础的工作，以对这一学科的建设贡献微薄之力。

4. 本书的研究，整体上是基于瑞安市新纪元实验学校20余年的实践，是一种实践研究。但作为一门研究著作，我认为也应该力图在理论上展开关于办学资源的内涵、特征、标准的研究，对办学资源工作规律做一些梳理。这些理论上的总结，是我思考的结晶。

本书，拒载灰色的理论，谢绝高深的原理，抹去敝帚自珍的自我欣赏，用一个个溢满真情实感的专题个案集装箱充实沉稳船身，鲜活的事例，形象的表达，逼真的细节——如果没有怀着对教育虔诚的情怀，沉心静气，筚路蓝缕，用真心真情，在办人民满意的教育路上执着前行，断然书写不出。不仅用自己的脚板思考，躬耕于"幸福教育"理念的沃土；而且用头脑走路，思考着资源背后的理论，真正集各种教育资源于一体办好学校，本身就值得去探索。

如今，我们已经做大、做强了义务教育，正在着力打造一流的高中教育。学校下一步的发展是将充分利用已有的资源，开拓新的发展领域，组建国际部，立志办成全省，乃至全国优秀的国际学校。从学校资源的开发和使用这个角度来说，这将是一个新的领域，一次新的探索。我们预感，这将是一次资源的新开拓，一次资源的重新组合，一次资源使用的新调整。

总之，本书犹如一艘战舰，承载着一所学校跨越发展的密码，携带着800多名教职工磨砺超越、幸福生活的秘籍，飘扬着近7 000名学生快乐成长、个性发展的彩旗，从教育资源这场没有硝烟的战争大潮中乘风破浪而来，从沉舟侧畔千帆竞技中脱颖而出，其良好的运行态势一直吸引着人们去追本溯源。

本书在编写过程中，虽然几易其稿，但仍有不成熟或值得商榷的地方，恳请广大读者批评及指正，并提出宝贵的意见。本书在出版过程中得到了多方人士的支持与帮助。浙江大学教育学院教授、博士生导师吴华先生为本书作了序；上海新纪元双语学校李海林校长对本书的编排提出了许多宝贵的意见；集团董事长陈伟志先生给这项工作给予极大的帮助与鼓励；易燎鑫、钱明荣等老师积极参与了本书的运作及文字校对等工作。在此，一并表示我最真挚的感谢！

感谢一直以来给予我们帮助的专家、领导、同行。

感谢一路躬身实践的全体老师。

感谢一同与我们携手前行的学生、家长。

敬请每一位读者批评指正！

挚友如书，受益匪浅！

教育如书，沉潜入境！

人生如书，真爱满怀！

泉眼无声，源清流洁！

掬水弄花，诗意翩跹！

叶绍胜

2019年2月24日